U0580943

鲑去来

My Salmon Run

我的美国留学往事

钱志龙

钱志龙·著

北京时代华文书局

图书在版编目（CIP）数据

鲑去来 ： 我的美国留学往事 / 钱志龙著 . -- 北京 ：北京时代华文书局， 2018.9
ISBN 978-7-5699-2557-9

Ⅰ . ①鲑… Ⅱ . ①钱… Ⅲ . ①留学教育－概况－美国 Ⅳ . ① G649.712.8

中国版本图书馆 CIP 数据核字（2018）184113 号

鲑去来：我的美国留学往事

GUI QU LAI WO DE MEIGUO LIUXUE WANGSHI

著　　者 | 钱志龙

出 版 人 | 王训海
选题策划 | 胡俊生
责任编辑 | 周　磊
装帧设计 | 李晓峰　廖大山　段文辉
责任印制 | 刘　银

出版发行 | 北京时代华文书局 http://www.bjsdsj.com.cn
北京市东城区安定门外大街 138 号皇城国际大厦 A 座 8 楼
邮编：100011　电话：010 - 64267955　64267677
印　　刷 | 固安县京平诚乾印刷有限公司　电话：0316-6170166
（如发现印装质量问题，请与印刷厂联系调换）
开　　本 | 787mm×1092mm　1/16　印　　张 | 22　字　　数 | 358 千字
版　　次 | 2018 年 9 月第 1 版　印　　次 | 2018 年 9 月第 1 次印刷
书　　号 | ISBN 978-7-5699-2557-9
定　　价 | 58. 00 元

代 序 

钱博士印象

要给钱博士的著作写序言，根据二十几年前始于北大燕园的友谊和这些年来交往之回顾，我觉得这可是一件大事。因为他是一个精益求精的人，为他的著作写引子，是光荣而充满挑战的工作。我试着从回忆中撷取点滴，完成以下散点素描之钱博士。

“初心龙”

钱博士是一个天生的好老师。好老师必须有颗爱学生的心，应该就是初心吧。在我的观察里，他总是很温暖地面对同学、同事和朋友，不厌其烦、循循善诱。他对学生的爱像一种信仰，他认为每个学生原本都是好的、棒的，即使有这样那样的缺点，不能都怪学生。我曾经多次见证，他总有办法帮助别人眼中的“后进学生”创造奇迹。

他会给学生一种安全感，他的办法总是特别多。他喜欢毫无保留地教学生、帮学生和保护学生。他的几部著作都在讲育人之术、育人之略，我觉得他的教育理论的前提与核心就是，他太爱教书育人这个行业了。他的初心与名利无关，特别纯粹地希望能够让孩子们健康幸福地成长。因此，没有初心的人，不会完全理解他，更不知道钱博士是拥有怎样纯净和纯粹“初心”之人。

"智慧龙"

钱博士的学习履历熠熠生辉。据我了解，从南洋模范中学毕业，他就是一路"模范"到底的。我觉得最好的老师，必须自己就是个模范学生。在北大，他是大家公认的校园学生领袖，一毕业就被美国一流大学商学院的院长一眼相中，成为该商学院院长在华中美交流项目的教务长，那时候他才二十出头吧。在北京体育大学、北京理工大学和对外经贸大学三个顶级大学校园，他把北大、清华、人大所有可以用英文授课的著名学者聚拢在一起，为每年数百名从美国名校来华学习的学生精心烹制中华人文与社会科学文化大餐。他在洛杉矶的著名大学创办全新的硕士项目，他在加利福尼亚州著名国际学校创造中英双语教学深度融合的奇迹……

北京大学、伊利诺伊大学、夏威夷大学和南加州大学都给了他很好、很全面的智慧训练，而我发现，他拥有的更大智慧在于他能不断融会贯通、推陈出新，不断让身边的人感到学习带来的快乐。坚持学习并且快乐的人，都是有大智慧的。

"艺术龙"

钱博士可不是艺术特长生。他也是点灯熬油，经过"千军万马过独木桥"的残酷遴选而进入北大学习的。但是一接触就会发现，他的艺术才气是与生俱来的。他的书法如"有志之龙"，潇洒飘逸。他的文字也是极好的，我曾经在长途跋涉的旅途中阅读他翻译的诗作，枯燥的旅途顿时有了色彩与情调，隽美的中文甚至远超英文原文的意境。他总是可以发现美，他写出来的东西好像都有光环，用他寥寥数笔即兴写就的书法装饰过的房间，立马成为墨香浓浓的文雅之地。

艺术对很多人来说很奢侈，而对他则极其自然。他工作过、经营过的地方，再简陋，商业气场再浓，都会有“艺术范儿”。从对外经贸大学的TBC、传媒大学高井产业园的办公区，到他曾经执教过的国际学校与私塾学堂。我深深感到，“无艺术，不钱志龙”。

“国际龙”

钱博士的英文特别地道，这是他周游世界各国无障碍的根本保障。阿拉伯语的专业训练没有把他变成机械的高级翻译官，却让他成为一个传播中国文化的使者——在学校里、在荧屏上。

他的国际化不同于某些言必称西方的“洋务派”，他对中华文化的爱和深情洋溢在字里行间，他的家国情怀让他屡屡放弃在美国的安逸富足而选择丰富多彩但并不丰腴的生活。他的国际范儿，是用他精心挑选的国际的“好”来搭配中国老祖宗留下来的“好”，然后经他精心设计并打造成“更好”和“最好”，再教给学生、家长、教育管理者，以及这个社会上的每个人。

“惊喜龙”

和钱博士做朋友，会有很多惊喜。他常常游走于世界各地，更会花一大段时间专注于他的某一处事业。他在工作上往往投入巨大精力，快速显现的效果也很惊人。他很有天赋，但他更是一个勤奋的人。他会很用心地做一些不仅让自己成功，更会让父母、爱人、亲友和同事开心的事。他是喜欢分享的人。通过种种观察，我认为他正在成为一个教育家。按照美国人的说法，他早就是了，因为他分分秒秒都在想教育、谈教育、做教育。按照中国的评判标准，他可能还欠着年龄和形而上的几本著作。

三年前我就劝他出书，没想到他就真的一发不可收拾。我收藏了他的每一本著作，不是他送的，是我自己一本一本买的，而且还买了不少送给家人和朋友。他的每本书，对我来说都是惊喜。惊喜他在高强度、密集型、深度陪伴式的教育实践之余，还有时间凝聚智慧、行文分享，实属难得。读他的书一点也不累，因为他就是在说话，只要你关注教育、爱自己的孩子，他说的全是你想听的。我的惊喜在于，他为什么这么懂我。作为两个孩子的父亲，我在他的几本书里找到很多苦苦寻觅多时、求助专家未果的教育问题的答案。最好的专家，竟然就是熟识二十几年的钱志龙，这是不是一个很大的惊喜？

祝贺他的新作问世。拜读一二，已见初心；研习三四，再学习智慧；细品五六，复感受文化；斟酌七八，亦兼济天下；掩卷九十，又一次新的惊喜。因为里边有钱博士满满的诚意与温暖。我不仅要隆重推荐阅读，更要祝钱博士的每一位读者，开卷常获益、子女好成长、亲子乐融融！

董关鹏

写于英国剑桥

*董关鹏，博士、教授、博士生导师。先后求学于北京大学、剑桥大学和杜伦大学，任教和从事研究工作于清华大学、哈佛大学和中国传媒大学。

代 序 

文而化之，方可自信

我一直以来的观点是：真正的教育大家，一定在教育以外的某个领域也很优秀，而且不管经历多少事情，仍然过着一种有趣的生活。如果相反，即使来人有再大名头，在我看来都不必与他深谈教育，因为这是在浪费时间。

大量的人物采访印证了这个观点。

我做媒体多年，但不专心，中途各种玩，登山、漂流、赛车、网球、摄影、纪录片、摇滚乐，其间和各类人等厮混。玩得找不着北的时候，七年前机缘巧合创办了《新教育家》——一本教育类人物杂志，于是就认识了钱志龙。

我和钱志龙是这样的，我们都到处飞来飞去，但是只要我们同在一个城市，就一定要见面，哪怕是匆匆一面。记得2018年年初的一个晚上，我们冒着寒冬北京那不近人情的大风，在黑夜之中找到对方时已经冻僵。好在圣华大哥（资深教育媒体人、《中国教育报》副总编）在家里准备了上好的热茶，于是“寒夜客来茶当酒”，三人热切地聊了起来。

钱刚刚从非洲回来，参与一个纪录片的拍摄。“在贫民窟里，黑人女孩在跳芭蕾……”钱兴奋地讲述他的非洲之行。纪录片剧组奔波于各大洲，用细致的电影语言记录不同文化背景下的教育样态，企图描绘出地球各处文明的传承方式。钱是那种能够在各种文化背景的人群里面自由穿梭的人，如果他变成一条鱼，一定能在淡水和海水之间来去自如。

第一次见到钱，是钱回国后最低谷的一段时间。当时他的脸上有一种一本正经的忧郁，配上轮廓分明的脸，忧郁看上去很深很牢固。然而忧郁散去的钱有一种刚刚好的自恋。我一直以为有才华的人都应该有那么一点点自恋，否则太不真实。因此，我们很谈得来，最终我们聊到国际教育。钱说其实学习的目标不只是双语，还应包括双文、双文化。

钱志龙在《办学理念和目标》中写道：

我希望培德的孩子们瞻前而不忘古，顾此而不失彼，用既不自大又不自小的态度探究宇宙，并推敲他们的内心。我希望他们不用付出母语和文化母语的代价，去换取一张世界竞技场的入场券，无论将来他们手持什么颜色的护照，选择在哪个洲、哪个国定居，他们都能优雅体面地站在世界人民面前，自信而自豪地展现一个中华儿女的德智修养和审美标准，并能用别人听得懂的语言，讲他们自己的故事，讲我们中国人的故事。

在中国教育界，有如此多涉外故事的人不多；在海外系统研究教育并以外国人的身份在美国当校长的也很少；面对西方文化如此“文而化之”，使西方文化成为自己无意识的一部分，同时完整保持中国人的文化自信，以此来传播中国文化的人更少。

他以一个读书人的身份闯荡美国，感受世界，并且让自己拥有多元文化视角和思维，其间的故事和整个民族融入世界的曲线同构。钱这样的人越来越多，中国的教育才能真正和国际接轨。

钱志龙这个人，在我看是中国人逐渐找到文化自信的一个社会学样本，值得研究，把他放在手术台上解剖了都值。今天钱把自己的故事写下来，算是一种自我解剖吧，不只是脱光衣服的事情。

读者可以从故事中了解，一个中国人以自信的姿态融入世界的细节。

钱志龙的大学时代比我要晚好几年，在大学几年就是一代啊，我们这一代大学生留学美国很少带着自身文化去融入美国社会，去跟老外讲中国历史、讲老庄、讲唐宋八大家，展示水墨画的魅力。只是凭“学好数理化，走遍天下都不怕”的基本功在美国安身立命。

二十世纪八十年代末九十年代初，出国就意味着一生的幸福，你要是拿到全额奖学金和美国签证，立马可以有系花级别的女生不顾一切地跟你走。我们那时把同学分成两拨：出去的和不出去的，似乎出去的同学和不出去的同学就此分道扬镳。而三十年后的分类是这样的：坚持梦想的和放弃梦想的。

我们那时学校有同学亲手做T恤，上印两排字，前胸印着：托福600，后背印着：GRE2000，穿着在校园里招摇，表达出国的决心。记得化学系八四级的一位同学刚刚申请了美国大学，在等消息的时候深情地对我说：“曦哥，说实话，一想到美国就有一种乡愁！”那时候他对美国的了解就是挂在蚊帐旁边的美国地图，这张地图已经被抚摸过无数次，那是他当时的精神支柱。

这本书一旦出版，我有一个愿望，就是找到三十年前化学系的那位同学，送他一本。

姚曦

二〇一八年三月一日于川大荷花池

自 序 

鲑去来

维基百科用三句话来描述鲑鱼：

“鲑鱼在淡水环境中出生，之后移到海水里生长，又会洄游到淡水中繁殖。

鲑鱼会利用太阳和地球磁场的引导，游回自己的出生地进行繁殖。

太平洋品种的鲑鱼，一般在繁殖后数周便会死亡。”

百科全书的措辞向来生冷无情，用它来形容世上任何花鸟虫鱼的生命我都觉得欠了些温度，于心不忍。

子非鱼，安知鱼之苦？在淡水中出生，却要到盐水里长大，那是怎样一种挑战和磨砺？下过海的人都知道，海水的味道，小小咽下一口，就会想呕。在海水中浸泡三个小时，会皮肤发白并出现褶皱，更何况是要一天二十四小时、每周七天都浸泡在里面。

很多留学生的第一年就是这样的状态。

同样的道理，我也不敢想象它在海水中生活了这么多年，享受过如此自由自在、无拘无束的生活环境，并发现表面咸涩的海水里其实孕育着多姿多彩的生命、资源和养分。它又为什么非要回来？尽管知道溯江逆流意味着怎样的凶险和挑战，它又是靠着怎样的毅力克服万难，回到它出生的地方?

很多海归学子回国的第一年就是这样的状态。

国人多知“鲤鱼跳龙门”的典故和它所影射的“吃得苦中苦，方为人上人”的伟大启示。我无意去批判家长们把希望孩子能“化鱼成龙”的渴望寄托在神话里的功利心，也不想去追究鲤鱼到底有没有腾跃出水的本领①；但事实上，鲑鱼才是真正从海水逆游回淡水高地、叶落归根的典型。

这让我想起被誉为“近代中国留美第一人”的容闳。容闳是广东香山县人，少年时家境贫寒上不起学，只好到德国传教士在澳门开办的教会学堂读书。1847年，美国传教士布朗校长因病提前归国，并把容闳带回美国。在美国，容闳先入中学，后在耶鲁大学半工半读学习英语文学，靠奖学金和打零工完成了学业。面对祖国的落后和异邦的强盛，容闳希望能有更多的中国青年“以西方之学术，灌输与中国”。

1854年11月，二十六岁的容闳谢绝了美国友人的挽留，经过三个多月的海上颠簸，回到阔别了七年的祖国。1870年，容闳大胆地向曾国藩提出了他的“留学教育计划”。曾国藩非常赞同，并立即与李鸿章联名上奏清廷：“由政府选派颖秀青年，送之出洋留学”，并在上海成立了“总理幼童出洋肄业局”，由容闳负责此事。

1872年到1875年，清政府先后选派了一百二十名十岁至十六岁的幼童赴美留学。这是近代中国历史上的第一批官派留学生，他们稚嫩的肩

---

① “鲤鱼跳龙门”里说的“鲤鱼”实际是“鲔鱼”，或称“鳣鱼”，也就是鲟鱼。由于古代大鲤亦名“鳣”，故古人将“鲔鳣”与大鲤相混，传为“鲤鱼跃龙门”。

上担负着寻求富国强兵之路的使命。在这些幼童中出现了著名铁路工程师詹天佑，矿冶工程师吴仰曾，民国政府第一任国务总理、复旦大学创办人唐绍仪，清华大学第一任校长唐国安等。

一个半世纪过去了，国人出国留学的目的，不再是单纯地寻求富国强兵之路，在市场经济的滚滚大潮中，海外淘金、海外镀金成为主流。这固然是无可厚非的，但总容易让人生出“皮相美但骨相差”的感慨。就比如我自己，当年在美国南加州洛杉矶我的博士班的第一堂课上，导师问了所有学生一个问题——“你们为什么要来这里攻读博士学位？为什么要拿出人生最宝贵的几年时间去做这件还不一定最终能完成的事？”我回答的是：为了虚荣心。我希望人们以后叫我“钱博士”，而不是“钱先生”。我希望人们认真听我说话，至少我得和一些经常胡说八道的博士们有对等的话语权。在当时的我看来，这个答案比其他答案——“为了学习更多知识”“为了找更好的工作”“为了光宗耀祖”“为了进大学任教”——更真实、更合理。

不过如果今天还有人问我为什么要读博士的话，我可能会有一个不同的答案。我会说：读了博士就可以回去告诉别人不一定要读博士。学历时代已经走到尽头，用博士学历才能获得话语权的时代已经一去不复返，用博士学历来证明自己学识渊博、对人类社会的进步发展有贡献的时代也已经受到了挑战。这个世界变化太快，花几年宝贵的时间只研究一个问题或去换一张烫金卡纸的速度已经跟不上历史的脚步。

每个人出国的目的应该是不一样的，不用给别人交代，只要能说服自己就行。若干年后，学成归来时问一下自己此行是否圆满，有无遗憾即可。不过有几件事情你最好花点时间想一想：去国外读书是求学问还是求学位？想带回国的是本事还是本子？这一辈子想成就些什么，想为这个世界创造些什么？如果你已经有了明确的目标，留学就会成为你渡过挑战之河、实现光荣梦想途中的一叶扁舟，甚至是一双翅膀。

我并无意标榜回来报效国家有多么高尚无私，我更无意裁决那些没有选择回国的留学生，他们“若为自由故，两者皆可抛”的理由是如此正当合理。但我还是忍不住暗自希望，二十一世纪的留学生们不要学那城隍庙九曲桥下娇生惯养、等人投食的锦鲤，而带着点鲑鱼的不羁血性闯荡这个世界，也带着点鲑鱼的悲壮气节留恋它的故土。出得去，回得来，故取书名《鲑去来》。

此书也送给顺顺，希望等他留学的时候，也是一条勇敢而深情的小鲑鱼。

二〇一八年一月十一日

写于北京首都机场

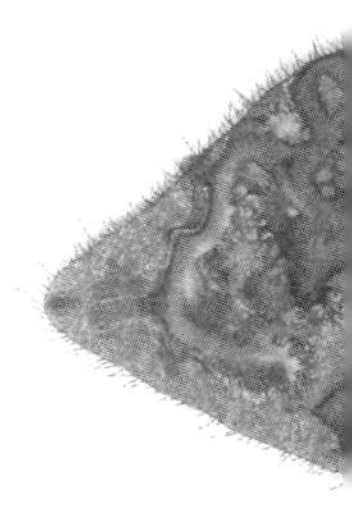

目 录

推开通向世界的门

推开通向世界的门

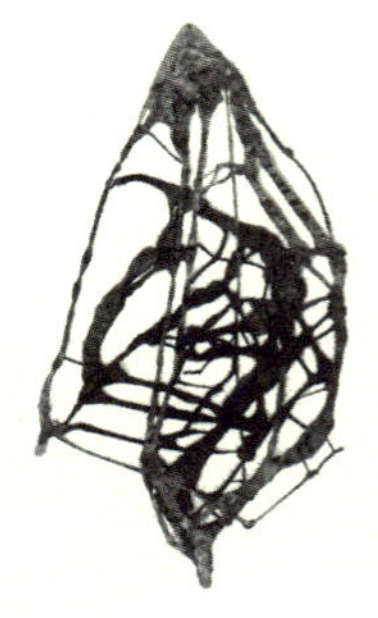

1 

学霸罢学

虽然这本书主要讲的是留学的事，但故事必须从头说起。

我从小到大一直都是个完全不需要大人操心的小孩，甚至被老师形容成“又红又专”，所以高中就入了党。作为一个十八岁的少年，我其实并没理解在和平时期“入党”的意味。坦率地说，它更像一枚不容推辞的荣誉奖章，提醒你努力做一个更上进的学生、更好的人。那个年代入党，虽然懵懂，但很纯粹。

入党之后没多久，我就被保送到了北京大学。虽然没亲身经历那场被人嘲笑为“不参加则人生不完整”的高考，但和很多同龄人一样，被十几年的应试教育基本榨干了学习的热情。一进大学校门，什么都想干，就是不太想读书，也不太在意成绩和名次这件事了。再加上远离了父母、远离了家乡之后，我的心灵和我的身体第一次感受到了自由的美妙，对这个世界充满了好奇，就像刚出笼的雏鸟，四处寻找释放激情的途径。

于是我进了校学生会，从贴海报开始，什么事儿都干，有时候甚至就睡在学生会办公室。后来就有了些职务，还差一点当上学生会主席。在学生会最大的收获是交到一群跟我学不同专业的朋友，可以和他们聊考试以外的话题，聊人生、聊理想、聊大学之外的世界是什么样子。我很感恩认识这群特别优秀的朋友，关鹏、贺凯、杨洪、开宇、兆旦、王华、王鹏、志静、简易……以及已经想不起来的好多名字。

“70后”这代人自己没吃过什么大苦，但多少见过别人吃苦。我们错过了乱世出英雄的机会，只道听途说了一些北大前辈热血沸腾的传说。我自己离“豪迈”这个词最近的一次经历，是当北约“误炸”了中国驻南斯拉夫使馆，我高举着拳头跳入了游行的队伍，还写了一篇讨伐北约的檄文，站在人群里大声地念。那种为了一个信念就热血沸腾的场面，现在每天玩手机的孩子恐怕无法想象。

“70后”是不耻于谈“理想”的，而北大又是一个允许你谈理想的地方，一个可以在寒冬腊月喝了大酒，踩到刚冻结实的未名湖上，脱光了上衣拍着胸脯大声喊出“我爱中国”而不会被当成精神病抓起来的地方。回想起来，那种踌躇满志的激情是如此的青春、赤诚和壮烈。

学生会主席竞选资格被剥夺[①]后，我消沉了一阵子，辞去了所有的社会工作，回到求知求学的状态。二十世纪九十年代，北大的这块金字招牌还是吸引了国内外不少的大咖来做讲座。那段时间听了很多五花八门的讲座，感觉校园外的世界好大。在对专业课的热情无可救药地消退的同时，却对其他院系的课充满了兴趣，比如广告系的朱青生教授讲的“当代艺术”，比如英语系的“美国文化”。

美国文化课的讲师叫Angela Goding，她对我的影响很大，开阔了我的眼界，带给了我很多新思想，我在心里一直叫她“天使姐姐”。她因为喜欢燕园的环境而来北大兼职授课，她正经的工作在北京四合院画廊，很有可能她是中国第一家地下画廊的执行总监。

说“地下”，是因为画廊展出的都是不可能进入主流画廊的前卫作品，

---

① 详情见《校长日记：我在美国当校长》(钱志龙著，人民大学出版社，2016年11月)。

我也是在那里第一次接触到了像艾未未那样伟大的艺术家和他们的作品。另一个原因是它开在地下室，带着一点类似地下党的神秘感，而楼上是家同名法国餐馆——一家当年京城为数不多的能做出正宗法国料理的餐厅。

主厨是个华裔美国人，叫Paul，厨艺精湛，人又风趣，不忙的时候经常戴着他那顶高得夸张的白帽子走到前面跟客人搭讪。他喜欢跟我聊天，我猜他享受教一个乡土气息浓厚的大学生如何正确使用刀叉的成就感。我非常感谢他让我知道真正的西餐是什么样子。

Angela还介绍了他的助理Peter Black给我做朋友。Peter是耶鲁大学的高材生，学的是中国明清艺术史，临毕业前在中国实习。他是我认识的第一个中文流利得会吓人一跳的白人。我们一见如故，并决定用一种特殊而公平的方式沟通——他说中文，我说英文，谁也不占谁的便宜。我领着他，确切地说是跟着他一起探索我也并不太了解的北京，而他则点点滴滴地给我介绍他在那儿出生长大的美利坚。

他住在交道口，对于不怎么出校门的大学生来说感觉好遥远。Peter是个非常体贴细心的人，有时候我们聊得太晚了，地铁停了，他会硬往我兜里塞五十块钱，让我打车回去。当他发现我舍不得打车还是坐公交的时候，就索性让我在他家睡上一晚，第二天再回学校。我的家训是"无功不受禄"，实在推辞不过，我就加倍努力地帮助Peter学中文。甚至在他没有要求的情况下，自己研发出课程去给他上课，还给他布置作业。

我也会挑一些很经典的中国电影陪他看，比如《霸王别姬》《活着》《大红灯笼高高挂》。他很严厉地批评了我买盗版碟这件事，那时候穷，正版碟我是真的买不起。但我知道他是对的。

Peter脾气很好，但也有暴躁的时候，有一次他重重地把书丢在地上，抱怨中文难得太没天理，质问我为什么中南海和北海都不是海。那个年代还没有手机，也没有百度，我还不能动动食指就回答他——"当年给这些湖命名的统治者是蒙古人，在蒙古语里'海（海子）'就是

‘湖’的意思”，只能自作聪明地反诘他为什么Mr.Black是个白人。

我们就是在这种彼此欣赏、互相嘲弄的交流中，建立起一种惺惺相惜的友谊。可惜几个月之后，他就结束实习回国了。那个年代别说社交软件，连电话都没普及，很容易断了和一个人的联系。多年之后，我妈告诉我，有个人用奇怪的语气打电话到家，说：“你有一个很聪明的儿子，我很想念他。”Peter没留下任何联系方式，不知他现在何处，是否安好。

上Angela的课最美妙的地方，就是常常忘记我们在上课。她很随性，有时候放一部电影，有时候讨论一些学生们感兴趣的话题。我们没有课本，唯一的纸质教材是一九九五年版的*Lonely Planet*（《孤独星球》）影印章节。Angela出生在旧金山，所以常常提起这个城市。当她聊旧金山的时候，也不会传授任何硬性知识，比如金门大桥的高度、淘金热的年代，而是聊她的生活，所以用得最多的教学工具是她的生活照片。

二十世纪九十年代的中国还没有流行PPT[①]，她用的是真正意义上的“幻灯片”——用照片底片做成的小方格子，在一个黑色机器上码成一个圈，像时钟一样依次轮动。在熄了灯的教室，伴随着韵律感十足的“咔嚓”声，一明一暗中，一个美国人的生活，她的家人朋友，旁若无人的笑脸，她的厨房和她的狗，在我们面前徐徐展开。台下我们这群懵懵懂懂的大学生听得凝神屏息，如醉如痴。

当她提到“Paradise of gay people”这个名词之前，我们这些对商务印书馆出版的《袖珍英汉字典》深信不疑的学生们都还以为“gay”只是一个表示“欢快”“愉悦”的形容词。当我们看到完美身材的男孩子和面容姣好的男孩子手拉着手甚至亲吻的图片，教室里顿时充满了唏嘘声和怪叫声。

---

① PowerPoint，演示文稿软件，其中的每一页就叫“幻灯片”。

2

“新东方”灯塔

Angela的美国文化课以及与Peter的交往，彻底点燃了我对这个国家一发不可收拾的好奇心，也让我找到了一个新的努力方向——我要去美国。当时校园里已经开始有了“出国留学”这个选项，大三、大四的学生群体里也有了这种互相感染的气氛。我跟班主任付志明老师说了我的想法，得到他的认可和祝福之后，开始疯狂加大学习英语的力度。

Peter走之后，我才意识到有个英语母语者陪我说英语，随时把我从课本里背下来的生硬词汇变成地道的美国口语，是件多么奢侈而幸福的事，也让我意识到聊天是如此有效的学习方法。跟Peter交往的短短几个月，不但让我的发音和用词更加精准地道，更重要的是大大提升了我用英语交流的意愿和自信。

我每周六会骑车到人民大学，参加当时北京唯一的一个“英语角”。其实英语角算不上一个学习英语的地方，它只是为一群希望练口语的人提供了一个安全而不受裁决的场所。在那里没人会嘲笑你“假洋鬼子”什么的。去那里的男女老少水平参差不齐，如果实在找不到一个程度匹配的人，就索性鸡同鸭讲，扯开喉咙各聊各的好了。

除了英语角，我还做了一件现在想想非常疯狂的事。我会徘徊在北大勺园留学生公寓的门口，看到面善的学生就屁颠屁颠地凑上去问："Can I help you? "没有人会无缘无故陪你练口语，但我相信初来乍到的留学生总会遇到这样那样的琐事需要帮忙，为别人提供援助是最容易被人接受的一种交友方式：I scratch your back，you scratch mine。

那个年代学校管得很严，十一点宿舍就熄灯锁门。为了能熬夜准备非人的GRE[①]考试，我一狠心，撇下兄弟们从宿舍搬了出去，在北大西边的万柳公寓租了间小屋子。虽然号称"公寓"，其实更像监狱的设计。三四通长长的平房像瑞士卷一样被均匀地隔成不到七平方米一间的十几间小屋子，推开门就是一张单人床和一张紧挨着床的书桌，椅背抵在床沿上。

虽然狭小逼仄，但却是我这辈子第一次拥有的一个完全属于自己的空间，第一次触摸这个年纪早该拥有的自由和私隐的快乐。我从新华书店买了一张美国地图挂在墙上，每天用手指去摩挲那一个个细小而陌生的地理名词，想象着几个月后可能会在其中的一个城市读书生活，心跳都会不自觉地加快。

那时候没有留学中介这个行业，只有一所很特殊的学校，学校有一个带着维新变法气息的名字——"新东方"。俞敏洪校长不光是我们的导师，更是我们的英雄，他自己没能留学，却像古老神话里的英雄一样化身为一座灯塔。在那个留学还是少数人追求的梦想并在夜色中摸索的年

---

① GRE，全称Graduate Record Examination，中文名称为美国研究生入学考试，适用于除法律与商业外的各专业，由美国教育考试服务处（Educational Testing Service，简称ETS）主办。GRE是世界各地的大学各类研究生院（除管理类学院，法学院）要求申请者所必须具备的一个考试成绩，也是教授对申请者是否授予奖学金所依据的最重要的标准。

代，一群不满中国研究生教育现状，也不甘于适应现状的大学生，就借着灯塔里微弱的光，沿着前辈踩出来的泥泞小路，像一群刚刚被打开笼子的小鸡一样，探头探脑地迈出国门。

新东方那时候规模还不大，条件也很简陋，没有自己的教学楼，基本是租用别的学校周末或放学后的教室，甚至厂房里的大会议室。大夏天也没有空调，满满地挤了一屋子互不相识的学生，埋头做那一摞摞的GRE真题。真题大都是影印本，字迹模糊，但那就是我们“过河”时唯一摸得着的“石头”。

“出国帮”成员人手一本“红宝书”——从五千到三万词汇量的GRE词典。我完全不认同这种背单词的方法，也明知这种学习不是学习，但对于一群母语非英语的孩子，突然要去和所有的美国本科生竞争有限的研究生院录取名额，以及更有限的奖学金名额，这就是我们唯一的路径。之所以说“这种学习不是学习”，因为GRE考完不消三个月，那些曾经拥有的傲人的词汇量便会如独立日的焰火般烟消云散。

那时候的GRE分三个部分，有三个奇怪的名字：“Verbal”指的是文字文学素养，“Quantitative”指的是数学素养，“Analytical”顾名思义是逻辑（分析）能力。对于中国孩子，语法题还算好，中国的英语课教的最多的就是语法。但因为阅读理解的文章话题涉及天文地理、生化科学、医药百科、音乐美术，即使拥有了几万字的词汇量，要读懂所有文章也几乎是不可能的。

所以，新东方老师的任务是在最短的时间内帮学生考出高分，于是他们传授的一个重要技能就是答题技巧。老师们花大量时间总结了出题老师四选一的规律，学生们似懂非懂、将信将疑地按部就班，也确实能在绝望中找到一丝希望。我当年考得是800分满分里的640分，分数不高，但好像打败了83%的对手。

美国人的数学教育强调的是理解基本概念，数学考试从某种程度上很接近考驾照，而不是像中国学生那样成天训练如何破解疑难怪题。所以在“黄沙百战穿金甲”的中国学生面前，数学部分就像《水果忍者》游戏。虽然我觉得并没有什么好得意的，但至少在攻坚的堡垒中这是敌人最薄弱的一环。理科生们不考满分是奇耻大辱，都不好意思跟人说；我考了770分，对于一个四年大学没沾过数学一根鸡毛的文科生来说，也足以自我宽慰了。

逻辑题目要看懂也不容易，要蒙对主要靠人品。但因为并不是每所大学都看这个分数，很多人不会花太多时间去死磕。我当时考了670分，也算是够交代了。好在GRE考试没有写作，也没有口试，所以很多英文实战能力差的人也可以蒙混过关。

那个年代“水未涨，船未高”，总分过了2 000分就可以自信满满地申请大学了，不像后来每年都爆出考满分的天（疯）才（子），也让美国大学对中国学生的分数产生了质疑。能不质疑吗？一群中国孩子打败一群美国精英学子，你就想象一下，一个从没来过中国也没有中国籍汉语老师指点的美国学生，竟然拿了高考状元——这绝对是一件细思极恐的事。

于是，很多有脑子的名校开始行动起来，“封杀”GRE满分生，他们的逻辑其实很简单：无论是因为聪明还是努力，你花如此多的时间和心力，只是为应付一场考试，你一定也错过了什么。而那些你错过的，极有可能是更重要的事情，比如：与人沟通、思考人生、锻炼身体、结交朋友、公益劳动、周游世界、兴趣爱好……

GRE虽然难得没天理，但我却不觉得它是最大的挑战，毕竟那个年代想出国、能出国的都是学霸级别的应试高手。考试说到底只是门技术活儿，只要投入足够的时间，熟能生巧，一定能做得好。ETS的出题官们虽然赚足了中国学生的钱，但也是吃足了苦头。他们必须夜以继日地拓展并更新题库，降低学生撞上熟题的可能。还要“道高一尺，魔高一丈”地跟中国考生斗智斗勇，甚至几度取消考试成绩。

经受了考GRE的魔鬼训练之后，再去准备托福考试就易如反掌了，毕竟托福的听力、口语考试，主要是衡量一个人所掌握的英语能否在美国生活。我没有花钱去报托福班学习答题技巧，几乎没怎么准备就考了个接近满分。之后借着自己胸有成竹的应试经验，还模仿着新东方老师们的谐谑风格，去给别的学生上过一阵托福课。那时候仗着年轻，一天站着连讲七八个小时都不是个事儿。第一批新东方的老师就是这样发家致富的。

申请美国大学的第二座大山是PS，不是考你怎么把脸变瘦、把腿拉长的修图技巧，而是撰写一篇“惊天地泣鬼神”的Personal Statement（个人陈述）。其实就是用有限的文字，回答大学招生官“你为什么要选这个学校？”“学校为什么应该录取你？”这两个问题。在我看来，这才是既考验你英语写作能力，又挑战你讲故事水平的大门槛。

在中国的英语课上，很少有机会练习英语写作，因为老师也不知道该怎么教，最多帮学生改改单复数，第三人称加个s什么的。就算学生词汇量再大再偏，因为缺少“熟读唐诗三百首”的海量有效输入，写出来的东西也大多带着浓浓的“最炫民族风”，不知所云的Chinglish（“中国式英语”）常常让外国招生官一头雾水。回看我十七年前写的PS，用词晦涩，肉麻做作，不堪卒读。

但真正被招生官果断弃之的还不是写作技巧，而是作文内容。即使文字再拙，只要故事真实、感情诚挚，还是能打动人的。怕就怕中国学生习作例文看得太多，已经不会讲自己的故事了。当然，中国学生这十几年的光阴全用在应付考试上了，也根本没什么有趣有料的故事可讲。

于是，为了像“别人家的孩子”一样能把招生官弄哭，他们就开始编故事，或者生硬地背诵别人的故事。世界上没有比“哭而无泪”“无景生情”的虚假文字更让人反胃的了。很多美国人对中国的印象还停留在19世纪，一定有这些PS的功劳。不然怎么会有那么多身残志坚、含辛茹苦，拉扯孩子长大的寡母和那么多卖身葬父、寒窑苦读，最终金榜题名的儿女？

申请路上的第三座大山是推荐信，其实这一项要求挺为难中国学生的。因为中国但并没有这样的“推荐文化”，而且绝大部分大学教授用英语写作也是有心无力。

最常规的做法是老师用中文写，学生自己翻译。话说要把教授们的魏晋文风翻译成外国教授能读懂的英文也是一个不小的挑战。也有学生把自己夸一通，然后讪讪地摸着后脑勺去找教授签字。

我听说还有一种简单粗暴的做法就是自己写、自己签，反正基本上都是死无对证。那个年代，电子邮件和手机在中国还没有真正普及，经常不在办公室待着的教授们的电话还得用总机转。就算你中彩票般地遇到一个较真儿的招生官，克服万难打通了教授的电话，估计也是鸡同鸭讲。别说中国教授的英语不知所云，老外能把中国孩子的名字念得让大家知道说的是谁就已是不易。

最后一道难关是大学成绩单，倒不是说你需要做什么特殊的努力，都大四了，一切都晚了。无论你喜不喜欢，成绩就在那里，不增不减。还好有奖学金要求的约束和班主任付老师的叮咛，我没让成绩太难看，但并不是全A，尤其是那些我打心眼里不认同的死记硬背的公共课。

费了九牛二虎之力，把该考的试都考完了，把材料都集齐了，才开始撸起袖子找学校。那时候没有现在这么方便，得去大学电脑教室排队等待那些586的电脑在隆隆的配音中缓缓启动。所有信息来自半天才能打开的国外网站和师兄师姐们在MIT BBS[①]上七嘴八舌、戏谑怒骂的留言。

我们系里那年只有我一个人打算出国，大家都忙着准备各种工作面试。阿拉伯语专业对口的机构无非就是外交部、经贸部、新华社，以及华为、北方公司这些跨国公司，我对这些根本提不起任何兴趣。虽然老师劝我给自己留条后路，但是我当时心意决绝，也不想利用党员身份白白占用了这些本来有限的推荐名额。

因为有共同的语言和奋斗目标，让我经常跟英语系的人混在一起，不知不觉疏远了同班同学。出国这种事是需要搭档的，不光是互相敦促鼓励，还有一些很实际的事情需要彼此助力。

有一天，在友谊宾馆举行了一个超大规模的部长级国际会议，所有北大外语系的老师学生全部出动，担任现场翻译兼志愿者。在那次实习活动中，我跟英语系的粟春科相谈甚欢，经常约好了一起去查资料，互相帮着在图书馆占座熬夜背单词。他科班出身，英文还胜我一筹，自然我沾光的机会多些。很羡慕春科和他们英语系的学生，过半都在准备出国，而且凭借扎实的语言功底，什么专业都能申请，都敢申请。

其实当时我对自己的阿拉伯语专业早已没有了激情，只是看在四年“同眠共枕”的情分上还在勉力维持着“婚姻”，明明已经动了“红杏出墙”的念头，还是没有勇气迈出跨专业申请那一步。也可能是还没遇到让我一见倾心的“人”，我当时申请的都是中近东研究、阿拉伯文学

① 论坛最早于1997年以bbs.mit.edu在麻省理工学院开始，因此得“MIT”之名。然而，其历史可追溯到另外两个较早的论坛：1996—1997年中国北京大学的“未名BBS”以及后来中国科学院空间科学中心的“空间BBS”。与位于中国的两个前身不同，MIT BBS（未名空间）较少受到中国大陆网络审查制度影响，在海外留学生中声望渐增。

方面的硕博士项目。可想而知，开设这些生冷专业的大学本来就不多，而且文科研究专业大多没有充裕的资金，即使是博士生都不一定能拿到全额奖学金。那时候也有点抠门，每申请一所大学就意味着五十美元到一百美元的报名费，所以最后我只申请了六所大学。

把厚厚的申请材料包一一寄出去之后，身体从紧张繁重的工作中解脱，但精神上的煎熬才刚刚开始。因为没有参加过高考，没有那种等待放榜的焦虑经验，这一次的等待让我体验到了什么叫“望眼欲穿”。随着日子一天天过去，随着别人一声声的惊喜尖叫，我的心越揪越紧。美国大学哪怕不录取，也会非常礼貌地寄一封信给你，以表达他们的惋惜之情。

录取通知因为随信附上了一摞《报到须知》而显得格外厚重，而拒信通常是很薄的一页纸，所以从门房大爷那里接过信封的瞬间，不用拆就知道是祸是福。但最折磨人的是同样厚厚的信封里却塞着没有奖学金的录取通知，让你一下子从杨过哥哥的大雕背上直接跌落绝情谷底。

最可恨各个大学的录取通知不是同时到达，前后要持续几个月。钝刀割肉，比高考放榜残忍多了。直到收到最后一封信，所有六所大学的回复集齐，虽然我拿到了三个大学的录取通知，但没有一所学校能够提供全额奖学金。没有全奖，别说学费交不起，连签证也拿不到。

于是，留学计划宣告落空。别的小伙伴已经开始讨论接下来做签证、找旅伴、订机票、租房子的计划了，我只能黯然离开这个曾经一起奋斗的小群体。对于我这个一路保送的学霸而言，这算是人生第一次遭受被人拒绝的挫折，但现在回头想想，也是一种难得的珍贵体验。

当时因为没有现在这么多的中介公司，所有的事情，哪怕是填一张表格，盖一个公章都得自己做。但也正因为如此，你朝着自己的目标，用自己的双脚踩下每一个坚实稳妥的脚印，你参与并拥有整个过程，留学这件事才因此而变得完整而更有意义。

就好像旅行一样，你大摇大摆地走进旅行社，喊一声："老子要出去玩一个月，花多少钱都无所谓。"旅行社的职员恭恭敬敬地帮你沏上一壶茶，在电脑上"剔剔挞挞"帮你选好目的地，订好头等舱机票，安排好空调大巴和专车接送，订好当地最豪华的五星级酒店，有双语导游兼翻译全程陪同，照顾你吃喝拉撒睡，帮你选好餐厅点好菜，替你购物，为你砍价，帮你骂人。听上去是不是好省心？然而，这样的旅行还有意义吗？

同样道理，如果别人帮你找好学校，选好专业，替你撰写个人自述，帮你搜集乃至伪造成绩单和推荐信，甚至找人替你考试，冒充你面试，然后还帮你申请签证、订机票、安排美国的接机、租房子……那就很容易导致这一服务的继续延伸：找人代你去上课、帮你做作业、替你写论文，最后再给你造一份假文凭……功德圆满。但这样的留学还有意义吗？

3 

爸爸安东

我得一辈子感谢李嵘——我青梅竹马的中学同学，当时她在人民大学攻读比较文学的硕士。在她的导师——杨恒达教授的引荐下，我得到了大学毕业后的第一份工作——给一位神父做助理。这并不是一份神职工作，Ron Anton（安东）神父的世俗身份是美国马里兰大学商学院的院长。在旅居中国的十几年里，他做了两个了不起的项目，我觉得是可以被写进中国教育史的。

第一个是和林毅夫先生一起在北大后海边的朗润园里创办的Beijing International Master of Business Administration（北大国际MBA[①]），简称BiMBA。授课老师除了北大经济研究中心的本土资深海归教授，如杨壮、海闻、胡大元等，就是美国福坦莫大学（Fordham University[②]）商学

① Master of Business Administration（工商管理硕士）的简称。

② Fordham University（福坦莫大学）是一所坐落在美国纽约市的私立非营利研究型大学，于1841年由耶稣会的神父创立，后来虽被世俗的董事会接管，但仍然继承了耶稣会严谨而开明的治学精神。

院的教授们。

北大国际商学院的全职MBA项目和兼职EMBA[①]项目，常年被《福布斯》杂志评为中国MBA综合排名第二，仅次于北大的光华商学院，在职MBA薪酬和EMBA校友满意度常常名列榜首。《商业周刊》形容它是中国最有“良知”的MBA项目。BiMBA让中国的学生接触到了美国乃至世界最好的企业管理方法及商业伦理。很多中国优秀的企业家都曾求学于此，比起其他商学院，少了很多沽名钓誉的官员或花钱让秘书来上课的老板。

除了享誉全国的BiMBA，安东神父同时也是The Beijing Center for Chinese Studies（北京中国学中心，简称TBC）的创始人和终身荣誉院长。如果说BiMBA项目是用国际化的商学院成就中国的企业家，那么TBC就是这条双向车道的另一边——专门帮助外国人了解中国。TBC每年开办长、短期项目，把AJCU[②]遍布全球大学的学生、教授、管理者和学者团体带到中国来学习语言和文化课程，以期下一代的西方人更了解这个伟大的国家及其人民。

为了让这些人了解最真实的中国，安东神父利用他在中国潜心搭建的人脉，把最好的老师、教授请来，我第一次排课表的时候惊得嘴巴都合不拢了。给TBC授课的是清一色的北大、清华、人大的副校长、院长以及系主任级别的超大牌教授，来给这些美国本科生上课。也难怪直到

---

① Executive Master of Business Administration（高级管理人员工商管理硕士）的简称。

② Association of Jesuit Colleges and Universities（AJCU）是由美国28个耶稣会开设的学院、大学以及两个神学中心构成，总部设立在华盛顿特区。虽然每个学院和大学都有独立的教学系统，但它们有共同的理想和耶稣传统以及许多合作项目。

今天，TBC仍被认为是中国最好的海外留学项目。

我作为安东神父任期最长的助理，目睹了他为促进和加深中美之间学术、文化、教育交流所付出的努力和卓越贡献。为了能不受干预、低调地完成他的使命，在中国他一直穿西装或便装。与十六世纪千里迢迢为中国带来西方文明的利玛窦神父一样，他在中国的使命并不是传教，而是借助教会的资源和人脉，把教育和光明带给发展中的中国。

安东神父是Society of Jesus[①]（耶稣会）的会士，除了协助祈祷、从事社工慈善、拯救贫困之外，耶稣会的神父们一向视教育为最高使命，相信可以通过开启智慧让人们获得救赎，在这一点上跟佛教殊途同归。他们在全世界大小城镇创办了许多大学和高中，比较有名的大学有北京的辅仁大学和上海的震旦大学。可惜1952年全国高校院系设置大调整之后，一批世界级大学从此退出历史舞台，但他们培养的人才都成了北大、清华、北师大、复旦等大学的建校地基。

以利玛窦、罗明坚、南怀仁、汤若望为代表的一大批驻华神父不但是学富五车的学者，而且是整个西方世界最了解中国、对中国感情最深的人。他们为中国的近代科学、技术和教育启蒙做出了不可估量的贡献。

耶稣会在历史不同时期屡遭迫害，曾盛极一时的耶稣会今天仅剩两万名成员，在一百多个国家修行惠众。加入耶稣会比加入其他修会困难得多，要受到更长时间的考验并获得更高的学历。所以大多数耶稣会的

---

① Society of Jesus是天主教的一个主要男修会之一。1534年成立于巴黎，是天主教会里的维新派，专向年轻人传教，重视神学教育，誓守三诺：安贫、守贞和服从。罗马现任教皇方济各神父就是耶稣会会士，是首位耶稣会出身的教皇。

修士是大学或研究所的教授，我先后交往过的十几位神父都是集学问和仁爱于一身的贤德长者。

第一次跟安东神父去美国，跟他一起住在修道院。当管风琴古老的乐声呜咽响起，他第一次穿着圣洁的白色神袍出现在我面前，我被深深地震撼了，好多之前不能解释的疑惑也都找到答案了：一个人可以扛住各种压力和委屈，不知疲倦地做自己相信的事，对我这个本事不大、脾气不小的小跟班责罚有度、疼爱有加，没有些大爱是不可能做到的。

在TBC这样的西式工作环境，本来就不提倡加班，我当时年轻贪玩，到了下班的点儿就关上电脑走人。但安东神父永远是第一个到学校，最后一个锁门离开的人。为此我还经常说他是“工作狂”，劝他爱惜自己的身体，不要这么拼。他通常只是笑而不语，但有一次他终于忍不住，朝我说了下面这段话：

我的孩子，我从来没有回应过这个你常常用在我身上的绰号，因为我不认为它精确地描述了我做的事。人们使用这个词汇的时候是在用一种负面的情绪描述工作，因为在他们心里，工作是辛苦而无聊的事，是乐趣和幸福的反面。然而，对于我来说，我真的很热爱我做的事。我也是一具肉身，当然和所有人一样会感到疲惫，就像足球运动员，他们都累瘫了，但他们会一直踢下去。有时候工作可能会有挑战，但我从来不会觉得它辛苦或无聊。那些不太幸运的人努力工作是为了更好地生活，但于我，工作就是我真实享受的生活。这也是我每天一睁眼就迫不及待地跑去办公室的原因。如果你真的喜欢用到这个后缀的话，你不如叫我“生活狂”。

安东神父这段话，说得我面红耳赤，高山仰止，铭记在心，永生不忘，也成为我从此以后对待工作的态度。感谢安东神父，我终身的人生导师，在我应对第一份工作时，就教会了我如此重要的工作伦理，也让我更明白，选择一份自己真正钟爱的工作作为事业是多么重要。

和其他学富五车的耶稣会士一样，安东神父有七个硕士学位和一个博士学位。他在学术论坛上挥斥方遒，在谈判场上寸土不让，但素日里却平易近人，跟看门的大爷勾肩搭背，掏钱送卖水果的小伙儿去上学。只会十几个中文词汇的他和只会十几个英文单词的图书馆馆长单衍荣老师两个人手舞足蹈地比画半天，就算最后不得不求助于翻译，他也不会因此而着急发脾气。

安东神父毫不介意晚辈没大没小直呼他Ron，但我无论如何叫不出口。在英语里，天主教的神父本来就被称为Father。但我又不想跟别人一样叫他Fr.Ron或Fr.Anton。我索性就叫他Father，貌似很生分，一般记不住神父的名字才这么叫。但是对于我来说，安东神父对我的疼爱和教诲早就超越了老板对雇员、老师对徒弟。他和我的父亲同龄，我直接叫"爸爸"反倒是更顺口顺心。我暗自瞎想，哪天安东神父百年，我是愿意为他披麻戴孝的，只要教会不反对的话[①]。

有人问我既然这么崇拜安东爸爸，怎么跟了他三年也没皈依天主教，我也问过自己这个问题。第一，为了能在中国继续做他热爱的教育工作，他从不主动为中国人布道，尤其是身边亲近的人，弄不好要被贴封条的。他只是偶尔会在自己的房间给美国孩子讲讲《圣经》，带领弥撒，并回答任何人对宗教产生的疑问。而我那个时候幼稚愚钝，对那些

---

① 历史上耶稣会在中国曾遭到重创的一个原因是"中国礼仪之争"，教皇不同意中国的教徒拜祖先。

看不见、摸不着的东西不感兴趣，现在后悔得要死。

当然最关键的是，我并不认同天主教神父要遵从的三大戒律：安贫、守贞和服从。神父们虽然也会根据他们在世俗世界的岗位拿到相应的工资，可以用这些钱买一些自己喜欢的家具放在办公室里，或买一些礼物送给他们关爱的人。但是他们名下没有任何财产，走的时候生前用过的东西全都要留给教会。

对很多人来说，老板出差回来就意味着逍遥的日子到头了，但每次安东神父从美国回来，我都特别开心。他在美国的日程通常按小时安排，但他每次都会记得给我带个小礼物，要么是大学球队的棒球帽，或非政府机构的T恤。他知道我不太舍得花钱买衣服，也会把他穿不下的衣服送给我。我从小是穿表哥表姐的旧衣服长大的，不但不会嫌弃，反倒满心欢喜。美国的旧衣服质量也很好，而且一定不会在马路上跟别人撞衫。

其实我是接受“君子固穷”的，我的生活很简单，一台苹果电脑是我所有财产里最贵重的东西。我也天生不喜欢大房子、大车子或者所谓大牌的东西。但是，如果我一无所有，如何去尽我的责任去照顾我的亲人和其他很多需要帮助的人呢?

第二，我无法放弃情爱和性爱带给我的幸福和欢愉。爱情是排他的，对主的爱也是。我们每个人都赤条条来，赤条条走，父母终将离我们而去，儿女自会有他们自己的家庭和人生，每个人注定孤单。在人生旅途上，如果还不能有个贴心的人相伴相偕走一长段或一小段路程，那真是太寂寞凄凉了，我实在没有这个勇气。

最难的还是“服从”，我虽然对神明心有敬畏，但我生性自以为是、桀骜不驯、无视权威，绝不可能因为任何人放弃自己的独立思想和生活方式。也可能是小时候太乖了，成年以后反倒变得叛逆，对自由的渴望大过任何东西。中文的“生命诚可贵，爱情价更高，若为自由故，两者皆可抛”，英文里特别对应的一句话就是：Live free or die hard[1]，完全不敢想象由别人支配、规划的人生。

① 要么自由地活，要么“狠狠”地死。这句话出自二〇〇七年出品的美国动作片《虎胆龙威》系列第四部。

4

拉卜楞的熊孩子

虽然没有皈依，但是在爸爸安东身边的这三年，我感觉自己的身体和灵魂离信仰更近，时时被它的光芒普照、濡染、润泽。所以，如果现在有人问我有没有信仰，我会说我是agnostic[①]，而不是atheist。因为我相信冥冥之中是有神明的，只是人类还无法用有限的科学观察、解释、验证这种超自然力量的存在。

但这个或这些神的名字不一定是穆罕默德，不一定是释迦牟尼，不一定是耶和华，甚至不一定是个男性，不一定不会说广东话。我们不一定要顶礼膜拜，但一定要心存敬畏。独处时亦不做神明不认可的事情，对人类及人类以外的所有生命心存仁爱和悲悯。

到目前为止，如果纯粹按喜欢和受益程度来排列，我所有曾从事过的工作，TBC仍然排名第一，它让我学到了很多在课堂里学不到的东

① 中文常被翻译成“不可知论者”，其实也可以理解为“泛神论者”，atheist 是指无神论者。

西。作为项目助理，我的首要职责是照顾好这几十个半大不小的美国孩子。叫他们“孩子”，其实也就是比我小两三岁，都是大二、大三的学生。但是刚来的时候他们不会说一句中文，也没有在美国之外的地方独立生活过[①]，很多问题都不能自己解决。我和他们住在一起，相当于美国大学的宿舍管理助理，有时候大半夜也会被不懂事的孩子敲门叫醒，让我帮他们叫个外卖。

一开始我乐此不疲地宠着他们，几乎满足他们所有的要求，因为从交互翻译和助人为乐中我也获得了巨大的成就感。但是后来慢慢发现，人的惰性就是这么被宠出来的，小孩子是这样，大学生也不例外。这样“随叫随到”的服务并不利于他们学中文，更不利于他们学做人。而且长此以往，他们反倒会把我当成一个公用“仆人”，言语中反倒少了几分敬重。我更希望成为他们的“老师”，不光教他们中文，也支持他们探索中国，了解中国人。

除了长期的本科生项目，TBC也承接大学校长、院长、系主任和教授的短期访学项目。因为只有这些长官们真正对中国发生了兴趣，才有可能鼓励乃至发动学生来中国留学。三年中，我有幸接待了几十位这样的在常规情况下身份卑微的我不可能接触到的贵客。

也因为我在他们的访学中扮演“万能人”的角色，照顾他们和他们家人的各种需求，他们对我也是礼貌有加，宠爱无限。茶余饭后也会跟我聊些美国的文化和习俗，慢慢地开阔我的眼界、增长我的学识，让我逐渐了解那个大部分国人只能从影视作品里了解的国家。

---

① 很多年前，TBC 的学生可以得到 Freeman 奖学金的资助减免学费，但拿到该奖学金的条件除了品学兼优之外，还有一个条件就是从未来过亚洲。

这些校长完全没有架子，他们通常是拖家带口，校长职务之外又同时扮演着父母亲的角色，这也让我有机会近距离观察美国父母如何与子女相处。我也是从这个时候开始理解什么叫“好的家庭教育胜过一切”，什么叫“好的行为习惯都是父母亲的言传身教”的。

几乎是毫无例外的，无论多大来头，在他们回国几天到几周之内，我就会收到一封真诚的感谢电邮或是一张手写的卡片，有时候还会夹带一张他们的全家照或在旅途中偷拍的我的镜头，甚至是一份小礼物。这份温暖的心思，让我唏嘘不已，多年之后依然难忘。

这份工作最幸福的事，就是花别人的钱，走遍了自己的国家。我们选的都是中国最值得去的地方，光丝绸之路就去了两次，非常震撼。“上海及周边的水乡小镇”这条线路是我个人最动情的返乡线，但我最喜欢的还是云南那条线。云南省有中国最多的少数民族，他们的文化、风光、美食、风土人情都让我流连忘返。

2000年的时候，旅游业还没有过度开发，商业味没有这么重，民风淳朴得很，当地的民俗文化也展现得原汁原味，就是老百姓的生活常态。但在我们这些第一次见识到的外人眼里，步步是景，节节如戏。最有艺术天分和慈悲心的学术主任Gene Geinzer神父总是随身带着他的素描本，走到哪儿，画到哪儿。他送给我的画和他送给我的话，我都将永远珍藏。

为了让这些美国学生的旅行更有教育意义，我们会给旅行社提很多要求，包括坚决不能安排购物。为此，我几乎逼疯了那些多少要通过拿点回扣养活自己的旅行社，同时旅行社也几乎逼疯了我。一些人对待契约精神的无意识实在是令人抓狂，天天都会给我些小“惊喜”：什么车子少了一个座位建议我们挤挤啦，导游的山寨英语完全不知所云啦，说好的素食还拌着小鱼小虾啦……

安东神父有一大半的德国血统，对待细节一丝不苟，在很多人眼里会觉得有点不通情达理。而且语言又不通，导致他在旅行中脾气就没平时那么好，经常为了一些事情急红了脸。我夹在中间既是翻译，又是买办；既是被告，又是原告；既是协调者，又是出气筒。

好在后来及时遇到了我的救星“碧山旅行”——中国最早的一家主要面向外国游客提供私人定制旅行计划的公司。他们精选了一些还不大为人熟知但非常值得走的路线，并通过深度了解，让旅途变得更顺畅、更有教育意义。

他们经过各方面的努力，解决了我们的许多切实需求，这让我非常欣赏。首先，他们把教育元素融入旅行中，打破了很多旅行团“上车睡觉，下车拍照，停车撒尿”的走马观花式套路。导游多是当地大学的教授、民间的传奇艺人，而不是像其他旅行社只提供一些会讲荤段子、一不留神就带你去购物的职业导游；其次，他们也会下大力气安排互动环节，且绝不仅仅限于跟当地人一起点个篝火、烤个全羊、围圈跳个舞、仰头喝个米酒等浅层互动，更有比如陪地震遗孤院的孩子们待上一个下午，或者住在寄宿家庭并参与当地人的劳动等深层浸染。

还记得在西双版纳的景洪，四十几个美国学生从停在村口的大巴上鱼贯而出，然后像孤儿院的孩子一样，被我和村长喊着名字陆续由寄宿家庭领走。他们走的时候一步一回头，脸上露出惊恐而不知所措的复杂表情，我则一边幸灾乐祸地笑，一边点着钞票，完成我“助理人贩子”的使命。

刚下车的时候，村长用看骗子的眼神瞪着我说：“不都说好了是美国人吗？”我手里捏着几十本蓝皮护照，当然胸有成竹，但顺着他的手指仔细打量这一车熊孩子，自己都笑出了声——真像一个国际马戏团，或明教教主在光明顶组织的武林大会。我天天跟他们一起生活，已经见怪不怪了，但是二〇〇一年，我们去的大部分地方，村民们还没见过太多外国人，在村民们有限的想象中，美国人就应该长成《火烧圆明园》里那些金发碧眼老毛子的样子。

大家别忘了美国是个多种族的移民国家，光肤色就凑齐了由浅到深的整个色谱，更不用说还有充满个性的奇装异服：有的扎着牙买加的卷毛脏辫儿；有的用推子在头发上剃出闪电的图案；有的上半身羽绒服下面短裤衩；有的披着哈利·波特时代的斗篷；有的鼻子耳朵上穿环打孔吓得孩子哇哇大哭；有的巨乳丰臀看得村里刚发育的小伙子口干舌燥；有的光头绑一根色彩炫目的头巾；有的年纪轻轻满脸满身的毛看上去像我们的远古长辈；有的沉迷在自己的减噪大耳机里随着乐声闭着眼睛忘情扭动；有的躲在车边跟刚交往一周的女友旁若无人地法式深吻；有的男生虎背熊腰长宽高都两倍于我们瘦小的傣族村长，有的越南裔女生却比娇小的村长夫人更小鸟依人……

他们也强调动手参与，让学生们有机会全方位去感知这个伟大的国家和她灿烂的文化。在苏州的丝绸博物馆里，在同里的手工抄纸坊里，在纳西族女人的织布机边，在农人整齐如画的梯田间，都留下了他们的身影和汗水……

有几个平时就爱耍宝的孩子常常能做出各种你意想不到的蠢事，要么把你气死，要么把你笑死。有个孩子在我说话的时候打瞌睡，没听到我说的中国的厕所绝大多数不提供厕纸这件事，结果很快就现世报了。等我们再见到他的时候，发现他的袜子不见了一只。

这还不算是最糟的。有一次我们正在甘肃夏河藏区的牧民家里喝香甜的酥油茶，一个熊孩子出门瞥见藏包外面拴着一匹马，哭着闹着非要骑。可牧民说这是耕地拉货的马，从来没人骑过。

“不管不管，我就要骑马。”

哎，牧民就是淳朴热情好说话，你非要骑那就骑吧。

“马鞍呢？”

这又不是公园里给孩子骑上去拍照的马，怎么会有马鞍？

“不管不管，这马老子今天是骑定了，就算没有马鞍也要骑。”

牧民实在没办法，只好从藏包里捧出一块厚重的毯子搭在马背上。这个孩子围着马绕了两圈，却发现没有脚蹬。

“那我怎么上去？”

牧民叫来他的儿子，两个人奋力把那个想骑马却没本事爬上马背的孩子抬上了马背。没想到马竟然一动不动。

“这马怎么不走啊？怎么能让他走啊？”

牧民虽然有点不放心，但还是轻轻在马背上拍了一下……马一下飞奔出去，所有人都没想到，包括马背上的那个熊孩子。

接下来的画面就是：

一匹没有鞍的马在草原上飞奔，

一个熊孩子无依无靠地坐在马背上吱哇尖叫，

几个藏族小伙在后面边追边试图吆喝马停下来，

一群没心没肺的美国佬拿着手机在录像、拍照……

话说那熊孩子在马背上也不知道该抓哪里，但他很怕被甩下来。听说上次就有个女生从马背上掉下来，摔断了胳膊，一路坐马车，换拖拉机，换汽车，再坐飞机才被送到法国医院，疼得叫了一路，差点震碎窗玻璃。

熊孩子试图去抓马鬃，结果马吃痛猛烈摇头，这样更容易被晃下来。他只好趴下来抱着马脖子，一开始还行，随着马的步伐变得均匀，他甚至开始享受在草原上驰骋的感觉。但好景不长，突然感到裆下一阵剧痛，原来屁股下的毯子被颠掉了。我们平时从下面看马背，觉得高大魁梧，甚至以为它是平坦的。等你裸坐在上面才知道，哈利波特坐在扫把上面飞什么的，全是编出来骗小孩子的。

牧民的马每天辛苦劳作，身上没有一丁点儿肥肉，骑马其实就等于你就坐在马的脊椎骨上，感觉更像是一根单杠。你别小看那一层毯子，他保护着男人身上最娇嫩的地方。失去了毯子之后，每一次马腿着地都是他下半身和单杠的一次剧烈碰撞，而且这个时候已经不要指望牧民能追上来了，一望无际的草原，那是骏马的诗和远方。

还好，故事的结局还不算最悲惨，马儿并没有离家出走，孩子也没有从马背上跌下来摔断四肢。当牧民父子气喘吁吁赶到把他从正安详地吃草的马背上抱下来时，他的下半身已经完全失去了知觉。在接下来的几个星期里，他走路的背影就像是一只企鹅。

如果你问我为什么能把整个过程和每一个细节都描述得如此生动逼真——对，你猜得没错——故事里这个熊孩子，就是"少年不识痛之味，为赋新词强作死"的我。

也不记得当时是出于什么样的目的和情绪，记得当年还给自己写过一首题为《自画像》的诗，貌似可以作为这个故事的注解：

一个来自大城市却没见过什么世面的人；
一个附庸风雅却对艺术一窍不通的人；
一个喜欢思考却没有什么思想的人；
一个胆子不小却没有什么魄力的人；
一个热衷读书却读不出什么名堂的人；
一个标榜奋斗却没有明确目标的人；
一个感情丰富却讷于表达的人；
一个自诩理智却时常犯傻的人；

一个逞强好胜却一无所长的人；

一个空怀抱负却患得患失的人；

一个表面乖巧却骨子里叛逆不羁的人；

一个自命清高却未停止追慕虚荣的人；

一个人畜无害却没有完全脱离低级趣味的人。

夏河之所以出名，是因为有拉卜楞寺——全世界最大的藏传佛学院，也是藏传佛教第二大庙，仅次于布达拉宫。二〇〇〇年我第一次去夏河，那时候还没有直飞机场，也没有粉色的香格里拉，小镇中心的咖啡馆是整个镇子信息的枢纽和交易的口岸。门口间或有一辆轿车开过，扬起的尘土在空中要飘好一阵子才落下来。

夏天，人们披着露一半肩背的大棉袄席地而坐，讨论艺术和宗教、牲口和收成、待嫁的闺女和朝觐的梦。冬天，人们围坐在烧着牛粪的火炉边，抓一把青稞炒面，裹上金黄的酥油，再蘸点奶渣子和白糖，不停地搓捏，不一会儿就团成一个香喷喷的糌粑，再喝上一口咸咸热热的酥油奶茶，一天天过着宠辱不惊的生活。

学生们住宾馆，我特意要求住在寺庙里跟喇嘛们一起作息。拉卜楞寺非常大，有好多院子和数不清的佛堂。每一座幽暗的大殿里都点着成千上万盏油灯，信徒们千里迢迢前来叩拜，奉上他们经年省下的酥油，让这些油灯常年不灭，保佑天下生灵免遭灾殃。

有种说不清道不明的味道弥漫在夏河的每一个角落——牧民的毡房里，喇嘛的袈裟上以及餐馆热气腾腾的牦牛肉包子和羊肉汤里。这还不算，对于我这种南方长大的孩子，一连几天吃不上一口正常的米饭才是最痛苦的。

这里并不是买不到米，但每次端上来的总觉得没煮熟。上海话用来形容一个人脾气不好就说“你吃饱生米饭啦？”，可见吃生米是很容易让人着急上火的。我也终于忍不住去质问老板娘了。但人家一解释你就没脾气了——因为夏河的海拔高，气压低，水烧不到沸腾，所以饭会夹生。

夏河的海拔三千多米，我并没有出现之前一直担心的高原反应，听说只有那些身体特别好的人才会有明显的症状，那就难怪了。白天只要不跑，就不至于影响呼吸。但晚上醒来，有时会觉得胸口憋气，还以为是鬼压床，但也极有可能是没盖惯这里极其厚重的大棉被的关系。

有天早上我睡得正酣，突然被一阵喧哗声吵醒。循着声音走去，原来是传说中的辩经大会。想象一下几百个喇嘛在院子里大声讨论的场面是何等壮观。虽然一个字也听不懂，但隐约觉得这才是最有效的学习方式。僧侣的修行并不仅仅是把流传千年的经文背得滚瓜烂熟，更要用自己的理解去诠释佛祖智慧凝练的外语。只可惜这种高效的学习方法在当下的教育里已经踪迹难寻。

说到吃喝拉撒睡，我在夏河还闹过一个大笑话。有一天我见着五六个当地人齐齐地蹲在路边，表情自在，神态悠闲。我以为他们就跟村口的农民们一样，喜欢蹲在一起晒着太阳唠嗑。最喜欢入乡随俗的我就摆出一副平易近人的姿态凑过去蹲在他们旁边，还故作潇洒地给自己点上根烟。他们朝我微笑，用比汉语流利的英语跟我寒暄。

聊了没一会儿，我烟还没抽完，他们竟然一一站起身走了，而路边齐齐地多出一排热气腾腾的大便，还有齐齐的一排尿液顺着路的斜坡裹着沙土淌下去。一切发生得如此自然而然，而且没有任何预警，留下我一个人傻傻地守望着这堆“不速之客”。这幅惊悚的画面永远定格在我脑海里。

后来我跟当地朋友聊天，把这个离奇又尴尬的经历告诉他们，他们都笑疯了。他们告诉我三个常识，帮助我消化这次奇妙的体验：

第一，在青藏高原，大家都很少吃蔬菜水果，主要是干粮和肉，连喇嘛也不是吃素的。所以他们的大便跟狗狗的一样干燥，干干脆脆，瓜熟蒂落，一般不需要用手纸擦拭。

第二，高原地区昼夜温差大，所以大家爱穿宽大厚实的藏袍或袈裟。上半身可以随时脱下一半袖子降温，下面也通常不穿底裤，无论大号小号，蹲下来就可以随时方便。

第三，当地人信奉天人合一、人神共好、自然而然，没有所谓文明社会的那些繁文缛节。

5

推开通向世界的门

这三年中，我带着一批批的美国孩子去了很多美丽的地方。在写这本书的时候，我小心翼翼地翻开当年的纸质相册，一幅幅珍贵的照片瞬间把我带回那些美好的回忆中：

黄河岸边由整张羊皮充气再编连起来的渡河筏子；
傣族山寨楼下养的黑皮猪彻夜的深喉呼噜；
紫禁城里我和学生们扮成没有胡子的皇帝和他穿着短裤的妃嫔；
嘉峪关的城头上遥望那片胡马不归的苍茫；
周庄古镇烟雨中几百年写意的小桥流水；
西安兵马俑二号坑里武士们脸上各不相同的复杂表情；
苏州缫丝厂高温煮蚕茧那略带残忍的特殊味道；
新疆天池边那散养马驹宠辱不惊的悠闲淡定……

九寨沟、成都、桂林、阳朔、龙胜这几个地方，我都是在“非典”期间去的。当时北京城已经完全戒严，很多人说我胆儿大，不只自己，还撺掇了三个朋友，一起感受了一次“包机”“包火车”的便捷奢侈和几乎没有游客的5A级景区：在漓江边扎帐篷，在五花海里裸泳，在千亩梯田上长歌当“笑”，和萤火虫群一起翩跹起舞，仰望星河时泪流满面，都是一生只能有一次的完美体验。

我无比感恩这些旅程，让我在缺少文化情怀且急功近利的旅游业彻底毁掉原汁原味的当地文化之前，看到了中国最壮阔斑斓的大好河山和最地道淳朴的风土人情。让我一次次见证了教科书里描述的“地大物博，源远流长”如何在现实中鲜活柔软地呈现。这些画面已经定格在我的记忆深处，轻易不敢去触碰，更不敢故地重游，生怕物是人非的现实撕碎我记忆里馆藏的善本珍卷。

带着这些外国教授和学生一起行走中国还有一个很妙的地方，那就是让我通过外国人的眼反观并反思自己的国家和文化。当导游捉襟见肘的英语把外国客人说得七荤八素的时候，我也会忍不住挺身而出。但自己也常常觉得，书到用时方恨少。

这些经历让我感到无比自豪，因为我看到国际友人在领略中国博大精深的历史文化时，眼中流露出无法掩饰的仰慕之情；这种经历也让我变得无比谦卑，我的客人中也不乏来自美国高等学府的“中国通”或在北大拿到博士学位、专攻明清史的汉学家。当他们用流利的中文如数家珍般将我一无所知的历史故事、民间传说、珍贵文物娓娓道来的时候，我既佩服得五体投地，又窘迫得无地自容。

当时我就咬牙切齿地发下宏愿：要想成为一名合格的世界公民，不光要用原汁原味的外语了解中国以外的世界和民族，也得想办法让更多的外国人了解中国文化。十五年后，我有幸出任培德书院总校长，草拟了培德的办学理念和目标：

我希望培德的孩子们瞻前而不忘古，顾此而不失彼，用既不自大、又不自小的态度探究宇宙，并推敲他们的内心。我希望他们不用付出母语和文化母语的代价，去换取一张世界竞技场的入场券。无论将来他们手持什么颜色的护照，选择在哪个国家定居，他们都能优雅体面地站在世界人民面前，自信而自豪地展现一个中华儿女的德智修养和审美标准，并能用别人听得懂的语言，讲自己的故事，讲我们中国人的故事。

听了这段话很多人频频点头，尤其是那些全家移民或者后悔过早把孩子送出国的家长。其实这段话的起心动念就来自我在TBC三年的工作经历和亲身感受。

后来在美国生活的九年中，一有机会我就会刻意去练习这种本领，包括如何不卑不亢、有理有节地向国际友人解释，一个十三亿人口大国的国情和无奈，以及当代中国正如何努力克服种种困难和挑战。我一直认为，爱国主义不是喊出来的。

当一个中国孩子被“丢”在国外，无须提醒，爱国情怀就会油然而生。自己的国家纵有千般不好，你可以关起门来痛心疾首地批评，捋起袖子促成力所能及的改变，但绝不会允许外人在不明就里的情况下断章取义地妄加评判。同时你也会不自觉地承担起让外国人爱上中国的这份责任。

在我接待的第一批客人里，有一位来自罗耀拉马里兰大学的女士，叫Peg McKinbin，她在学校负责学生管理工作，跟我们走了一趟丝绸之路之后，就一发不可收拾地爱上了中国。回国后用最短的时间把房子卖了，把狗也送了人，加入TBC成了我的同事，这一待就整整十年。我们在外教公寓里是邻居，经常在一起喝酒、聊天，吐槽学生、抱怨老板，偶尔骂几句脏话解解压，成了最好的“闺蜜”、酒友和烟友。

推开通向世界的门

在有她眷顾的十年里，那些学生是最幸福的。她幽默风趣、恩威并施的管理风格，让学生们在她面前服服帖帖，闯祸的也少了很多。更重要的是，在她的帮助和推动下，他们开始主动去了解中国，包括中国人、中国文化和中国美食。

Peg来北京工作那天，送了我一本英文版的纪伯伦散文诗集《先知》。我一拿到书就爱不释手，这本巴掌大的小书伴我漂洋过海走过很多国家。Peg退休后回到巴尔的摩的老家，花了很长时间才重新适应美国的生活。她是个闲不下来的人，又喜欢和学生们在一起，现在在一个TBC的学生开的留学服务公司帮忙——在巴尔的摩为中国留学生找合适的寄宿家庭。

当年我们为了让美国学生最大限度地接触中国人，还特意发起了“中国同屋”计划。在Host School的校园里招募并通过面试筛选中国大学生，作为回报，会免费提供住宿和一切TBC学生可以享用的教学资源。

至于同屋的两个人会成为终生朋友，或者只是临时伙伴，还得看他们的爱好和性格是否匹配，交流是否足够主动和真诚。如果一心只想找个“英语陪练”或“中国买办”互相利用，关系则不会长久。第二学期，中文好的学生还可以选择中国寄宿家庭。

在TBC所有的资产里，最值钱的是图书馆，这是到目前为止在中国境内收藏有关中国的英文书最多的图书馆之一，甚至还收藏了一些很珍贵的善本、孤本以及传教士们几百年前呕心沥血制成的手绘地图。很多中外大学的学者一旦发现了这个宝藏都爱不释手，流连忘返。

毫不夸张地说，这个图书馆是安东神父花了十几年时间一本一本从无到有攒起来的。过海关时还需要经受严苛而漫长的审查。安东无论从哪里回中国，旅行箱里除了寥寥几件换洗衣服，塞得满满的都是书。我很荣幸成为第一个摸到这些书的人，因为当时没有别人，就我们爷儿俩，他负责把书买回来，我负责把它们编入资料库。当时也是为了省钱，没有购买专业的图书管理系统，只用了微软自带的一个叫Access的资料库软件，用我们自己设计的分类编目。

毕竟不是科班出身，我做得很辛苦，尤其是看书名就要猜出一本书该如何归档，并设置交叉检索关键词，对于一个母语非英语者是有挑战的。我一有空就坐在电脑前，一个字一个字地敲进去，有时会敲到手抽筋。但一想到那么多伟人（老子、芈月、毛泽东、莫言、比尔·盖茨等）都是图书管理员出身，突然就有了动力。

可能就像厨子一般对自己做的饭菜没什么胃口一样，我并没有利用这近水楼台的优势阅读这些书籍，当然主要是因为自己懒，现在很后悔。而我的继任者——北大物理系的高材生陈鑫就是一个爱读书尤其爱读原版书的学者胚子，他一有时间就泡在图书馆，后来去美国芝加哥洛约拉大学读了科学史和现象学的博士。

当时很多人都特别羡慕我的工作，管吃管住，办公地点就在宿舍隔壁的楼，上下班不用奔波，不用打卡，能接触到中美两国教育界的大咖，每天有人陪我练英语，还能免费到处玩儿。二〇〇〇年一个大学刚毕业的本科生拿三千元的税后工资，两年后涨到六千元——这不是命好是什么？

而且，我并不是唯一的受益者，每一位在TBC工作过的年轻人都有过类似的经历，因而彼此有接近的价值观和工作伦理，很容易成为朋友。有些甚至没在一起工作过，只是相互听了各自的故事就成了好朋友。谢谢Chen，Miranda，Billy，James，Andrea，Meg，Chris，Jon，Justin，Charles，Alan，Bill，Sally，Wendy，Arthur，让我每一次回来都觉得很亲切。

我是二〇〇三年离开TBC的，其实我特别不舍得走，是安东神父逼我走的。哪有这样的老板？ 老板和助理之间的磨合成本是很高的，一旦有了默契，一般都不舍得换人，因为那意味着所有培训要重来一遍。 那安东神父是怎么想的呢？他觉得这三年我付出了很多，但能学到的东西越来越有限，已经开始有点按部就班了，这样下去很容易原地踏步。我还年轻，还有很多事情要去学习和体验。尤其对于一个“学霸”来说，本科学历对我来说也远远不够。

他的原话是这样的：

You have helped many American students know about China, now it's time for you to see what America is all about.

（你帮助很多美国学生了解了中国，现在该轮到你去看看美国是个什么样子了。）

安东神父就有这个本事，只用一句话就让别人眼泪滚出来。

那一年我的生日礼物不再是T恤衫和棒球帽，而是一张去美国东西海岸的往返机票。而且细致到每一站每一个城市在哪里吃住，游览哪些景点，参观哪些学校，由谁接待都帮我安排好了。就是以前那些我带着他们爬长城、逛故宫的老朋友，也就是那些日理万机的校长和院长们。安东把中国传统里的“投桃报李，礼尚往来”教给了美国人。但对于一个根本没指望大校长记住我是谁的小助理来说，实在是受宠若惊，也由衷地佩服美国人不分尊卑的平等文化。

虽然行程中安排了各种不容错过的旅游景点，但此行的主要目的并不是观光，安东神父希望我亲眼去看看美国的大学。了解大学和大学之间到底有什么不同，哪个大学更适合我。可能之前跟他聊留学的时候，对美国大学的想象和印象都太幼稚了，他都懒得跟我解释，说你必须自己去看看才会明白。

我在美国一共待了两个多星期，去了纽约、华盛顿、巴尔的摩、旧金山、蒙特雷等五六个城市。安东神父知道我喜欢语言，特意让我拜访了福坦莫大学、乔治城大学、罗耀拉马里兰大学、蒙特雷国际研究学院、国防语言学院和旧金山大学。他没让我住酒店，我要么住在我接待过的教授、院长家里，要么住在耶稣会大学的修道院里，深度体验美国的教育现场。

我因为犯倔，不愿通过他的关系申请大学，没去这份名单里的任何一所学校，也没有去任何一所耶稣会大学。但那是一次设计缜密、让我终生难忘的旅程，让我对美国大学的了解从网站和论坛上的文字，变成了活生生的人和鲜活的校园文化，对我后来的择校乃至人生路途中大大小小的抉择也有很大帮助。

最终离开TBC时，非常不舍。我陪着这个机构搬过三次家，从一开始十几个孩子蜗居在北京体育大学简陋的宿舍楼里，到凑合搬进北京理工大学国际交流中心的三星级酒店，再到鼎盛时期，百来个孩子在对外经济贸易大学南门边的宁远楼有了一层相对稳定且独立的空间。

虽然TBC是一个美国学生来上学的地方，但这里的一草一木都印着我的成长足迹，为我刚刚启航的人生灌满了温柔有力的风。三年里我送走了十几批学生，每一次分别都很难过。在第一批朝夕相伴了一年的学生回国的那天，我含泪吟成了一首诗，以此致敬安东神父以及TBC所有爱我和我爱的人。

Heartbroken Goodbye

2001.5

Hey, Mr. David Lee
You know how much I hate you
Why don't you book the tickets for'em
All at the same day same time
Have you ever seen a silkworm eat?
Their food called mulberry tree leaf

They gnaw into it bit by bit
Until nothing is finally left
That's how I feel now and later
My heart is getting smaller and smaller
I also feel there's a hole in the bottom
From it my tears are dripping without a STOP button
I wish I could control myself better
Not to be embarrassed like a loser
I know how ugly I look when I cry
When people call me ugly I'd rather die
But at this moment I have no extra room in my brain
To feel nothing but the pain
My head is pounding like a band
And my legs are shaking that I can hardly stand
I was born sensitive

And it could even become addictive
I'm afraid I will have to quit this job soon
Hope I can recover before tomorrow noon
Now I try in vain to remember
How many times I've called you trouble maker
But all that came to my mind
Is how you have been nice and kind
Never mind never mind
It doesn't take long to find
What a splendid future everyone is heading to
And so many things also waiting for me to do
There's at least one thing I can be sure
And it will probably be the cure
Time flies and days gone by
Rainbows show up before the land is dry
Age gained and knowledge obtained
Something stays if not increased
Our friendship and love
Is as beautiful as a dove
One day we'll all be seeing it in the sky
Which will bring us back together somewhere some time
So long as men can breathe or eyes can see
So long I believe in this and hope it does the same to thee

——Done in tears twenty minutes after the third group left TBC

两年前，很意外地接到新上任的院长柯忠信神父的邀请，他是在安东爸爸离开后的历任院长中我最喜欢的一位。他的敬业、专注、直率和幽默让我对他充满信心，也给了我常常回来看看的理由。见了几次面后，他竟然邀请我出任TBC董事，同在董事会的有AJCU主席以及亚洲大主教、中国大主教、美国大学校长、美国中国商会会长、跨国公司老总等十来位德高望重的前辈。我们每年开三次大会，一起商量如何让TBC更好地服务于它的创办初衷。

我没有问董事会选我的理由，但拷问了自己何德何能担此重任。是我对TBC理念的认同，对TBC大小事务的全面了解，还是这些年来我对中美文化和教育的亲身体验和深度思考？我想让我有勇气承担这份责任的理由是——TBC有恩于我，我和它缘分未尽。虽然我并未在此读书，但它毫无疑问是我排名第一的母校，我在这里学到的东西让我受用终生。

从十七年前的一个小助理到今天的高层决策者，协助并监督院长的工作，对我来说这不只是一份荣耀，更意味着莫大的责任和信任，同时也践行了教育事业的薪火相传。现在，由于各方面的原因，TBC遇到了前所未有的挑战，甚至濒临关门的危机。我希望可以尽我所能地帮助它，也希望可以聚集一群同样对中美两国人民之间的教育、文化交流感兴趣、有实力的人，让四百多年前利玛窦神父亲手搭建的这艘友谊的小船，驶向更远的远方。

玉米地里的大学城

玉米地里的大学城

1 没有香槟的香槟城

2 风城的救赎

3 钱氏私厨

4 『蜜月』结束

5 绝处逢生

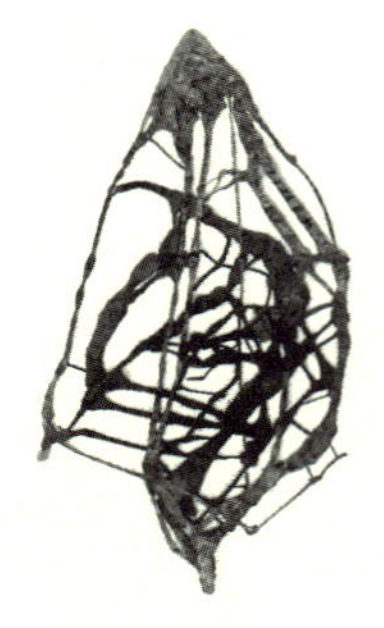

1 

没有香槟的香槟城

2000年前后的美国使馆，对于普通人来说，那是个讳莫如深、有士兵把守、在中国国境内但中国人不能随便进出的地方，而对于那些一心想在星条旗下“孵蛋”的人来说，那是一个既让人向往又让人怨恨的地狱天堂。

那时候美国大使馆还没迁新址，签证处在秀水西街和秀水北街的拐角处。即使有预约，排队签证的人也得在腊月的寒风里哆哆嗦嗦等一个多小时才能进屋里继续排队。那时候在使馆工作人员眼里，手机就是手榴弹，绝不能带进使馆，必须花五块钱寄存在门口那些既没招牌也没执照但你必须信任的临时小摊上。

除了收钱帮你看管手机，这些神奇小摊还提供一系列收费或免费的服务，比如粘照片的胶水啦，蓝黑色的墨水笔啦。遇到年纪大一点儿的，英文差一点儿的，还会教你怎么填表格，帮你安排邮递服务等。当时的申请表格中有一项要求是把你的中文名字转译成一种奇怪的电码，而这种电码必须通过他们提供的一本已经快被翻烂了的小本本才能查到。

以上这些琐碎的东西如果缺了其中任何一项，都有可能导致你必须重新花钱预约，重新排队受苦，甚至功亏一篑的严重后果。所以即便有人说他们是和使馆串通好了一起挣钱的地头蛇，但在我选择性天真的眼睛里，他们只是靠山吃山，提供及时而贴心的便民服务的好人。

排队无聊的时候，就观察那个一动不动的警卫哥哥几分钟眨一次眼睛，以此消磨时光，或者没心没肺地跟同去的小伙伴打赌下一个出来的人拿没拿到签证。结果是不用问的，都写在脸上。再坚强的人被无缘无故拒签，那没有淌出来的眼泪也早已倒灌进了胃里，造成他眉头间痉挛般的痛苦表情；再淡定的人拿到签证那一刻的欣喜若狂，即使不叫出声来别人也能听到。

那时候签证官不多，也不常换，每个人都会在MIT BBS的留学论坛上得到一个绰号——眼镜男、长发妹、小妖精、老巫婆之类，这大概是那些在拿签证过程中吃过苦头的人出气的一种方式，肯定不会太友善。但在我眼里，比冷面的签证官更可恶的是那几个在使馆工作的中国籍保安。他们如地主家豢养的狼犬，在没什么好脸色的洋主人面前摇尾乞怜，却对自己的同胞大呼小叫，以平衡他们可怜的自尊心。

因为大多数人赌不起可能造成的后果，对他们的恶声恶气敢怒而不敢言。我因为讨厌他们甚至开始讨厌我曾经那么痴迷的京腔普通话。有时候性子急又身材魁梧的大老爷们也会跟他们杠两句嘴，看他们嘟嘟囔囔悻悻然的窝囊表情，料定他们不会从这种欺软怕硬的生活状态中获得真正的自尊和幸福。

不记得具体是哪一天了，只记得那天太阳特别晴朗，但也有可能是如释重负的心情造成的假象。我刚从签证处的后门出来，那些发放打折机票传单的阿姨大叔们，就像发现狮子吃剩下的麋鹿残骸的土狼一样迅速围了上来，说着已经演练了千遍的谄媚而不真诚的恭维话，造成一种夹道欢送的伪幸福场面，让你不自觉地把本来想说的“不要”改说成了“谢谢”，随手就接过厚厚一沓子打折机票的广告传单。

就这样，我拿到了这张珍贵的美国签证，还真的循着其中一张广告上的电话订好了机票（那个年代没有“携程”“去哪儿”这样的APP）。因为有全额奖学金，算上免去的学费，一年几万美元对于当时的中国是连土豪都会侧目的数字。所以很豪爽地把银行存款留给了家人和朋友，揣着在黑市上用8.8：1的巨额汇率换成的几百美元就去了美国。

我上大学那年也没让父母送，拉着一个食堂阿姨送的行李箱独自登上了北上的列车，到了宿舍才发现我竟然是班里唯一一个没有家长送的。那时候已经不用背着脸盆和被褥，所以场面并没有那种戏剧化的壮烈，只是高度近视的妈妈扒着窗户努力寻找儿子的画面有点酸楚。又大了七岁的我，更不愿意让老人家再经历那种哭哭啼啼的送别场面，一个人提着一大一小两个旅行箱去了首都机场，里面还有用衣服裹着、妈妈坚持要我带上的那口笨重的铁锅。

在芝加哥转机时，我不敢相信眼前的景象，顺着工作人员手指的方向，看到停机坪上停着一架比旅行大巴还小的飞机。坐上去后，我很认真地数了数，总共不到四十个座位，老旧的人造革座椅已经有了斑驳的痕迹。飞机滑行加速时我分明听到了螺丝螺母间发出的吱吱扭扭的刺耳的摩擦声，让我想起当年住重症监护病房时隔壁床上奄奄一息的老人痛苦的翻身声。

一位胳膊纤细但虎背熊腰的“空婶”横在并不宽敞的过道中间，熟练而面无表情地配合着机上安全指南广播做着机械的动作，教我们怎么系安全带。我的位子就在她的左侧，我一直在担心嵌在她脸上皱纹里的廉价脂粉随时会抖落在我身上。在演示氧气面罩的环节，她腾不开手，毫无预警地就把那半截安全带丢在我腿上，还冲我抛了一个肥腻的媚眼。我慌不迭地低下头去，感觉像第一次偷偷去怡红院就撞见了韦小宝他娘。

和大飞机上的餐饮推车服务不同，飞机腾空没多久，“空婶”端着一个摆满了透明塑料杯子的托盘一掀帘子从后面走了出来，只有可乐、芬达和白水三种选择，当时我毫不犹豫地选择了价格更贵的可乐。也就是十几分钟的光景，“空婶”再次出现，慌里慌张地收走了每个人手里还没喝完的饮料杯子，飞机开始降落。我往舷窗外望去，只见一片漫无边际的农田，完全没有城市的迹象。我没坐错飞机吧？我来的是我日思夜想了这么多年的繁荣昌盛的美利坚吗？

University of Illinois at Urbana-Champaign（伊利诺伊大学香槟分校，简称UIUC），素有“玉米地大学”之称。除了是因为以学校为起点，无论往哪个方向开，十分钟之后必定进入两边都是玉米地的“景区”。还因为，美国人爱吃的像水果一样多汁的甜玉米，就是在这所大学的实验室培育出来的，今天校园里还留了一块地以示纪念。

香槟人也毫不避讳地自嘲这是个“鸟不拉屎”的地方，我听过最具文采的一句戏谑就是“No Urban, No Champaign”[①]。不过可能正因为这里的荒凉寂寞，没有声色犬马的诱惑，教授和学生们才能专注于各自的学业，潜心研究，才成就了伊利诺伊大学香槟分校在很多领域名列三甲吧？

能拿到全额奖学金顺利来美国，我要感谢粟春科——当年在图书馆

① Urban，城镇；champaign，香槟酒。暗讽这个地方既没有城市的风景，也没有丰富的夜生活。

一起熬夜背单词、查资料，申请美国大学的小伙伴。结果那年他走了，我没走成。因缘际会，三年后，在他的大力保荐下，我被伊利诺伊大学香槟分校言语沟通系（Speech Communication Department）录取。并加入他所在的组织沟通学（Organization Communication）专业的实验室。他是Noshir Contractor教授最得意的大弟子，也就成了我的掌门大师兄。

我走“快车道”拿到录取通知和全额奖学金的另一个原因是，印度裔的Nosh教授独独偏爱印度裔和华裔的学生，他固执地认为他们比其他种族更天资聪颖，也更勤勉刻苦，所以只招这两类学生。有时候坐在实验室里，恍惚中感觉身在硅谷。

据说中国的很多大学研究生院已成职场，学生们不喊“教授”改喊“老板”了。教授想靠大学给的微薄工资过上有尊严的生活几乎不可能，必须找项目，让学生做廉价劳动力，这使大学“教授不好好教，学生不好好学”的情形雪上加霜。这种现象在美国也渐渐成为一个不容小觑的问题。

我并没有要全盘否定这种现象，从某种意义上说，我支持大学成为创造并转化生产力的孵化器，而不是空谈理论的象牙塔，关键是如何找到一个教研兼顾的平衡点。师生应该协力，用Problem Based Learning[①] 的方法去发现问题，培养学生批判性的思考能力、设计师思维和解决实际问题的能力，去应对那些人类共同面对的挑战。

一下飞机就有人接的待遇不是每个留学生都有的福利，因为有了春科，我的“落地”没有像很多新生抱怨的那样：根本没有人管你，什么

---

① 基于问题的教学法，起源于医学界，现在正在被比较进步的学校尝试应用在中小学的教学中。

都得自己来。除了衣食住行有人照应，吃喝玩乐有人带着，也不用跟一大群FOB入学新生顶着八月份的大太阳，随着大学指派的本科生志愿者参观校园，参加并不那么有效率的Orientation[①]。

大师兄甚至已经提前为我安排了一个室友，一个刚跟着导师从普林斯顿转学过来的学电子工程的高材生志峰[②]，还是我的老乡。志峰比我更像上海人，无论是口音、长相还是生活习惯。虽然性格略古怪些，但是个好人，是外冷内温型的理工男。只是少了一些社交方面的经验，聊天相处总觉得有点儿尴尬。

厄班纳-香槟双子城是典型的大学城，但两个城市加起来也没多大，一共就那么几个可以去的地方：一个超小的机场，一个简陋的灰狗汽车站，一小条餐饮街，只有一家叫燕京饭店的中餐馆，几家门可罗雀的小酒吧，两三家连锁超市，外加一个美国小城镇标配的mall（购物中心）。

双子城的公交线路覆盖了这两个城市，非常方便，持学生证可以免费乘坐。车子很宽敞，很高级，也很有人情味。司机手边有一个气压开关，可以让车身向右倾斜，还有块自动翻转的铁板，方便轮椅上下车。但有条件的学生还是会选择开车，毕竟伊利诺伊州的冬天寒风刺骨，滴水成冰。买个菜，或从路边捡个旧家具，没个车还是不太方便。

在美国，很多人会把一些不想要的旧家具搁在路边，让有需要的人领走，让它们物尽其用，做个顺水人情，还可以省掉一笔垃圾处理费。

---

① 这个词不容易翻译，本意是定方向、适应，就是指学校或企业为新人准备的一系列讲座和活动，让他们尽快安顿下来，进入学习、工作状态。

② 这是一个美国研究生院比较普遍的事情，因为导师工作的变动，他带的博士生也有权力选择留在本校换导师或跟着导师去新的大学继续学业。

我的电视、床头柜、椅子甚至床垫子都是从路边捡的。很多单身学生家里都是这样，也无所谓床架子了，几百美元的东西，怎么也买不下手的，权当日式榻榻米了。

对于我们这些多少挨过点儿穷的“70后”来说，耳濡目染地继承了父辈勤俭持家的美德。可能在中国没机会表现，突然到了一个每元钱都要乘以8.8的国度，人人都变得懂事起来。每每看见有人搬家，就像中了大奖般欢喜，有的甚至就直接守在旁边。

当年在TBC工作时，每到学生毕业回国的季节，我也会跟单老师一起挨个宿舍去“淘宝”，哪怕是没用完的半瓶洗发水，哪怕是有点脏的登山包，如果直接丢进垃圾箱，平添了地球的垃圾压力。拯救一件没完全报废的物品，还它清白，让每一片还未枯败的花瓣散发出最后一缕馨香，是值得歌颂的德行。

在美国，上驾校没有国内这么辛苦，也不用看教练的脸色，但花费不菲。但美国并不要求你必须上驾校才能考取驾照，大多时候是爸爸教儿子，哥哥教弟弟。在我们这个留学生圈子里，就是老公教老婆，师兄带师弟了。在大师兄的耐心教导下，我勉强掌握了前进和倒退的基本原理。好在美国大多是自动挡的车，容易学。

伊利诺伊州地广人稀，居民遵守交通规则，考驾照本就不是一件很难的事，甚至路考的时候都不要求你“平趴”，因为根本用不着。但即便如此，我还是考了三次才过。失败的原因分别是：扭头张望时过于草率，转颈角度和表演尺度不够夸张以及看见STOP Sign——停车标没有踩死刹车。

回国后我才发现中国马路上很少有停车标，把刹车踩死这件事好像也不是很流行，因为一有机会就得换成油门，才能在人流车流中及时挤过去。但这在美国绝对不行，所有没有红绿灯的路口都得停车，小路遇大路小路停，同样宽的马路，Four Way Stop——大家一起停，即使完全没有人的马路，该停不停，就得吃罚单。

另一个比STOP标识更值得注意的是YIELD标识。在几乎所有的英汉字典里都只有“投降”“产出”的意思，却偏偏忽略了这个词使用最高频率的地方——马路上的意思——“让行”，尤其在并道的时候。有一则新闻说一个家庭一家四口，就因为该让行时没有停车，结果车被撞翻，全家遇难。

美国一共有五个时区，除了夏威夷和阿拉斯加本就脱离美国大陆不算，它的东西海岸、中西部、南部和山区的文化也有很大差异，中西部，尤其是那些以I开头的州，像伊利诺伊州、爱达荷州、爱荷华州、印第安那州等通常被称为“红脖子州”[①]，政治观点和民风相对保守。

虽然厄班纳-香槟是个自由而思想偏右的大学城，还出过奥巴马这样的民主党总统，但伊利诺伊州地处中原腹地，以农业为主，白人占绝大多数，民风淳朴而相对没有那么国际化，Caucasian——高加索人，也就是我们常说的白人，见到有色人种还是会给予几秒钟的注目礼。

和当地人聊天的过程中，我强烈感受到，他们对于美国之外的世界是不甚了解甚至淡漠的，很多美国老百姓一辈子没离开过他们出生的城市，对于遥远的中国几乎一无所知，很多印象还停留在Fox News（福克斯新闻频道）为他们定制的情节里，甚至会问出“新加坡是北京的首都吗？”之类让你哭笑不得的问题。

---

① 红脖子，redneck，美国俚语，原本是美国北方人对南方人的称呼，有明显的蔑视意味，嘲笑他们整天面朝黄土背朝天，在地里干体力活，脖子被太阳晒得红红的。现特指那些受教育不多的农民和乡村白种人士，由于见识不多而又不愿接受新事物，所以思想、行为保守，对外族人也不特别友好。

比无知更可怕的是无知而不自知。每次出席社交活动，我会特意穿一身改良的现代唐装，并且很努力提一些大家可能感兴趣的话题，但好像每次大家都是浅尝辄止。我一开始还自责自己没有本事，后来才发现只是因为money talks（有钱能使鬼推磨）。你看现在国力强了，那么多老外争先恐后地来中国，聊中国，用中国人的钱养家糊口。我现在不用再穿唐装了，他们替我穿了。

校园里会好很多，毕竟UIUC是美国公立学校中接受国际学生比例最高的大学，尤其是专业排名靠前的那些理工科院系，包括俗称Double E的电子工程系、土木工程系、数学系等，都有相当一部分来自中国、印度以及其他几个亚洲国家的亚裔学生甚至教授。可能这些专业对于美国人来说真的有点难，愿意读的人也不多。

厄班纳-香槟除了有个mall，好像就没其他娱乐场所了。mall里有一台大号旋转木马，周末会有很多家长带孩子来排队，然后去看电影、吃快餐、打电动、抓娃娃什么的。但尽管如此，周边一些更小城镇的大学生，比如圣母大学，还经常来这里感受“大城镇”的繁华，去有四十个人，而不是二十个人的酒吧喝酒。

我还真的去过一个比香槟还要偏远的城市叫罗克福德，因为大哥Kent的好友Doris——一个虔诚的基督徒住在那里。大哥说他在那里留了一箱衣服，我可以拿去穿，我就坐着Greyhound[①]去了。大哥是设计师，我对他的审美充分信任，就算是他十年前买的衣服也绝不会过时。

在北京的时候我就最喜欢穿他不要的衣服，他正在穿的衣服我要是

① 美国灰狗长途汽车。北美最大的市际大巴公司，有一百多年的历史了，也是美国最便宜的长途交通工具，乘客以有色人种和穷学生为主，并没有不安全感。

喜欢也会直接扒下来，他最宠我，所以即使是自己喜欢的也不会舍不得给我。他也是唯一一个从中国给我寄过包裹的人，生活在国内被顺丰快递宠坏了感受不到，出国后才会理解漂洋过海的包裹治疗乡愁的功效。

不得不去罗克福德取衣服的另一个原因是美国有一个很不环保的发明叫“烘干机”，我从中国带来的衣服用它烘完之后都缩水了一个号。美国的衣服太贵舍不得买，只好等到Black Friday[①]跟一帮超会过日子的阿姨大婶一起去商店里“打劫”。

被“流放”到农村，我不会错过任何一个离开双子城的假期。感恩节去了圣路易斯跟TBC的学生聚会，尝试了几乎每个美国大学生都会尝试的东西；圣诞节去了巴尔的摩，在TBC同事Omar家跟他学轮滑摔得鼻青脸肿，看他们三兄弟一起拍的小电影。我也去了旦旦读书的奥兰多，跟她一起在环球影城戴着尖帽子，吹着号角跨了年。

---

① 黑色星期五，指美国每年感恩节之后的第一天。人们通常由此开始圣诞节大采购，很多商店会顾客盈门从而有大额进账。称“黑色星期五”以期待这一天过后，年度营收由负转正，由红字转为黑字。

2 

风城的救赎

两个月新鲜劲儿一过，我就开始想家了，发各种牢骚，写自怨自艾的诗。

Color of the Seasons, and the Color of Me

2003.10

If I got to decide the color of home
I would choose pink
'cause I don't see it any more
Until the carnation covers the mountains of spring

If I got to decide the color of missing
I would choose yellow
'cause every time I see a tree
I know how she feels when the autumn wind blows away the leaves

If I got to decide the color of love
I would choose navy blue
‘cause I can't think of anything in comparison
To the deepness and inscrutability of the summer ocean

If I got to decide the color of yearning
I would choose red
‘cause I feel being scorched from inside
By the invisible fire while sitting outdoors on a winter night

If I want to find a color to paint myself at the moment
I think I have to choose black
‘cause I am desperately missing home, yearning for love
Wondering how I could possibly survive the coming year

对于被困在厄班纳—香槟的居民来说，唯一的救赎就是一百四十七千米外的美国第五大城市——芝加哥。坐灰狗要三个多小时，但如果跟着有车的师兄师姐，两个半小时就到了。我这个天生的city boy（都会男孩）每个月都会想办法蹭一次出城车，去过一天都市生活——听一场音乐会，或逛逛博物馆，哪怕什么都不做，只是在密歇根湖边找一家咖啡馆坐坐，看看来往的行人。

或许我小时候太乖了，对于大人说的话、学校定的规矩都奉作神明。一旦脱离他们的约束，我变得格外叛逆，专做大人认为不对的事。我在美国的第一个生日，就给自己准备了一份大礼——打耳朵眼儿。买不起钻石，就买了一颗几乎可以以假乱真的锆石耳钉，阳光下亦闪闪发亮。

打听了半天，打耳钉最方便的地方就是小女生们流连忘返的Claire，店里琳琅满目地堆着各种头绳、耳坠、蝴蝶结。违和的粉色环境让第一次打孔的络腮胡大叔还有点小紧张，竟被一个五六岁的小姑娘一眼识破。她很有爱地走到我面前，用奶里奶气却无比真诚的语气告诉我："It only hurts a little bit."（"就疼那么一小下。"）她全程拉着我的手，陪伴我到最后。如果真有天使，天使有一具肉身，一定是长成那个样子。

芝加哥虽然在面积、人口和房价上无法跟纽约、洛杉矶比，但它当之无愧是全美最有建筑特色的城市。无论如何你都要参加一次有讲解的导览，或坐车或坐船或步行，都是完全不同的体验。我当时选了船，速度慢可以更有节奏感地边听边看，拍的建筑全景图也好看。

芝加哥河沿途有很多桥，每次有船只通过，所有车辆都要停下来，吊桥叮叮当当地升起，为我们开路，河两岸的陌生人还会朝你挥手、微笑甚至吹口哨，那是一种前所未有的温暖感觉。

后来再参加类似的导览，会放弃车船，选择小规模的步行导览。十几个人若即若离地跟着导游穿过大街小巷，丈量城市。导游用一个小小的麦克风，每个游客别一个小小的耳机，不用凑在导游脸上就能听得清楚，也不会吵着周边的人。

学霸出身的我还是会尽量挤在导游身边一米左右的地方，这样可以不失时机地在他讲解间隙问问题，也可以在第一时间抢答他悬赏的问题，哪怕只是很有礼貌地配合他的设问。所以导游们一般会喜欢我这个充满好奇心和认真听讲的"捧场王"。

他们愿意跟我勾肩搭背合影的另一个原因，很可能是我从来不会吝啬小费。虽然我是个穷学生，但在他们眼里，我就是一个中国人，既不会记住我的名字，更不会在意我的学生身份。自己平时可以省点，但绝不能丢了国家的脸面，让人对中国人留下抠门的印象。

而且，我由衷地觉得他们值得尊敬。我比谁都清楚，再好的演讲讲多了都难受。同样一个笑话，讲了五遍之后别人笑了，我都要吐了。而他们就有这本事，同样的内容重复千遍仍然充满激情，每一个笑话都让你觉得他是临场发挥编出来的，今天是第一次讲。这就是传说中的职业精神吧。

芝加哥的唐人街规模不大，但它是一个展示中国文化的景点，我的好友阿汤哥就在芝加哥唐人街开了一家书店，也卖一些中国小礼品，勉力支撑了很多年，后来发展成一个致力于推动中美两国文化艺术交流的跨国公司，有一个很酷的名字CCCC（Chicago Chinese Culture Center），不知已经接待了多少中美政府和民间团体。

到芝加哥最重要的是好好吃一顿中国餐，师兄师姐常带我光顾的是一家叫“红塔山”的川菜馆。厨子的手艺发挥并不稳定，水煮鱼端上来跟国内完全不一样。鱼是没刺的龙利鱼，不是活杀而是冰鲜的，鱼片切得很厚，还蘸了淀粉，不是用整枝的花椒而洒花椒面，下面配的不是黄豆芽而是菠菜，汤料倒是非常入味，但看上去浑浊而不上相。

一群玉米地来的“农民”哪有资格挑剔，终于可以吃到不加马蹄的炒菜——很多适应美国人口味的中餐馆都喜欢在菜里莫名其妙地放点儿罐头马蹄片，也不会把酱油瓶特意放在桌子上，老外不懂得欣赏真正的中华厨艺，像我小时候一样爱用酱油拌饭吃。酒足饭饱后，顺便从华人超市买些美国人见都没见过的绿叶蔬菜回去。

芝加哥被称为“风城”是有原因的，每到冬天，密歇根湖上吹来的季风来势汹汹，冰冷刺骨。有一次我拖着行李箱缩着头在雪地里顶着风走，走着走着却发现行李箱不见了，因为手完全冻得没了知觉，什么时候脱了手都不知道。

感谢通过华人留学生联谊会认识的那些朋友，再冷的城市也因有了他们的援手而变得温暖可爱。尤其是细心体贴的伯宁，每次都会从他亲戚开的南北货店里拿些珍贵得甚至有点奇怪的食材和药材给我煲汤。喜欢进补的女生朋友们，不妨去百科一下，你们常吃的雪蛤炖木瓜里的雪蛤到底是什么东西。每每想起他那一口“咚咚锵锵”的广东普通话，我的嘴巴就笑成了一弯新月。

3 

钱氏私厨

美国人似乎对食物没有太多要求，真正属于美国的美食掰一只手的手指都凑不齐。即使在中国大家都以为是从美国进口的肯德基、麦当劳、必胜客，卖的也是起源于德国的汉堡包、意大利的通心粉和法国的炸薯条，甚至连炸薯条蘸的ketchup[①]这个词也是源于中国。

2003年，双子城还没有华人超市，唯一的一家门面不大的越南超市，是华人留学生的“生命线”。一走进那狭窄的货架空间，闻到咸鱼、紫菜的味道，眼睛就湿了。虽然大部分时候鱼是死的，菜是蔫儿的，但比起美国超市里那种切得方方正正、摆得井井有条的蔬菜和不见全尸的鸡鸭鱼肉，我情愿选择那种打了折扣的故乡味道 。

在中国，下馆子对于老百姓来说也许是再普通不过的事，但是在美国，由于劳动力成本高，即便对于中产阶级，下馆子也通常只是一周一

---

① 意为“番茄酱”，关于这个词的来源有两种说法：一种是源于广东话的“茄汁”，另一种是源于闽南语的“鲑汁”。

次的奢侈，而挣扎在温饱线上的老百姓最多也就是带上妻儿老小去趟麦当劳。你在街上看见那些梨形身材，甚至陀螺形身材的男女老少通常就是垃圾食品的受害者。已经是超大杯的碳酸饮料还可以免费续杯，加几毛钱就能换购的超大盒的炸薯条，动不动就是全家桶的套餐，都是让自制力不够高的（穷）人轻易就范的恶魔。

而在中国的一些城市，家长们有时候还在肯德基门口排着队用美国的垃圾食品当作是对孩子考试成绩优异的奖赏。那些高脂肪的奶酪、高热量的油炸食品、一杯可乐半杯糖的碳酸饮料都是应该让孩子远离的东西，我还见过家长完全不知道“孩子不能喝咖啡”这样的健康常识。

我出国前也跟全中国的中小学生一样，“一心只读圣贤书，从来不许进厨房”，大学时代吃了四年食堂，根本不知道锅碗瓢盆是怎么回事。到了美国，虽然大学城也有一些异国餐馆，但大部分既昂贵又不符合中国人的口味。所以要想让自己吃饱、吃好，只能自己做。留学生回国找工作并不一定容易，但找个人过日子还是挺抢手的。因为留学生哪怕学问修得一般，但下个厨房做个饭已经驾轻就熟，丈母娘会喜欢。

我始终觉得做菜跟教书有很多相通之处，我从小就好为人师。虽然没有什么实操经验，但小时候最爱做的事就是跟着亲婆（奶奶），看她怎么包饺子、包粽子、做肉圆、做蛋饺，也算是耳濡目染。于是，在生存压力下，在提高生活品质的意愿的推动下，短短几个星期我就自我修炼成一个“厨神”。

我还不喜欢读菜谱，喜欢自己尝试、摸索。我也不喜欢做中规中矩的菜，总希望能加入一些自己的想法。当然既然是尝试，总会有失败的时候，无论是火候的拿捏还是对于食材天性的了解，都不是一点儿小聪明就能搞定的，还得靠日复一日的实践和从失败中吸取教训。

我的几任室友也都是来自五湖四海的吃货，大家在学校辛苦了一天，回到家一起做个饭，交流一下烧菜心得、祖传秘方，也是一种独特的放松和享受。尤其是夏俊杰，搬出去后又搬回来，甚至不惜在客厅打地铺，也不肯离弃我这个cooking pal（厨房小伙伴）。我们因做饭、喝酒结下的深厚友谊，如我们当年在厨房里堆成小山的酒瓶子一样，虽然酒瓶子空了，但只要打开盖子，酒香还在。

在出国不易的那个年代，伊利诺伊大学香槟分校的中国同学，均是来自中国名校的高材生，光北大的校友就有好几十个，其中不乏对柴米油盐天资愚钝的实验室天才。无论他们发表过多少学术论文，跟了多厉害的导师，中华美食总能让他们卑躬屈膝。我的招牌菜有锡纸烤蒜香排骨、香辣红烧肉、椒麻爆鸭心肫、米椒糟鸡爪翅、煎烤黑椒牛排、糖醋随便什么鱼……我这边做着，他们流着口水在客厅打着游戏一遍遍地问：什么时候开饭啊？口水已经喝胀肚了……

不过这种华人聚居的生活方式也是有利有弊，虽然讨好了肠胃，但错过了跟外国人接触的机会。跟外国学生共同生活也是难得的学习机会，尤其是本科阶段，我不建议找中国室友，胆子大一点儿的还可以考虑住Fraternity[①]，感受一下美国的兄弟会文化。

鸡头鸡脚、鸡胗鸡肝之类的东西，白人肯定是不会吃的，大部分做了狗粮，所以超市里这类货品卖得出奇的便宜，却恰恰满足了中国人这点“不可为外人道也”的小确幸。但数量不多，去晚了还要跟眼疾手快的家庭主妇争抢那最后一盒。这些价廉物美的“边角料”，加点辛香作料就能香飘一整栋楼。

---

① 兄弟会，一个起源于天主教共济会的语境和拉丁文“兄弟”的词汇，在现代社会被推广到所有为了某一共同目标或信念成立的社会团体。

我不止一次地从厨房的通风口听见路过的美国佬，吸着鼻子一路闻，一边发出叫春一样的嘀咕声：“Oooh Myyy Goood，What the hell is that? Smells soooo goood.”（“哦，我的老天，究竟是什么东西，竟然可以这么香？”）但是我也能预料到，如果真的告诉他们这锅里焖的是啥玩意儿，他们肯定会落荒而逃了。

厄巴纳—香槟是个四季分明的城市，人均绿地占有率在美国城市中傲居榜首。在树多的地方，最美的季节必是秋天，各种落叶乔木每年按照严格的时间表依次变黄变红，没有中国诗歌里弥漫的那种萧瑟感，而是一种壮丽、缤纷、浓烈的绚烂。

中西部的地势低平，虽然有五彩的叶色，但少了些远近的层次和高低的错落感。要看真正的foliage[①]，还是要到东海岸新英格兰地区。从波士顿出发，驱车一路向北，经过新罕布什尔州，开到缅因州或佛蒙特州，那高低错落的山峦像是被大自然的画笔精雕细绘出来的3D动感作品，担保你不但会醉氧，还会“醉树”。

中西部的冬天漫长而寒冷，早上如果要开车上学，要先铲掉挡风玻璃和车库门口的积雪才能发动汽车。我见识过的最大的一场雪，积雪及膝。不过这里的市政服务很完善，撒盐车会及时赶到，车行道上的积雪很快会融化或被铲车铲到路边，高高堆起来，不会影响正常的交通。

厄巴纳—香槟的夏天暑气蒸腾，但明媚的春天是凉爽而怡人的。就是在这样一个春日，在一片如茵的大草坪上，我参加了北大校友杨伟

---

① Foliage这个词从字典的解释上看就是叶子，leaf的总称。但在特定语境下，就是特指秋天可供观赏的大片森林的树叶变色的风景。有点“香山红叶”但红字不用翻译出来的那个意思，因为也有黄色和其他丰富的颜色。

轩、王清源伉俪简单而欢乐的婚礼。有很多北大的老同学大老远从好几个州之外的地方赶过来，这份情义很是难得。伟轩是力学系的“系草”，也是我们那届北大学生部外联部部长，我是内联部部长，我俩是共建北大百年校庆的战友情。

清源也在学生会宣传部工作，但我们接触并不多。我刚到美国的时候，清源说要来帮我收拾屋子，我以为她只是客气一下。没想到一小时后，竟然提着水桶和拖把，带着比专业阿姨还齐全的清洁用具，换了两趟公交车来我家，蹲在地上一丝不苟地帮我“开荒”。我真不知道世界上还能有比这更赤诚而实在的关爱。

因为跟伉俪双方的交情都很深厚，又主持过北大百年庆典的晚会，所以理所当然地被推举为婚礼主持人，还当场即兴作了一首诗献给这对金童玉女。但清源应该做梦都没有想到，我竟然“恩将仇报”，也不知道从哪里看来的，将中国传统婚礼上那些恶俗不堪的捉弄新娘新郎的游戏，一个不落地全都施加在他们身上。

玉米地里的留学生活虽然单调凄苦，但选择和诱惑也相对少些，留学生之间更容易找到一见钟情、患难与共的伴侣。我认识的好几对都在这里私订终身。我们系更是“肥水不流外人田”的典型代表，不光是学生里成双成对，教授里也有很多是夫妻档，我的导师还娶了他的学生。

4 

“蜜月”结束

我的导师年纪轻轻就拿到了终身教授的职位，他的研究领域——Organization Communication（组织沟通学）时髦而实用，他是最早研究现在火热的Social Media（社交媒体）理论架构和数据分析的教授之一，包括那些大家耳熟能详的社媒大鳄在内的政府和商业机构，也纷纷向他提供资金供他开展研究。经费充足的教授难免趾高气扬，因为他养得起硕士生、招得来优质生源、买得起研究设备，连系主任也对他礼让三分。

我的导师是从印度的小地方通过努力一步步改变命运的，所以他不但对自己要求很高，对学生要求也非常严苛。我经常听到他用难听的话大声责骂学生，甚至用侮辱性字眼。我之前以为只有日本和韩国的文化里，长辈打骂晚辈无所不用其极，但直到看了《三傻大闹宝莱坞》，才知道在同样应试教育为王的印度文化里，也高度容忍为了出人头地而付出尊严的代价。

我私下问过一个曾经被他骂得狗血喷头的印度师兄，他也会经常说些“我受够了”的话，但也没做出什么过激的举动，毕竟他要靠导师养活。他天资并不高，英语也说得一塌糊涂，我费尽力气只能听懂一半，听说是老板同情他这身患残疾的同乡才让他留下来的。

很快，我跟导师的“蜜月期”也到头了，笑脸越来越少。印度人胖墩墩的脸一笑起来像佛祖一样慈眉善目，但是一火起来，也是怒目圆睁像金刚一样让人望而生畏。一个月的时间，我除了上课就是读他指定的论文和书，并向师兄师姐请教，但他对我熟悉他的研究领域、进入研究岗位的速度并不满意。

我也是一个对自己要求相当严格的人，做什么事情都是百分百地努力，最怕让别人失望或瞧不起。但对于一个刚从中国过来的本科生，一条十几年在应试教育的池塘里长大的淡水鱼，突然被扔进太平洋，直接读美国的研究生，确实有些超乎想象的挑战。

无论是基础教育还是大学教育，中国学生一直在机械地学习各种命题式知识和程序性知识，考试不过是比拼记忆力，并通过反复的练习追求零误差。我是被保送到北大的学霸，在这方面早已百炼成钢。所以，到了美国我天天盼着考试，因为这是我唯一擅长的事，也是我唯一可以证明自己是个好学生的方式。但谁知道美国的文科研究生院基本没有考试，主要是靠以下几个方面来检验学生的学习成果，而这些偏偏都是中国学生的死穴。

第一，广泛阅读。

每门课的教授都会给你一个书单，少则是几十页的论文，多则是几大本厚厚的学术书籍。我刚拿到的时候以为是一个学期的量，后来同学告诉我这只是一个星期的阅读作业。终于读懂了在研究生看病的校医院，免费领安全套的地方竖着的那一块小牌子，上面写着：

Take as much as you need，but be realistic，you are a grad student.

（需要多少拿多少，但是现实点儿吧，别忘了你是研究生。）

我们中国学生难道不会读书吗？当然会。高考的时候，哪个学生不是上知天文，下知地理？但完成考试任务后，少则几个星期，多则几年，就会把曾经倒背如流的知识遗忘殆尽。在中国的基础教育阶段，基本没有泛读的训练，学生根本不被允许读任何别的东西，所有考试不考的书都被视为“牛鬼蛇神”，更别说英语原版书了。

而泛读其实是有技巧的，你若真拿出“铁杵磨成针”的毅力一字一句地读，甚至背下来，反倒是南辕北辙了。你要学会在一篇文章里找到关键段落，在段落中找到关键句，在句子中找到关键词。你还要理解英语的写作方式，也就是英语的“八股”规则。泛读要求的不是学生死记硬背的能力，而是能一目十行地领会作者观点的能力，也就是中文说的“不求甚解”。

第二，课堂讨论。

读书是第一步，思考是第二步，分享是第三步。你要了解同领域的其他学者是怎样的观点，继而用你的批判性思维得出你自己的想法，你可以赞同，也可以反对，无论如何，老师希望你有自己的想法，并由你亲口说出。

有一个笑话，我讲了很多年，还是觉得很经典。联合国有一年给全世界的小朋友出了一道题：就其他国家粮食短缺问题的解决办法，请你谈谈自己的看法。

非洲的小朋友看完题目问：什么是“粮食”？

欧洲的小朋友问：什么是“短缺”？

拉美的小朋友问：什么是“请”？

美国的小朋友问：什么是“其他国家”？

中东的小朋友问：什么是“解决办法”？

中国的小朋友问：什么是“自己的看法”？

中国的孩子常常会得到一个标准答案、一个官方说法，而逐步丧失了批判性思维能力。我们常常用“听话”来要求和赞美孩子，好像听长辈、听师长的，就能少走很多弯路，不犯错，不误入歧途。中国人的从众心态本来就非常普遍，大人们很容易形成统一的意见和想法。而在中国的课堂中，往往是老师口若悬河地讲，学生嗷嗷待哺地记，哪里有学生说话的机会？

美国大学研究生的课一般人不会太多，多则十几个，少的时候你打个喷嚏全班师生会齐齐转过头来对你说“（God） bless you”①。通常不习惯成为焦点的中国学生会觉得不自在，反正我时常忍着喷嚏不敢打。

研究生的课堂基本没有Lecture（讲座课），全是Seminar（讨论课）。老师不再负责传授知识，学生们通过阅读产生自己的独立见解，并使用合理的逻辑在课堂里跟同学们展开讨论，甚至辩论。老师有时会总结一下或强调一些基本常识，也有可能不了了之。其实，世界上大多数的问题是开放式的，并没有我们所熟悉的四选一的、标准的、唯一的答案。

整整大半个学期，我都是个专注的倾听者，就像公园里那些自己不下但喜欢看别人下棋的并没那么老的老头子。教授们通常也不会太刁难，他望向我，我低下头，他就放过我。“伸手不打‘没’脸人”——这个道理大家都懂的。

但通常我又是班里唯一一个中国学生，实在太扎眼，很容易引起教

① 美国的习俗。在别人打喷嚏时对他说“上帝保佑你”，对旁边餐桌的陌生人也可以如此。

授的注意。也有教授会说“Let’s hear what our Chinese friend has to say[①].”（“我们来听听来自中国的朋友是怎么看待这个问题的。”）我当时因为紧张，也没有全听懂，只听到后半句has to say，然后就像口吃患者一样连连摆手说“Nonononono, I don’t have to say.”（“别别别别别，我不是必须要说的”。）结果成了一个大家笑了很久的笑话。

可能多少担负着一点“不能有辱国格”的使命，有时候我也会勇敢接招，但我感觉发言的目的主要是向教授证明我没有偷懒，一个从来没有机会思考的人，要培养出批判性思维，哪里是一蹴而就的事。有时候实在来不及读完，或者读完了也没读懂。那种时刻被老师点名就不自觉地脸红起来，想撒谎都不行。有一次我就大胆说了实话：“我不知道作者想说什么。”你猜教授怎么说？“其实我也不知道作者想说什么。”这件事给我的冲击很大，鼓舞也很大，也让我明白教科书并不代表真理。所谓批判性思考，说到底其实就是让你有勇气说出自己的真实想法。

比产生自己的观点更难的恐怕是如何找准时机插嘴。因为讨论课上通常不需要举手发言，插嘴时机其实就那么半秒钟，甚至更短。你要趁别人将说未说的节骨眼开口，说早了打断别人不礼貌，说晚了又很有可能被别人抢走。这种体会很像小时候去坐已经启动了的旋转木马，急得满头大汗。

最可气的是被“截胡”[②]，你的想法竟被别人一字不差地说了出

① What do you have to say 是对应I have something to say（我有些话要说），跟have to 这个组合动词的意思“必须”无关。

② 截胡，麻将术语，指的是某一位玩家打出一张牌后，此时如果多人要胡这张牌，那么按照逆时针顺序只有最近的人算胡，其他的不能算胡。现也引申意为断别人财路，在别人快成功的时候抢走了别人的胜利果实。

来，就像《冰河世纪》里那只被抢走榛子的倒霉的尖嘴松鼠，你只能暗自朝他翻个白眼——口头观点可没有版权保护。而比被“截胡”还要悲催的就是当你终于摆好嘴型准备一鸣惊人的时候，大家已经翻篇了。你在心里默默打磨了很久的聪明句子就这么被永远地埋没了。

被这种无助状态折磨了很久，我终于鼓足勇气去了有一头漂亮白发的Ruth Ann Clark教授的office hour[③]，她是我见过的最慈祥，也是对中国留学生最友善的教授了，每年都会请不回家的学生去她家过感恩节或圣诞节。到现在我还记得她家壁炉的样子，她亲手烤的火鸡的味道和火鸡肚子里闻起来比吃起来更香的stuffing[④]。对于初来乍到、举目无亲的留学生来说，这是尤为珍贵而温情的体验。

我把我的苦恼说给她听，她也终于理解了以我为代表的中国学生为何如此羞涩寡言的来龙去脉。于是，除了会额外多关注我之外，她还和我达成一个心照不宣的约定，如果我有什么想说的，就给她递一个眼神，她会及时邀请我发言。这个小小默契对于我培养自信起到了不可估量的作用。

第三，学术写作。

课堂上观点成熟或者不成熟，聊聊也就罢了，可一旦要做研究，就要落到笔头上。 老师会要求每节课写一篇小论文，一般不会打分，但会占一定比例的总成绩。学期末还是需要提交一份大论文。学术论文的第

---

③ 在美国大学，教授除了每周固定的授课时间，还会留出一些时间，专门接待有需要的学生，为了避免等待，你可以提前预约，也可以推门碰碰运气，通常教授们都是和蔼、愿意帮助你的，留学生应该充分利用这样的机会。

④ 火鸡填料，通常包括玉米面包或干面包，以面包屑、块状或粒状面包、猪肉、香肠、洋葱、芹菜、盐、胡椒粉和其他香料和草本植物混合而成。

一步就是文献综述，如果你根本不了解之前的研究成果，那就有可能只是重复别人的观点或写出落后于时代甚至谬误的东西。

对“citation（引用）”这个概念的误解，和对“plagiarism（剽窃）”这个概念的缺失，是中国留学生被批评“学术不诚实”的主要原因之一。美国学校对学术诚实的要求异常严格，也有非常先进的工具检测抄袭行为。一旦雷同超过一定比例（7%），后果将非常严重，轻则挂科警告，重则直接开除学籍并遣返。

即使遵守了这些基本的学术规范，用英语写作也是大部分中国留学生事先没有培养起来的能力之一，自己没写过，老师也没教过怎么写。攻克这一难关没什么捷径，一开始一定是多看别人怎么写，然后照葫芦画瓢，慢慢掌握英语写作的段落规则和措辞技巧。到最后，你反倒会发现英文论文其实非常八股、高度格式化，不像中文修辞那么变化多端。

大学一般都配有专门的人来向有需要的学生提供写作援助，且大部分是免费的，不用不好意思。况且，有的教授可能拒绝审阅没有被proofread①的论文。

第四，口头报告。

Presentation（演讲）将全方位挑战一个学者收集、整理、归纳、分析、使用及呈现信息的能力，但最最关键的是先培养自信。

我至今清楚地记得我的第一次演讲有多狼狈，因为紧张而全身颤抖。讲着讲着突然发现很多观众忍俊不禁，原来我手里的激光翻页器射出的红点因身体颤动而被放大了几十倍，在投影布上跳起了桑巴舞。好

① 审稿、编辑、修改、勘定的意思。有些没什么耐心的教授因为受够了Chinglish的折磨，拒绝收学生没有被预审过的论文。

在大部分观众有素养且充满爱，他们用热烈的掌声和真诚的眼神给我以鼓励，还建议我扔掉翻页器。

做Public Speaking（公众演讲）是个技术活，唯一的秘诀就是多练多说。不要怕说错，不要过分在意别人的看法，这很关键。有个叫Toast Master的组织专门致力于帮助演讲者建立自信，我自己没试过，但是听到的反馈不错。他们建议演讲者把观众想象成一堆圆白菜。但我个人的经验是，恰到好处地跟观众互动反倒会帮你尽快放松下来。

说到底，留学生的第一年通常是生不如死的，即使学霸也不能幸免，并不是你不够优秀或不够努力，而是因为游戏规则变了，之前那么多年的应试教育并没有帮你做好相应的准备。凡事预则立，不预则废，只要你事先意识到自己面临的挑战是什么，提前制订合理可行的攻关计划，并不羞于求助、不耻于犯错，这终究不是什么克服不了的难题。

5

绝处逢生

对于我来说，有一道额外的难关，那就是数学。高中时代我就对数学恨到了极点，实在不理解为什么要用这么多、这么难的题目去刁难所有学生，包括那些并不想成为数学家的孩子，比如我。进入大学后，发现文科生完全不用学数学，我开心得像只被放生的鳖。

但博士生时的研究方法需要高等数学，尤其是统计学，因为它是量化研究法的必备工具之一。我已整整七年完全没碰过数学，早把当年学到的东西像格式化硬盘一样忘得干干净净。更何况还不是用中文学习，我甚至拜托朋友给我从中国寄来中文课本。我也去教授办公室求助，虽然那位高高胖胖的教授经常夸我“Smart as a whip[①]”，我当时还不懂这句俚语的意思，可能美国学生比我更讨厌数学吧？只记得考试成绩出来，我得了个B-，才长长舒了一口气。

① 美国俚语：Whip smart——像鞭子一样；quick witted——机敏、犀利。

没想到导师非逼我再修一门高阶统计学课程，我实在不愿意，就跟他顶起来。这已经不是我们第一次出现龃龉，我觉得导师有建议我选课的权利，但不能强迫我。而他则觉得我拿着他的奖学金免费读书，就得一切听他的。他甚至说出：

“如果你不能选那门课，说明你没有资格待在我的实验室里。”

我当时年少气盛，说了些针尖对麦芒、双方都无法挽回的话：

“可能我确实没资格。”

“那你就不能做我的学生。”

“可能我并不想做你的学生。”

“那就把我给你的笔记本电脑还给我。”

“我会把那台掌上电脑也还给你的。”

能听出来导师真的生气了，甚至乱了方寸，因为从来都只有他辞退学生的份儿，这是第一次被学生辞退。

现在长大了懂事了，回想起来当时自己的态度是有问题的，无论如何，我该顾虑大师兄的面子，是他强烈向教授举荐的我。春科倒并没有怪我，反倒为我的生计担心起来。因为辞退导师就相当于主动放弃奖学金，也就意味着我不但要自己养活自己，还要支付天文数字般的学费。我嘴里用“船到桥头自然直”去安慰他，心里也在盘算自己一个肾能卖多少钱。

第二天我就找院领导求助，系主任Dale Brashers是个慈眉善目的教授（很伤心Dale 教授已驾鹤西去），一见到他，我满脑子都是“贾宝玉被贾政打了去找贾母”的桥段，当时就泪崩了。听我抽抽搭搭地说完所有细节，他就宽慰我说不用担心。我不记得当时是否臭不要脸地做出了“如果现在回去对不起江东父老，无颜苟活于世”的苦主表情。

事情闹得挺大，还惊动了当时的院长Barbara Wilson 教授（后来成为UIUC的Chancellor——副总校长）。不过上上下下都很同情我，过后从大家的八卦里听出，貌似系里很多教授也受够了我的导师财大气粗的骄矜之态。我的哭诉很快就有了回音，我被安排去给另一位教授做助理研究员，协助他的一个博士生做研究。

这位David Tewksbury教授的研究方向是Political Communication（政治传播学），专门研究美国总统的选举，我没有太大兴趣，只是很机械地完成Miyoung Park小姐交给我的给数据编码的工作，这是个不怎么用脑子的体力和眼力活。教授并没有足够的经费雇我全职，只能按小时给我一点补助。但我已经很知足了，因为至少我可以继续享受免学费的待遇。食堂里有一美元一个的特价汉堡包，我宁愿艰苦点，至少不用看人脸色。

像失去了爸爸的灰姑娘一样，我从Nosh教授的实验室出来，搬到了地下室，和其他所有没有“阔老板”和实验室的研究生们一起挤在一个有三四间屋子的套间办公室。也没有固定工位，大家见缝插针地使用空间。有一个厚重的沙发是我的最爱，把自己蜷在那里，很有安全感，不记得有多少次我在沙发上看论文看到睡着。

但每天跟前导师和师兄师姐抬头不见低头见，多少有点儿背叛师门的尴尬。为了尽快结束这种局面，我第二学期修了双倍的课程，只用了一年时间就拿到了硕士。虽然我的最后三个学分是在暑假才修完的，但在五月份就参加了一年只举行一次的毕业典礼。

伴着悠扬的苏格兰风笛声，全体起立。在苏格兰男裙仪仗队的带领下，院长和教授们穿礼服、戴礼帽，鱼贯而入，教授们每年毕业典礼都要穿礼服，估计是自己买来的。学生们穿的礼服一般是租来的，为了拍照，留个纪念而已。

大部分gown（礼服）是黑色的大氅，但肩兜和袖子上的图案是五颜六色的，懂行的人从这些细节上就能看出你是哪个大学毕业的。有的教授胸前还多了条绶带。博士帽有两个基本款：四方的显得庄重，八角的显得俏皮。流苏在阳光下光彩夺目，随着主人的脚步一甩一甩的，让人的心情也跟之欢快起来。教授们走完，在主席台上一字排开地坐定，才轮到毕业生入场。

Commencement[①]——仪式非常隆重，主要领导和特邀嘉宾讲完话后，系主任要依次喊出每位学生的名字，学生应声上台，在大家的温情注视下，接过毕业证书，与院长握手，并由专业摄影师捕捉这一历史性时刻。

尽责的系主任会事先练习每一位学生名字的发音，尤其是我们这些亚洲学生，名字的拼写和发音规则对美国人来说是一个巨大的挑战。还会被像我这样对语言吹毛求疵的完美主义者挑剔，比如Jose Rojas在西语的发音就不是“宙斯·洛加斯”，而是“侯塞·若哈斯”；Louis Vuitton 在法语里不是“路易斯·福屯”，而是“撸伊·弗烫”；Zhilong Qian在汉语里的发音就不是“崽狼旷”，而是“钱志龙”。

为了表达对毕业生最大程度的尊重和祝福，纪念这几年他们为此付出的汗水和泪水，观众们会雨露均沾地给每一位毕业生送上热烈的掌

① 大学的毕业典礼除了Graduation Ceremony这个字面翻译，还有一个专有名词叫Commencement，也可以用在总统、校长的就职典礼上。

声，其中也夹杂着亲友团的口哨、尖叫声，最后，在声势浩大的《威仪堂堂进行曲》[1]中，大家再依次退场，仪式宣告结束。

因为学业和生活的双重压力，在中西部的这一年过得很快，却也因为其短暂而变得格外珍贵。感谢这片玉米地以及一群居住在玉米地里的善良的人。在这短暂并“离心似箭”的一年里，我得到了来自教授、学长、同胞最大程度的关爱和照顾，学到了很多在美国学习和生存的基本技能，也为我日后在美国的生活做好了很多心理上的建设和准备。

① 著名作曲家艾尔加的作品。1905年艾尔加到耶鲁大学接受荣誉博士学位，并在典礼结束时播放此曲作为退场音乐。它给耶鲁大学的教职员工留下了深刻的印象，很快就被采用。1907年，普林斯顿大学紧随其后，到了20世纪20年代，几乎所有大学都使用此曲作为毕业典礼退场音乐。

冲浪夏威夷

冲浪夏威夷

1

“二婚”须谨慎

从下定决心离开伊利诺伊州的那天开始，我就开始寻找下一个目的地。好不容易来到美国，一年就回去实在有点说不过去。翻开那张跟随我多年的美国地图，五十个州，我完全没有方向。但是通过这一年的学习，我至少开始明白：学习，尤其是研究生阶段的学习，一定要尊重自己的兴趣。

Master（硕士），也可以译成“师傅”，暗指某一领域的专家。我实在无法想象一个人如何成为他不喜欢的领域的专家。但很多时候，读硕士、博士往往成为学生躲在象牙塔里逃避竞争，或推迟进入社会的借口，他们误以为学历越高，将来的就业竞争力越强。

整个基础教育阶段，大家唯一的目标就是考大学，对某一学科再感兴趣也早已被无穷无尽的考试磨光了。高三算是分了文理科，虽然可以回避一些自己不喜欢的课，但还是谈不上为了兴趣而学习。保送北大时，我顶着来自四面八方的阻力，放弃当时炙手可热的国际金融专业，选了阿拉伯语，就源于我从小对学习外语的那份“不可为外人道”的痴迷。

中学时家境不好，班主任安排我去给家境好的同班同学做家教，从此一发不可收拾地激发了我“好为人师”的天性，先是担任英语课代表，后来开始做助教，高三英语免修后还进了办公室帮老师批卷子，登上讲台领着全班早读。大学毕业后我的第一份工作就是对外汉语教学，越来越享受“毁人不倦”的幸福。

就这样，在成长和实践中，我逐步确认了“外语”“教学”“跨文化沟通”这几个关键词是我的兴趣所在。伊利诺伊大学香槟分校Department of Speech Communication这个系名多少有点误导性，还好我及时调整方向。这一年的代价，为我确定第二个硕士专业提供了经验和教训。于是，成为一名语言老师，帮助别人更快、更容易地学习语言，顺理成章地成了我下一阶段锁定的学习目标。

我开始研究哪些大学有这样的专业，很快就锁定了几所心仪的大学。我也整理出了一系列对我很重要的参考指标：我希望学校的所在地是个大城市，因为留学不光是在学校四面围墙里的经验；我希望学校在一个温暖的城市，一个人漂泊在外，苦寒之地容易让人抑郁；我希望那是一个有不同人种的地方，这更符合我对一个移民国家多元文化的期待，我希望不光了解美国人的文化。

根据这些要求，排名第一的学校是地处纽约最繁华地段的纽约大学，这所没有围墙的大学凭借自己独特的魅力，连续多年被评为学生们心中的“梦中大学”。纽约大学有一个很特别的学院——Steinhardt School of Culture, Education and Human Development，我第一次见大学把文化、教育和人类发展放在一个学院，觉得很有道理。他们还有一个专门培养老师的系，其中有一个专业，结合了TESOL——英语作为第二外语教学和TCFL——对外汉语教学两个出口，感觉是为我量身定制的。

当然，对于那个年代的我来说，心仪归心仪，眼热归眼热，大前提还是得有奖学金。纽约大学是私立大学，学费非常昂贵，一个学分就得好几千美元。而且外国学生获得奖学金的机会非常小。我去纽约专程拜访了系主任Frank Tang——唐力行教授，一位上海出生的“老克勒”[①]。唐教授很喜欢我，也很愿意帮我，甚至答应可以让我教中文赚生活费，但是一想到几万美元的学费，我最后还是没有勇气去追逐这个奢侈的梦。

排名第二的是位于檀香山的夏威夷大学，那里除了有让人羡慕的好天气，更让人着迷的是，它同时承载了美国文化、岛国文化和来自于中国、日本、韩国及亚洲其他国家的泛太平洋文化。此外，夏威夷大学还专门为亚洲学生提供了一笔专项奖学金，可以免学费。系里负责招生的老师评估了我的各项条件后，答应第二学期让我做英语助教挣生活费。

夏威夷大学的第二语言研究系是这个领域历史最悠久、学术水平最高的系，每年有很多论文在各种一类学术刊物上发表，很多其他院校的学术带头人都毕业于这里。虽然我并不是很在乎这种所谓的排名，但是从网站上看到一位位满头银发的老教授慈祥的脸，还是会有一种在中医馆里看见鹤发童颜的老大夫的那种安全感。

接下来的两年半，我把自己“流放”到了这个一年三百多天阳光明媚的美丽岛屿。很多人不相信我能在这么一个大家用来养老的地方认真读书，我自己也有点不信。所以，与一年就读完的第一个硕士相比，这第二个硕士我优哉游哉地读了两年半。当然主要原因也是因为这个硕士

① 从外国归来、见过世面兼有现代意识和绅士风范的老白领，他们通常在外企谋得一份体面的工作，赚得多，衣着讲究，在休闲生活和文化上面也有更多追求。

要求非常高，需要三十九个学分，外加实习才能毕业。

这两年半里，我先后选了Second Language Acquisition（第二语言习得）、Language Concepts for L2 Learning & Teaching（二语学习和二语教学中的语言概念）、Social Linguistics（社会语言学）、Assessment（评量）、Curriculum Design（课程设计）、Program Administration（项目管理）、Teaching Philosophy（教育哲学）、Phonology（语音学）、Education Technology（教育科技）、Translation（翻译）、School Design（学校设计）。

我印象最深的是社会语言学这门课，老师是一位越南裔年轻助理教授，姓Nguyen，其实就是中文的“阮”姓。她让我们做了很多有趣的实验，比如通过采集人们的对话样本来分析男女生词语使用偏好和频率的不同，比如同性恋男生和异性恋男生在读同一个词时语调的差异。让人生出很多对语言学、心理学乃至社会学的兴趣来。

系主任Gibson教授是位满头白发的老先生，他教语音学，我个人认为这是最实用的学科之一。上完他的课，我更深刻地理解了东亚学生英语发音上的瓶颈，以及如何更好地帮助他们矫正。我还选了他的另一门教育管理课程，满满都是过来人的干货。

跟伊利诺伊大学香槟分校那些严谨勤奋的中年教授们比起来，这些老教授们反倒显得轻松自在，每天穿着花花绿绿的短袖衬衫，对学生友善而不苛责，也符合夏威夷hang loose[①]的岛国情调。

---

① Hang原意是悬挂，loose是松散的意思，有人把它翻译成海阔天空。20世纪50年代，一些青年爱拆卸旧汽车，换上马力大的引擎和大号轮胎，并超速驾驶这种改装的汽车。这些人发明了hang loose这个说法来描绘自己无拘无束，碰到什么都满不在乎的形象。hang Loose有一个手势，很像中国人的“六”，建议用此替换剪刀手拍照。

怀念Hudson教授的稳重慈祥，Wolfe-Quintero 教授的学识渊博，Crooks教授的优雅风趣，Brown教授的幽默活泼，他们松而不废、导而弗牵的教学风格和丰富的阅历让学生们在潜移默化中得到滋养。因为我是实践派，比起研究派更注重从实践出发的外语教学方法，而不是空谈理论。

修完自己系的必修课，我还选了翻译系开的同声传译，这是一门纯技巧性的课程，强调手脑并用的速记能力——机械性的操作，边听边说，就跟蹲在马桶上吃饭一样，既烧脑又困难。当我听说干这一行的人十男九秃，我的学习动力就瞬间减弱了，反正选修课是不算成绩的。

自从同学告诉我“大龙你昨晚又说梦话了，而且讲的都是英语”那天起，我窃喜自己终于成为一名双语者。为了重温初学语言者面临的困难和挑战，并以研究者的视角观察自己的学习模式，我又额外选修了一门通常是给本科生开的“西班牙语入门”。虽然西班牙语学得吊儿郎当，但在课堂上我意外地发现了社会语言学领域的一个有趣现象——外语老师长得帅，对于某些学生来说，这意味着更愿意来上课的动力。但对于另一些学生来说，在喜欢的人面前怕说错，怕丢脸，又反过来成为一种语言习得的障碍。

难怪跟前任总是为了学英语的事情吵架，我总是一脸冰霜地指出对方的错误，完全没有顾忌对方的感受和不喜欢我“师道尊严”的嘴脸。所以，我花了血的代价才学到的教训是：爱人和父母都不宜去混淆老师的角色。什么学开车啦，学烧菜啦，学外语啦，这些项目都是禁区，倘若误入，后果不堪设想。

毕业考核可以选择写论文，也可以选择做毕业设计。我和很多中国留学生一样惧怕写学术论文，尤其当一位非常严谨的教授告诉我，真正的学术论文中不可以出现“我”，对于充满疑问和观点的我来说，这是多么大的挑战啊！所以我毫不犹豫地选择了做一所“语言学校”的设计，这本来就是我很喜欢做的事，也希望有朝一日能真正付诸实践。

2 

冲浪夏威夷

夏威夷由一百三十二个小岛组成，面积够大且叫得上名儿的有八个，除了私人拥有的两个无法进入，其他都各有千秋。我去了其中的四个，故意留了一个据说是风光最好的毛伊岛没去，我认识的好几对爱人在那里举行了婚礼，希望有朝一日能跟那个陪我到老的人一起去那里度蜜月。

Hawaii（夏威夷岛）也称“大岛”，是面积最大、地貌形态最多的一个。岛上不但有戈壁荒漠、热带丛林，还有不同颜色的沙滩。可惜直到我离开，也没看全五种颜色，留了点遗憾。这里最著名的还是那座日夜喷涌的活火山，我当时是徒步走上去的，直到再也无法忍受刺鼻的硫黄味才停下来。其实要真正领略活火山的风采，最好的方式是坐直升机俯瞰，而且最好是晚上，只有天鹅绒般的夜空才能衬出翻滚的赤色岩浆涌入大海时的壮怀激烈。

我在大岛上印象最深的经历是和三个台湾师姐（妹）一起划Kayak皮划艇，因贪恋海底的五彩斑斓和生命万千，浮潜太久，耽误了回程时间，结果傍晚起了大风，我们根本划不动，最后浪也大起来，把船都掀翻了。大家都穿着救生衣，虽没有生命危险，但是四周都是礁石，免不了被撞，受点皮肉伤。

这只是噩梦的开始。我突然觉得胳膊一阵剧痛，如电击一般，我当时想完了，一定是海蛇。海蛇是天下最毒的蛇，这时候被咬，必死无疑。我抬起胳膊，没看到任何伤口，也没有血没有牙印，我甚至无法明确知觉痛点，只感觉有一根极细的铁丝缠绕着我的胳膊。我摘下潜水镜仔细检查，终于发现一条泛着浅蓝色的透明物质，我试图把它扯下来，但它像蜘蛛网一样又挂到了我脸上，顿时有种火辣辣的烧灼感。

在大家"一二三、一二三"的拼死努力下，我们终于把掀翻的皮划艇翻过来，再一帮一地爬上去。由于脚下没有借力的地方，这是一个"说时快、那时迟"的艰苦过程。再检查胳膊时，发现内侧窄窄地肿起粉色的一条，隔几厘米还有一个圆圆的肿块。凭我们几个七拼八凑、道听途说的知识，诊断出应该是海蜇，也就是水母把我给蜇了。

一个台湾女孩说她看过一个综艺节目，说被海蜇蜇了有一种奇特有效的治疗办法，就是用尿液去搽，另外一个女孩也用很标准的台湾腔惊叫道："对哦，我好像也有听过诶。"当时没有手机，无法谷歌搜索，但我实在是痛得愿意相信任何秘方。但我和三个女生困在一个小小的皮划艇上，漂在海中央，去哪里弄尿液？怎么弄？哪怕是自己的。

不记得是凭我们的努力还是被风推的，我们最终停靠在一处mangrove[①]（红树林）边，我光着脚踩在各种砂砾和树枝上，一路叫着"疼疼疼"跑进密林深处，实践了台湾女孩提供的治疗方法。想了各种

---

① 红树林中文名称源自于红树科植物体内含大量单宁，当单宁在空气中氧化，其附着的枝干呈红褐色，故得名。

姿势都好像不可能把尿撒到自己的胳膊上，急得团团转。最后我灵机一动，脱下泳裤，把尿撒在泳裤上，再拿浸泡了尿液的泳裤去搽胳膊，脸上没有那么疼，我就忽略了，实在还想给自己留下点尊严活下去。

最最可恶的不是这件事情的整个过程有多么尴尬，多么狼狈，多么挑战生理和心理的极限，而是最后发现所谓的“奇特有效的治疗办法”纯属谣言。

当我们在我的吱哇叫疼声中最后回到租皮划艇的商铺，老板确认了我们的诊断，并且很确定地告诉我“用尿液处理水母攻击”是个urban legend[①]，不要再抱任何幻想，真正能帮助镇痛消炎的应该是醋。他的店里没有，又好心提供了他家的地址，让我们去他家找他老婆。可事实证明，醋也只是所有液体里最能给人心理安慰的方案，疼痛又持续了三四天才完全消解，而我所能炫耀的耻辱却是一辈子。

Kauai不知是音译，还是巧合了日语中意为可爱的“卡哇伊”，通常被翻译成“可爱岛”，是水上运动者的天堂：冲浪、潜水、浮潜、摩托艇、帆伞、滑翔伞……我有个朋友在岛上滞留多年，凭良心说，这里工作机会、生活水平都很一般，但就因为舍不得这一出家门就能一头扎进去的海水，一直不肯搬离。

而我则相反，从小不爱上体育课，也不爱动。除了游泳，所有的水上运动，要么不会，要么不敢。尤其是冲浪，看到小伙伴们能在几人高的浪花卷里穿行无阻，腾空翻跃，每每觉得不可思议又羡慕不已，于是

① 都市传说，又称现代传说、都市怪谈，是一种主要以现代化生活为背景，由叙述者煞有其事地讲述，以新奇、怪诞或吓人情节为主要特色的短篇幅民间故事、传说或传奇。相比传统的怪异故事，都市传说更贴近现代城市生活，不限于鬼怪题材，可由不寻常的小事改编，仅以人与人之间自发流传的形式传播。

就缠着好朋友Rachel教我。

Rachel是个混血混得自己都搞不清楚先人是谁的女生，黝黑健康的皮肤，性格开朗奔放，经常在耳边别一朵缅栀花[1]。开学第一天，我还羞羞答答、含苞待放的时候，她是第一个主动跟我打招呼的同学，笑容里就带着缅栀花的热情和香气，顿时让我想起《阿甘正传》里在校车上邀请阿甘坐在身边的珍妮。跟阿甘一样，那一瞬间就注定我们会成为好朋友，经常一起喝酒、逃课去海边游泳，甚至做一些大人们会皱眉头的事。

Rachel二话没说，车顶载着一长一短两块冲浪板来我家接我。我说我是初学者，就用小点的吧，这一听就是外行，其实越短的冲浪板越难掌控，那是有经验的冲浪者用的。我把冲浪板从车顶取下来的时候才知道它有多重，我的那块冲浪板巨宽，根本不像电视里那些健硕男子轻轻松松夹在腋下抬脚就走的样子，我双手抱着它左冲右突、跌跌撞撞的样子，就像憨豆先生一样狼狈不堪。

我们先花了五分钟给冲浪板上蜡（就是用一块肥皂一样的东西在冲浪板上蹭），以增加脚底和冲浪板之间的摩擦力。Rachel先给我讲了一些安全方面的知识，比如如何利用脚环跟冲浪板保持一种若即若离的关系，如何判断风向和潮汐的规律以及如何用冲浪板抵抗鲨鱼的攻击等。

鲨鱼是她故意编出来吓唬我的，她说的时候一脸严肃，当时我信以为真，张着大嘴瞪着她。之前看过一部女生跟鲨鱼斗智斗勇的电影，非常血腥。夏威夷的沙滩上也展示过人们被鲨鱼咬断胳膊撕破脸的照片，

---

① 缅栀花也叫鸡蛋花，是夏威夷的州花，淡淡的香气，耐久的造型，所以是夏威夷Lei——花环里最常用的花。

也不懂是图个啥，想吓唬谁。作为免费学生，我只能一脸无辜地纵容她享受我那副惊恐表情的反应，笑得前仰后合。

冲浪这项运动，看别人玩时觉得潇洒容易，轮到自己时，才知道每一步都是“难于上青天”。第一道难关就是先爬上冲浪板，你千万别小看这件事，在水里和刚才在岸上排练完全不是一回事儿，海浪会把它推得东倒西歪，沉沉浮浮，很难找到平衡点让它不翘起来或沉下去。我大腿内侧韧带又紧得要死，弄得不好就会抽筋。

第二个挑战是趴在冲浪板上划出浅海区。我腰部腹肌无力，头和胸抬不起来，感觉自己像一头笨拙的正在捕食的座头鲸一样，面朝前方大张着嘴，没游出几米，就已经灌了一肚子海水。

头抬不起来，眼睛也跟着遭罪，咸涩的海水一直往眼睛里灌，有时实在疼了，也怕海浪把我的隐形眼镜冲走，就闭着眼睛闷头狠命地往前游。再睁开眼睛时，都不知道偏到哪里去了。这也验证了一条我经常讲的人生哲理：

如果目标不明确，你越努力，偏离得反而越远。

我没有健壮的肩臂肌肉，前进速度特别慢，划着划着就偏航了，要一直调方向，Rachel就一直要停下来等我。我快要累死了，抱怨手臂酸的感觉要从我的躯干上熔断掉了，她笑笑说那我们休息一下吧。然后她就非常轻巧地从趴着变成坐在冲浪板上谈笑风生。那动作一气呵成，太帅了，我都看傻了。她演示了好几遍，就是那么简单，但到了我这里，试了几次都是从冲浪板上掉下去，只是姿势不同而已，要么“狗啃水”，要么头重脚轻地仰面倒翻过去。

近两个小时过去了，我们还没游到有浪的地方，Rachel也意识到她完全高估了我的体能和协调力，提前结束了她计划的教学内容，第一次试水以这种惨不忍睹的方式结束。我答应她回去苦练肌肉和拉韧带，两周后再来。

后来我们真的又试了一次，这次我基本克服了上次遇到的几项挑战，但到了要从趴变跪再变站这个环节，实在太难了。在海底的珊瑚上蹭掉好多皮，但我更担心伤害到珊瑚。人类毕竟花了几十万年时间才实现了直立行走，感觉我是无法完成这个从陆地重返海洋的过程了。

所幸Rachel没有像一般美国人最擅长的一味假嗨（网络用语，英语high的音译，意为“兴奋”），盲目地给我加油，或者攥着拳头跟我喊“You can do it！”的口号，她很善解人意地给我找了些合情合理还体面的借口：“都怪你个子太高啦，身材太苗条啦，你看那些当地冲浪好手都是矮矮胖胖，重心低的。”好在我早就不是当年那个争强好胜的学霸了，于是欣欣然地顺杆子往下出溜，还安慰自己反正我也有别人不会的东西啊，比如可以连续打很多个很响的饱嗝啊。

Molokai（莫洛凯岛）相对没怎么开发，岛上有一个冒险农场，有各种挑战胆量、耐力和团队协作的设施，很适合把整个公司的员工带过去进行团队建设。我最喜欢蒙上眼睛在同伴的帮助下高空走钢丝那个项目，听上去就是种种不可能，一旦去做了才能真正理解什么叫信任，也会去真心体谅、爱护那些从未见过光明的盲人。

岛上还有一个很特别的地方——麻风院遗址。在麻风病还没找到有效的治疗方案时，麻风病人会遭到残酷的驱逐、隔离甚至是迫害，莫洛凯岛就曾是这样一个荒无人烟的放逐之地。当年有一位可敬的天主教神父留下来照顾、陪伴他们，为了让病人感到平等、无偏见和不居高临下，有尊严地接受救助，他甚至自愿接受感染。

那也是我第一次遇到“Servant Leadership”[①]这个词，把我对“领导力”的理解推到了一个新的高度，我因而理解了特蕾莎修女“全心全意为最贫苦的人服务”的誓言，明白了什么叫“通过奉献和服务得到别人的尊重和服从”。站在Damien De Veuster神父的公墓前，看到他青年时英气勃发的照片，对比他感染麻风病后五官变形的可怕模样，心头涌起无限敬佩。“爸爸安东”曾经在柬埔寨的一所麻风病院工作多年，我已经好多年没见到他，心生挂念，泪水顿时滚落。

也译作“檀香山”的Honolulu（火奴鲁鲁）是夏威夷的首府，相对而言，它所在的瓦胡岛反倒没什么名气。从统一全岛的King Kamehameha（卡米哈米哈）大帝开始，到最后一任也是唯一一位女王的Queen Liliuokalani（利留乌卡拉尼女王）结束，在20世纪50年代美利坚帝国把夏威夷吞并、收买，让它成为自己的第五十个州之前，这是夏威夷历代国王定居的地方。

夏威夷首都和国王的名字充分体现了夏威夷本土语言的特征：跟日语一样只有五个元音，辅音也只有七个，没有任何复合元音和复合辅音。随着民族的融合，后来又从其他几种语言里“借”了十来个辅音。为了能用如此精简的字母零件拼装出不同的词汇，很多时候不得不用重复的办法。好在它发音规则很容易，见到啥读啥，不像英文有那么多不

---

① 仆人式领导。这既是一种领导哲学，又是一套领导实践理论。传统的领导通常站在金字塔顶端进行权力的积累和行使。相比之下，仆人领导分享权力，先把别人的需求放在第一位，并帮助人们尽可能地发展和表现。仆人领导把权力金字塔倒过来了：不是为领导服务的人民，而是为人民服务的领袖。当领导者们改变他们的心态，首先服务于他的员工时，他们就会在周围的人身上释放出目标和创造力，从而造就更高的绩效和敬业的员工。一个仆人领袖的目标应该是激励和帮助他们所影响的人。

规则发音。你试着念念夏威夷的州鱼 Humuhumunukunukuapuaa——夏威夷语里最长的几个词之一，余音袅袅，乐趣无穷。

美国那段时间热播的真人秀*Lost*就是在这个岛上拍的，当时我的一个朋友在剧组里做助理导演，还特意为我安排了一个角色。我当时因为晒出了一身泛着金属光泽的古铜肤色，他让我演一个台词不多的泰国渔民。可惜开机前几天我把车撞烂了，没办法赶到北岸的拍摄场，哭天抢地地错过了这个可能会一炮走红、踏上奥斯卡红地毯的机会。

3 

彩虹之上的草裙舞

第一学期因为没有助教奖学金，日子过得很清苦。我租了两室一厅的房子里的一个独立房间，房东对我很照顾，不忙的时候会开车带我去买东西，他们一起出差或度假的时候还会让我开他们的车。我还算比较会来事儿的，公共区域的卫生我都抢着做，可惜他们并不太爱吃中国菜，也不太喜欢家里有太重的油烟味，所以我只是偶尔做些清淡的蒸煮饭菜。每次会多做一点，如果他们不吃，我就拿来当第二天的便当。

说到便当，我温暖地想起夏威夷大学最要好的同学周珮醇—— 一个刀子嘴豆腐心的台湾女生，她常以我做的饭不好吃为由头多带一份便当给我，那段时间确实过得比较潦草，有时会堕落到去买超市最便宜且难吃的冷冻盒饭或冻比萨，惹得她对我大呼小叫："怎么可以吃这种东西？！"虽然她坚持说只是因为做两个人的饭还能给自己多一道菜的选择，但我知道她是真心心疼我一边上学一边还要打三份工的处境。于是我就一边"贼忒嘻嘻"[①]地享受她的爱心便当，一边调皮地叫她"美

① 上海方言，形容嬉皮笑脸的谄媚表情，多用于讨人喜欢的小男孩和气质成熟的女性之间。"贼忒嘻嘻"对应的北方方言应该是"贱巴嗖嗖"。

伢”[1]。毕业时我用夏威夷的白沙为底，贝壳为墨，给她做了一幅蜡笔小新的沙画送给她，以感谢“美厨娘”的悉心眷顾。

夏威夷生活还算方便，也能轻易买到地道的亚洲食材，我家楼下就有一个很大的日本超市叫Daiei（大荣）。但夏威夷消费很高，岛上盛产菠萝，全美国都喝的Dole（都乐）系列果汁就是这里产的。但除了一些热带水果，别的东西基本都是从大陆运过来，尤其是牛奶，真心舍不得喝。夏威夷虽然福利高，但学生坐车却不免费，于是我就买了辆自行车。夏威夷大学坐落在半山腰上，每天骑车二十分钟上学，上下坡还有点陡，没几个月工夫，小腿肌肉就噌噌地长出来了。

没想到夏威夷也有偷车贼，我刚买的新车才骑了两天就在超市门口被人撬开骑走了。当我将信将疑地给信用卡公司打电话时，被美国信用卡公司的慷慨和真诚深深打动，又被深深刺痛。不需要报警，甚至不需要有任何证明，在电话里描述一下在什么时间、什么地点被盗就行了，信用卡公司会负责全额赔偿。

我不敢相信自己的耳朵，但这就是美国的信用卡文化，或者说是“相信你说的话”的信用文化——每个人说真话，并为自己说的话、做的事负责的态度。如果你拖欠信用卡还款，买房时贷款利率会高出很多。如果你不重视个人信用并滥用别人的信任，你可能会占一点小便宜，但可能要付出得不偿失的代价——不再被信任，就像那个在德国因为屡次逃地铁票而找不到工作的中国女博士。

有些人觉得美国人傻、好骗，甚至有人专门利用美国人的轻信而进

---

① 日本动画片《蜡笔小新》里的妈妈，经常被早熟而淘气的儿子小新气得火冒三丈，再被整得心灰意冷。

行诈骗，或耍种种小聪明占点小便宜。比如在硬币上打个孔穿根线，从此就可以免费停车；比如把大颗鸡蛋换到小颗鸡蛋的盒子里去结账，因为大颗鸡蛋更贵些；更有甚者，每次去露营，都买个新帐篷，沾泥带水地就去退货，下次露营再买再退，因为美国大商场确实有无条件退货的政策。

每次在中国人的聚会上听到这些匪夷所思的故事，或看见发明者口沫横飞地吹嘘自己如何英明，嘲笑美国人如何愚蠢，那一刻我为自己也是一个中国人而感到无地自容。因为美国人不会知道这个人叫张三李四或王二麻子，他们只会得出“中国人”没有基本的诚信素养的结论。其实刻板印象很多时候都是空穴来风[①]，每一个中国人在海外必须要用至少“不给中国人抹黑”的标准要求自己。

在拿到助教职务之前，我还在National Foreign Language Resource Center（国家语言资源中心）做过一段时间的助理。薪水不高，但是可以接触到很有意思的人和事，比如帮助筹备、组织一些大型学术会议；帮助一些濒危语种和方言以非物质文化遗产的形式保存下来；也有机会见到一些语言学界的大咖和怪才。

我在国家语言中心的老板Jim Yoshioka是个第四代日本移民，已经基本不会说日语了，这也是他的终身遗憾。正因为如此，他希望可以通过这个中心的工作，让更多的移民孩子接受并继承自己的母国语言和文化，让包括夏威夷在内的太平洋岛国土著部落的后代可以在现代文明的

① 跟“无商不尖”“无度不丈夫”一样，“空穴来风”是个已经被误用至颠倒黑白的成语，原义为有了洞穴才有风进来（语出宋玉《风赋》），比喻消息和传说不是完全没有根据的。现在却多被误用来指消息和传说毫无根据。

漩涡中不至于迷失自己文化和语言的根。

Jim是个极善良又有热心肠的人，知道我刚来夏威夷无亲无故，下班后经常开车带我去吃好吃的，还介绍朋友给我认识。我万没想到，看上去温文尔雅的Jim 竟然还是一个“神秘”组织——Blazing Saddles Line Dance Club的小头目。他和他的伙伴们每周二晚上会风雨无阻地在一个租来的会场聚会。Jim问我要不要去试试，我当然要。我没有车，一下课就跑去他的办公室等他送我去。

到了现场我才意识到，Line Dance 并不是我想象中的狮子舞，而是牛仔舞，伴舞的音乐是一水的美国乡村音乐。每次先是半个小时的教学课程，每周都会学一首新的曲目，这样新手来了随时可以加入。接下来的两小时就是一首接一首的自由奔放了。会跳的在前面跳，不会的在后面跟，悟性高的几遍跟下来也就差不多了。

值得一提的是，每次舞蹈课程开始之前，先会有一场pot luck（聚餐）——会员们每人各带一道菜，凑在一起就是一桌百家饭。原则上是亲手做的，但实在没时间或手笨的也可以买现成的。因我是既没有厨房又没有时间和闲钱的穷学生，所以每次空手来大家也不跟我计较。

可别小看这貌似室内“广场舞”的活动，每年还会有专门的组织张罗全国范围内的“斗舞大会”，来自各个州老老少少的牛仔舞爱好者都会盛装出席。不同社群都穿着印着各自标志的队服和统一的大方巾——通常扎在脖子上或包在头上。胜负并不重要，关键是跟一群志趣相投的人一起狂欢，尤其是那些从中西部过来的——齐膝的马靴、硬挺的皮帽、巨大而造型夸张的皮带扣和吊颈装饰，那叫一个专业。

照理说，每一首曲子都有特定的动作，就像宋词的词牌一样，不是随便哼哼的，但同一首舞曲在各地却能演绎出细节不同的风格。什么事情不怕难，就怕认真，像我这样手脚不协调的人，经过一年多风雨无阻的操练，居然也能跳上十几首不同的曲子，可惜离开夏威夷后就再也没有找到新的组织，就逐渐荒废了。

对于组织机构也是一样，再难的事情也会输给“坚持”。这个舞团在历代团长的努力下，二十几年来得以传承延续，已经不仅仅是个“曲终人散”的广场舞团了。会员们一个个从单身狗变成奶爸，从文身打孔的英俊少年变成华发连鬓的轻熟大叔，从妈妈变成奶奶，大家见证了各自的成长和生命的考验、喜怒哀乐和离合悲欢。有人遇到困境时大家协力援手，两口子吵架时有人及时出现去安慰开导。

除了孩子诞生、新人结对这些可遇不可求的聚会，我们每个月的第一周都会举行一个生日派对，为当月出生的人点蜡烛、吃家庭烘焙的蛋糕。我在夏威夷生活的两年半，有近两年时间坚持和这些小伙伴们几乎每周见一次。我是年龄最小的，又是其中唯一的学生，大家都格外照顾我。毕业离开的时候，他们还专门为我办了一个送行派对，大家送给我的Lei①一圈圈地往脖子上摞，半张脸都埋在里面了。

夏威夷有“彩虹之州”的美称，因四面环海，水汽重，每隔几十分钟就会下一场细密的太阳雨，下五分钟就停，天际会出现彩虹，运气好的话还能看见完整的巨幕双彩虹。难怪只有从夏威夷四弦琴“重磅”歌手Israel Kamakawiwo Ole深情演绎的版本里，才能真正在脑海浮现出

① 在夏威夷文化中迎宾送客礼节的一个重要环节，是在对方脖子上挂一个花环，根据礼遇的级别决定用什么花，用多少花。常用的花有夏威夷州花缅栀花、夜来香、茉莉、泰国兰和康乃馨。Lei的宽泛定义也可以是用海洋或陆地动物的骨头、牙齿，乃至贝壳、羽毛、糖果，或理论上任何东西穿起来的项链。

"Somewhere Over the Rainbow[①]（彩虹之上）"的画面。人们不会刻意避雨，因为按照当地人的说法，被雨淋到即是被祝福。

在这个地方读书，完全不分心是不可能的，悠悠海风吹得皮肤和心都痒痒的。有位老师课上了一半，突然停下来，叫我们全体起立跟她学跳草裙舞。草裙舞并不是女生的专利，半裸男生半屈着健硕的双腿、双手前后举向天空演绎高山巍峨也别有一番雄壮之美。

从我家走路十分钟就能看到大海，我有时候放学后就直奔沙滩。自行车一横，脱下外裤、上衣，直接跳进去，一身的臭汗和一天的疲惫顿时烟消云散。游一个小时回来，裤子、钱包、手机都还在原地。在美国不知道丢了多少次钱包都原封不动地找回来，这就是文明社会的最简单的评判标准：人生活得有安全感。

那时候仗着年轻，皮肤自我修复能力强，可以不涂任何防晒霜，直接让温暖的阳光把皮肤晒成小麦色，古铜色，再变成太妃色，全身泛着健康的油光。很多人觉得我长得不像中国人，甚至怀疑我是否有东南亚血统，这可能跟我当年在夏威夷猛晒了几年太阳有很大关系。

夏威夷每天气温在二十七摄氏度左右，是皮肤最舒适的温度。也正因为如此，夏威夷有全美国最多的无家可归者，气温适宜，再加上游人多、善人多、餐厅剩菜多，所以很容易活下来。沙滩边有免费的冲淋设施，也不用毛巾，跟狗狗一样用力甩一甩，太阳底下躺着，一会儿就全干了。

很多人对"无家可归者"这个群体有偏见，总觉得他们是瘾君子、

① "Somewhere Over the Rainbow"，译成"彩虹之上"，或"飞越彩虹"，是1939年《绿野仙踪》内的一首歌曲，荣获当年的奥斯卡最佳歌曲奖。

毒贩子，又脏又臭的寄生虫和病毒携带者。其实他们不偷不抢，人畜无害。有些甚至并不是穷得住不起房子，只是不愿意窝在家里，有意选择过这种幕天席地的自在生活。

我曾经跟一位虽无家但穿着体面的大叔聊过天，老伴儿去世之后他不想一个人住在原来的老房子，容易触景生悲。他老伴儿生前是个hoarder[①]，而他喜欢过极简生活，之前两人经常为这个吵架。现在他说了算，全部“断舍离”之后，顺一辆超市门口的购物车放上他的全部家当，过上了每天“一罐啤酒一支烟，无牵无挂赛神仙”的生活。

夏威夷的人友善谦和，过马路时，车子隔着十几米就会停下来。在美国行人有优先路权的，从中国车间缝里幸存下来的人一开始受宠若惊，互相谦让僵持几十秒。认识不认识的人哪怕只是擦肩而过，都是像空姐般露八颗牙的微笑加一句无比甜美的“Aloha”[②]。害得我后来离开夏威夷去纽约，继续这种优良传统，很多人用无比惊恐的眼神看我并刻意闪开，以为我脑子有问题。

夏威夷受很多文化影响，其中程度最大的应该是日本，连语言都有很多相似之处。日本经济好的那几年，夏威夷曾经是日本人的度假胜地和购物天堂，很多景点和商铺都有日语标识，此外，这里也有日本本土以外最好的日料餐馆，以及受日式料理影响的本土菜。

Poke是很好的例子，它其实就是夏威夷版本的生鱼刺身。通常是用黄鳍金枪鱼、三文鱼，但也可以用八爪鱼或其他鱼类，一律切成方方的

---

① 囤积者，收藏者。有些人就是生来爱囤东西，什么都不舍得丢。美国专门有个电视节目去拍摄各种有囤物癖的怪人，让人叹为观止。

② 夏威夷本土万用词，跟意大利语的“Ciao”一样，可以是“你好”，也可以是“再见”。

大块，跟日式刺身不同，不是原味蘸着绿芥末酱油吃，而是用葱末和酱油、麻油事先腌几小时，有效掩盖住有些人接受不了的海腥味。跟它有异曲同工之妙的海鲜生吃法是中南美洲的Ceviche，用浓度很高的柠檬汁腌泡各种海鲜，起到凝固蛋白质和杀菌的作用。

如果把poke比作中日混血的金城武，那么loco moco就是中美混血的费翔——将汉堡肉饼和鸡蛋覆盖在米饭上，再浇上卤汁，是本地人和中西游客都会爱上的一道当地特色美食，有一段时间我也无可救药地迷上loco moco的变异品种——午餐肉饭团。这些美食多少是不太健康的，所以一百五十千克的块头在夏威夷都不好意思说自己胖。难怪胖子们都很爱去夏威夷，因为这里仍然沿袭着唐代的审美标准。当然你也一定要尝一尝夏威夷本土的传统美食，比如kailua pig[①]，poi[②]；laulau[③]，luau[④]，lomilomi salmon[⑤]。

夏威夷的美食文化因为受亚洲和岛国文化的影响，而呈现出很美妙的多元并互相影响的fusion food[⑥]：日本人发明的寿司里可以卷上韩国泡菜；韩国人闻名世界的烤肉也可以用上日本的酱油和入嘴即化的和牛；中国人发明的煎饺塞上别国的馅料；美国人爱吃的墨西哥卷里可以多加一根中国大葱。这样的例子和夏威夷不可避免的跨族通婚一样，比比皆是。

---

① 浅炊坑烧猪肉，一般都用手撕来吃。

② 浅发酵的芋头糊糊，不是每个人都能接受这种淡淡的酸馊味。

③ 蒸芋叶裹猪肉，是一道老少咸宜、香气特别的菜。

④ 鱿鱼和嫩芋头叶子一起炖到稀烂，看上去像一摊绿色的呕吐物，但味道浓郁清香。

⑤ 生三文鱼碎拌西红柿洋葱，在西方就叫三文鱼沙拉了。

⑥ fusion 原意是融合、熔接的意思，在餐饮界指无国界料理。

我感觉吃这种fusion食物长大的人会自然而然地变得包容且自在，他们既不像那些生怕被当成中国人ABC——America Born Chinese孩子那样缺少文化归属感，也不像一些大陆美国人那样对自己的祖籍讳莫如深——好像很不情愿被发现自己的先人是欧洲被放逐的异教徒或者是非洲的黑人奴隶。而夏威夷人则会大大方方地告诉你：我的爸爸是日本第三代移民，我的妈妈是一个只会说潮州话但不识汉字的客家人。

4

食堂打工奇遇

和英国留学生被禁止打工不一样，美国法律其实是允许留学生打工的，只是规定每周打工不能超过二十个小时，且仅限于在校内。其实我当时最想做的是餐馆的服务生，觉得那是一份又有挑战性又能凭自己的努力和热情挣小费的工作，可以遇到形形色色的人，还可以最大限度地锻炼我生来并不擅长的忍气吞声的本领。但是夏威夷管得特别严，没有劳工卡完全不可能找到服务生的工作，连中餐馆也不行。但既然法律不允许，就只好退而求其次，我决定在食堂体验一下，于是就有了下面这个故事。

像往常一样，我提前二十五分钟到食堂，进门第一件事是先同管烧烤的大师傅打招呼：

“Hey, Fred, Howzit[①]?”

---

① 这是夏威夷式英语的一个典型例子，夏威夷式英语是建立在本土英语基础上但随处点缀着亚洲很多其他语言特点的pidgin——混杂语言，一般说得很简约，省掉了一些没用的劳什子，写出来也很简洁，别有一番岛国风情。比如说：“It can’t be!”会说成“No can!”；“that kind of”写成“Da kine”。

不用我开口，福莱德师傅已经很自觉地从肉架上挑出一块上好的牛排，一个潇洒的弧线动作甩到烤架上，一阵青烟之后，牛排就在黑黑的炉架上“滋滋”地响起来，逐渐脱水缩小。

“Mahalo nui loa, boss.①”

学校食堂每周四是Steak Night（牛排夜），也是我这个“牛排控”故意挑周四上班的主要原因。工作日岗上员工是可以敞开吃的，我一般上工前吃一顿，三小时后下班时再吃一顿，这样就等于省下了两顿饭的钱。而且我也真是不跟他们客气，饿着肚子扶着墙进来，把自己塞个死撑再扶着墙出去，到第二天中午都不会饿。

烤牛排的工夫，我去换工作服。更衣室里还是那股令人讨厌的味道，应该是汗味吧？但我总觉得还掺杂着一些在黑暗中生活的动物呼吸的味道。所以我总是以最快的速度脱下刚才还在为人师表时穿的有领T恤衫，换上食堂的工作服。我们的工作服并不难看，很细很细的黑白格子，配绿色的围裙和黑色的帽子。

心血来潮的时候，我会骗老板说围裙拿回家洗了忘带回来了，他会扔给我一条只有厨师才能穿的白围裙，我更喜欢白色。鞋子食堂不管配，必须按要求去买一种黑色工作鞋，看上去有点像运动鞋，但笨重很多，底下专门做了防滑处理。穿戴完毕，就嬉皮笑脸地凑到烧烤师傅身边，牛排上漂亮的菱形黑格子烙印，已经开始跟我饥肠辘辘的胃眉来眼去了。

① 夏威夷土语“非常感谢”之意，他们也喜欢略带戏谑的互称“老板”。

“Medium rare, double pepper, EZ on salt, just off the grill, sir.”

（“先生您的牛排好了：四分熟，双倍黑胡椒，略少盐，刚下烤架。”）

他故意用夸张的语调伺候着我，逗得我咯咯地笑着，真的很想熊抱一下他这头面目凶狠其实温顺体贴的大熊，可是他的腰实在是太粗了，两只手是肯定抱不过来的。

厨房里也是不可以拥抱的，常规的礼节一般都是隔着橡胶手套以右直拳的姿势伸出，互相触碰一下拳面，以代替握手，既卫生又礼貌，还有那么一点“咱们是自己人”的亲近感。还记得第一次有人手这么伸过来的时候，我不知所措地一把抓住，被他们笑个半死。

给学生吃的牛排一般不接受特别定制，一律都是烤得老老的。我觉得做牛排本来没有什么特别技巧，主要是看肉的质量和火候。肉的品质是一分钱一分货，如果本来就不好的肉还烤老了，感觉像啃一块木头，我情愿不吃。所以每次都会厚着脸皮去找烧烤师傅单独下单。他总是很耐心地按我的要求帮我做，还记得把烤得甜甜软软的洋葱很仔细地铺在牛排上面，并算准了在我换衣服的时间等我来拿。

取了牛排，我径直奔向冷餐台——我负责的工作台。因为我知道现在供应的甜点往往是午餐剩下的，但如果赶上自己喜欢吃的芝士蛋糕或者椰奶布丁的话，错过就可惜了。

如果不是赶时间的话，汉堡、比萨、意大利面我一般不会吃，但是截肉姆师傅（这样翻译他的名字“Jerome”音最准，而且可以不用只字片语就能描述他的长相）做的炒面我还是喜欢的。虽然略油腻了点，但是四分之三中国血统的他会在炒面之前爆很重的蒜末，这会让面特别香。

如果有clam chowder（蛤蜊土豆奶油汤），我会喝半碗，但如果是葡萄牙蒜肠蔬菜汤就更赞了，毕竟还是“吸溜吸溜”喝得出声音的汤比较像汤。而不像法国人的汤（bisque）[①]，把好好的龙虾、蔬菜、西红柿一直熬到魂飞魄散，好像怕它们转世害人似的。

看看表，只剩下十分钟的时间来消灭这些食物了，我找了一个不显眼的座位坐下来，以防吃得快的时候，腮帮子鼓起来看起来不雅。刚咽下最后一口饭，截肉姆师傅就用他那能让食堂所有人回头的音量朝我打招呼：“Yo，Brother Terry！”（“嘿，Terry兄弟！”）

我虽不是个极度害羞的人，但也不喜欢过度被关注。所以每次都是猫着腰走到他身边，趁他还没说话就先跟他打招呼，因为从常理上讲，答话的时候不会太大声。至少说明他不讨厌我吧。说实话，感觉食堂里的同事们好像都挺喜欢我的，可能是我上班一个礼拜之后就叫得出几乎食堂里每个人的名字。我生来就是个对长相过目不忘的人，再加上职业病，记住学生的名字是为人师的最基本要求。

一个伺候一千多名如狼似虎的大学生一日三餐的食堂，其实员工也不少。一共有三个主管，其实我分不清谁大谁小，好像 W是管人的，B是管账的，S照理说是管吃的。嗨，管它呢，反正谁给我发工资谁最大。

B总是坐在办公室，面对着一台电脑，好像有永远做不完的账。每次上厕所路过他的窗口，总能看见他眼镜滑到鼻尖的最边缘，勉强撑着上眼皮看电脑上的字，嘴唇还有节奏地像小鱼尼莫一样一张一合的，唇上从不曾用心修理的八字胡就跟着一翘一翘的，很有卡通效果，总让我

① “Bisque”是“煮两次”(bis cuites)的误传。因为西欧人煮海鲜菜，习惯上会煮两次：第一次把海鲜脱水，然后再用葡萄酒及香料等腌制海鲜，然后再煮第二次。

想起《阿凡提》里的巴依老爷。

W总是一脸严肃，看得出他是个做事极认真的人。刚进来的时候就是由他来培训我，开始我还有点怕。他很仔细地交代给我一切细节，我都一一记下。所以后来很多东西，不用领班师傅说完我就能搞定，然后得意地冲着她笑，搞得她很没有成就感，训人很不过瘾。W的另一个优点是明察秋毫，他会批评那个喜欢欺负新手、时常没来由地使唤我的巴基斯坦男人。

S相貌和善，经常会出来转转，看大家是否各司其职，或者试试保温箱的温度、尝尝汤的咸淡什么的。也会搭着学生的肩膀问他们学习累不累，有没有吃饱。大哥，这是buffet（自助餐）呀，不吃饱他们能走吗？但我注意到他好像只和高大健壮的男学生搭讪。有一次我给一个看上去病怏怏的女生去后厨拿了个苹果，他还很不高兴地说只要不摆出来就是当天不提供的食物。但另外一次，我明明看见他亲自去开了一罐香草布丁给一个体育生，那天明明是只供应巧克力布丁的。

大厨长得很魁梧，每次看到他，我就会想到鲁智深。整个厨房只有他戴着高得夸张的大白帽子，不过你可别小瞧那顶帽子，对于头顶上完全没有头发的人，戴上它就像完全变了个人，显得很有身份。但他只负责制订菜单，在我看来这是个人人都可以做的事，而且还不是每周都更新。

真正干活的是五六个厨子，分别负责烧烤、比萨饼、异域风情（世界各地美食）、热炒、汤、甜点。还有五六个负责各个摊位的领班，其他人除了蒸汽房的四五个洗碗工、门口的收银员和清洁工，剩下的就是我们这些兼职的服务生了，我们负责及时补货，保证每一样食品既不断档，也不浪费，柜台整洁，没有残渣和汤渍。

这小小的人群，拼出来一个很有代表性的夏威夷人种及性别生态结构。大厨是标准的白种男人，说标准英语；主管是亚裔混血男人，英语略带口音；厨子多是本地人，或是夏亚混血，也全是男人，说夏威夷英语；领班们大多是移民，讲着南腔北调的英文，以菲律宾、马来西亚、中国广东、越南为主，都是清一色的女人，除了扛冰块的大哥；洗碗的几个年老的亚裔男人很少说话，不知道说不说英语；而兼职服务生都是男女各一半的本科生，是很标准的美国大学宿舍口音。

我可能是学校食堂雇用的唯一的研究生，也是唯一的持中国护照的人，至少我在食堂工作了一年半，一个同胞也没见过。可能中国来的本科生孩子，在家里也是养尊处优的多，很难放下身段去做纯体力的工作吧。记得有一次有个其他系的中国留学生来吃饭认出了我，表情尴尬得好像在blind date①的时候遇到了自己的亲爹。我很坦荡地跟她打招呼，但她完全不知道该如何回应，假装没看见，落荒而逃，我也是“醉”了。

大部分学生很礼貌，但我有点儿不希望他们太礼貌，他们每人一个“Thanks”，我就得说几百次的“You are welcome”。偶尔也会遇到一两个粗鲁的，不但没有好脸色，而且提出很离奇的要求和指责——这凤梨又不是我种的，它不甜你跟我说得着吗？

当时我来荐工的时候也是鼓足了勇气，绕着食堂前前后后走了好几圈，才壮着胆子走进后门求主管给一份差事。他一开始很不情愿，因为聘请外国人要多好几道手续。但经不住我软磨硬泡，最后终于扔了一套制服给我。

---

① 无论是别人介绍的，或是自己在网络上聊天认识的，双方之前都没见过彼此的约会。

这是我这辈子做过的第一份服务员工作，工资不高，每小时才七点五美元，但能吃两顿不限量的免费餐，还学到了很多课本上学不到的东西，也更加懂得对体力劳动者的体谅和尊重。我感激食堂里的每一个人，他们的单纯、善良和那份干一行爱一行的乐观、爽朗的生活态度是如此美好并富有感染力。

5 

别托我的福

艰难地熬过第一学期，系里终于安排我教课了。我们系旗下有两个非营利性教学机构。一个是服务于在校本科生和研究生的ELI（English Language Institute），一个是服务于希望考上夏威夷大学的准留学生的HELP（Hawaii English Language Program）。我被分到HELP，学生大部分是来自于日本、韩国和中国的学生。

我的老板叫Steve，也是我们系里的讲师，他看了我的背景之后就安排我跟其他亚洲老师一起教托福课程。我当年基本没怎么准备就考了个接近满分。在国内的知名培训机构还教过托福听力和阅读的课程，确实驾轻就熟，也并不需要备太多课，无非就是做题、讲题、再做题的套路而已。

但第三个学期，Steven还安排我教托福，我就不干了，我还为此跟他吵了一架。我说我是亚洲老师不代表我只能教托福，我是来学习怎么教英文的，也希望可以在实践中运用并验证我学到的方法。而托福课程严格来讲根本不是英语课，只是教应试技巧，对我来说没有什么挑战性，也得不到提高。可老板认为我是来打工的，应该服从机构的需求。

最后我不得不求助系主任，有礼有节地讲了我的想法。

虽然最后大家都给系主任面子各退一步，但从他的眼神里我分明看到了略带挑衅的不信任。所以我必须教得最好，让他无话可说。于是在接下来的一年半里，除了服从组织安排又教了托福的听力课程，我还先后研发并教授了如下课程：

Speech Communication（口语交流）

那是我到美国学的第一个硕士专业，虽然我上的课跟演讲毫不沾边，但我再结合自己这些年来从一个羞怯的演讲者一步一步走出舒适区的实践经验，整理出演讲的基本要素，从目光对视、肢体语言、表情手势等非语言技巧开始，带领学生一项一项地攻关，通过帮助他们建立自信提高其公众演讲能力。

（这不就是现在最火的PBL[①]吗？）

English for Global Business（全球商务英语）

这是根据市场需求开发的一门针对成年人的课程。很多日本、韩国人，不是来报考大学的，但希望通过密集的培训提高他们在商务谈判中的会话能力。班上有一位六十多岁、喜欢倚老卖老、带有严重性别歧视和根深蒂固的种族偏见的日本老先生，我花了很长时间让这个不太讨人喜欢的同学最终融入班集体，并用我的专业水平赢得他的信任，毕业前他由衷地喊了我一声他一直叫不出口的“Sensei”（先生），还鞠了一个我快要还不起的深躬。

---

① 以问题为导向的教学方法（problem-based learning，PBL），是基于现实世界的以学生为中心的教育方式，一九六九年由美国的神经病学教授Barrows在加拿大的麦克马斯特大学首创，目前已成为国际上较流行的一种教学方法。

Explore American Culture Through Film（通过电影解读美国文化）

这门课的选课率是最高的，通常人满为患。谁会不喜欢看电影呢？但如果仅仅是打着学英语的口号开着字幕追美剧，是学不会英语的。为了备好这门课，充分利用宝贵的上课时间，每一部入选电影我都要提前看好几遍，把关键词和句型都整理出来，还要设计场景让学生们在真实的语境中反复练习并最终内化。我最喜欢的是以历史和人性贯穿全剧的《阿甘正传》以及描述洛杉矶移民文化和跨文化沟通的 *Crash*①（《撞车》）。

Psychology ABC（心理学入门）

我研发这门课多多少少有自己的私心，因为我一直对这门介于文理科之间的学问充满好奇。我坦率地告诉学生我对这门学科也一无所知，但愿意借这个机会和他们一起探索，用师生共学的好奇心启动并推动学习，教学相长，反倒收到了意想不到的积极效果。

English through Cooking（通过烹饪学英语）

我本来就喜欢做饭，正好那一期班里有几个家庭主妇，于是这一门课每次都上得热闹又开心。日本人表达惊叹或开心时的声调和表情多少有些夸张，为此常被隔壁班的师生投诉说我们太吵了。但事实证明，那些通过手脑并用掌握的词汇更容易让学生记住、消化并正确使用。（传说中的主题式、体验式教学不过如此。）

English through Volunteering（通过做义工学英语）

我当时并没有十足把握的这门“通过做义工学英语”，没想到深受

① crash（《撞车》），2004年的大片，描绘了洛杉矶的种族和社会冲突，意外地打败《断背山》，斩获了78届奥斯卡最佳影片，最佳原创剧本、最佳剪辑三个奖项。

学生们喜爱。在学期末的最后几节课，我联系了岛上的一家旧物捐助机构，带着学生们去做义工，帮着对捐赠来的旧衣物进行筛检、分类、上架，接待方和学生们的交流和鼓励、赞赏转化成了积极的学习动机和意想不到的学习效能。

（这不就是IB的CAS[1]课程吗？）

坦率地说，我当时备这些课的时候并没有想到太多教学理论，更多是凭直觉回顾了我自己学习和辅导英语的实际经验，并总结出两条中国学生学习英语辛苦而无效的根本原因：

学习内容：停留在语言本身，跟学生的生活没有关系，也无实际用途。

教学方法：死记硬背，应试做题为唯一的学习及检验手段，枯燥无趣。

于是我从解决这两个问题开始，尝试着Learning through the Language（通过语言来学习）而不是Learning about the Language（学习语言的知识），让学生对学习过程产生更多兴趣。并尝试涉猎其他领域，让学生获得语言学习之外的乐趣以及一些有实际用途的知识或能力。

教完这些课我才发现，这些大巧若拙的方法恰恰暗合了很多语言教学的原则和理念，比如TBLT-Task Based Language Teaching（基于任务的语言教学法），乃至十几年后的今天，当Project Based Learning（项目制学习）成为大家关注的焦点的时候，我不无得意地告诉大家：那是我十

---

① CAS, Creativity Action Service，创新、行动与服务，IB(国际文凭大学预科)课程的组成部分，学生必须完成相应的创新活动、体力活动和服务活动，以达到相应的八个目标，集齐相应的活动时间，完成CAS以外其他课程要求后才可毕业。

几年前就已经在用的“私房菜谱”了。也再次证明了教育这门学问一点都不深奥，不需要什么教育理论家，只要遵循了那几条最基本的原则，人人都是大师。

我的学生因为都是花自己的钱上学，所以动力十足，很少有缺课的，上课时也高度配合参与。再加上我使出浑身解数，认真备课，耐心指导，发自内心地希望帮到这些孩子早日跨入美国大学的大门，所以每学期末的匿名教师评估都得很高的分数。老板也不是不讲理的人，看到我比很多白人老师的分数还要高，也就默认了我的成绩，不但没有故意找我麻烦，还时常拍拍我的肩膀表示认可和鼓励。

其实也并没有像我说得这么一帆风顺啦，有些亚洲学生第一天兴致勃勃走进教室，误以为我是同学还用结结巴巴的英语跟我搭讪。等上课铃响后我走上讲台，他们发现自己漂洋过海来了美国，付了这么贵的学费上英文课，老师却长了一张跟他们一样的大饼脸，眼神里那种失落或失望是很难掩饰的。

中国的家长又何尝不是如此，给孩子报的课后英语班，一定得是地道的白人，美籍华人也不行，恨不得要像当年希特勒那样测一测眼睛是否足够蓝，头发是否足够鬈，鼻子是否足够高。每每看到那些母语根本都不是英语的背包客老师拿着比我们这些经过严格训练的TESOL老师更高的薪水，我就气儿不打一处来。

6 

命悬老爷车

那段时间超级累，上午上课，下午教课，晚上还要去食堂打工，九点多钟骑车回家，遇到个上坡感觉实在没有了力气，就只好下来推着走。这种时候，很想弄辆车子来开。但再怎么省吃俭用，银行存款还是只有三位数，于是决定铤而走险去打黑工。

偶然的机会认识了一对温州来的夫妻，答应给我一份工作。他们是做礼品批发的，把中国生产的小玩意儿派送到全城各种有合作关系的礼品和纪念品商铺。我的工作就是周末开车帮他们送货，按小时算工钱，每小时十美元，比食堂里七点五美元的工资还高一点。

但他们给我开的那辆货车非常旧，连门都打不开，要从窗户爬进去。安全带亦是形同虚设，拉出去根本收不回来。贪心的老板每次都把货塞得满满的，完全挡住了倒车镜，只能靠左右的后视镜来观察路况，其实特别危险。老爷车也不可能有空调，一个夏天焐出了满背的汗斑。但因为年轻，都不当回事儿。

因为我英文好，后来老板也让我帮他们开拓业务。夏威夷有个巨大的跳蚤市场swap meet[①]，在一个体育馆的外围，成百上千的摊位销售各种不值钱的小商品。我会扛着样品一家家地去问，新客户一般都比较谨慎，也就是进两三件，如果卖得好才会再要。当时卖得最多的是ukulele（夏威夷四弦琴），特别遗憾自己不会弹，只能想象自己站在马路牙子上边弹边卖帅极了的样子。看了很多脸色，收到了很多冰冷的拒绝。但每卖出一件，老板会给我百分之七的提成，为了尽快成为有车族，什么都可以忍。

不过有了这种被拒千百次的经历之后，至少能学会一样东西：你会善待那些发传单的人和其他所有凭力气讨生活的人。如果不是特别麻烦，你就拿一张，好让他们早点下班，也让他们不用圣诞夜、除夕夜还在风里站着。也可以选择不拿，但至少不会用嫌弃、轻慢的眼神看他们。一句冰冷的“不要”，也可以改成“不用，谢谢”。

一个暑假之后，我终于攒够了买一辆二手车的两千五百美元，开心得每天都哼着歌走路。我这辈子拥有的第一辆车——暗红色的福特斯科特，行驶里程二十万千米，十年新。车主是个老爷爷，年纪大了开得越来越少，保养得很不错，也没有明显的撞痕。上下学时还可以捎上几个相好的同学或者帮朋友搬运些重物，别提有多神气了。

人大概不能嘚瑟，一嘚瑟就出事。那时正好赶上期末，我要赶好几篇论文，还同时打着三份工，睡眠严重不足。还要在周末两天送完本来一周的量，这样送货时间必须提前，五点多天蒙蒙亮就得起床，先开自

① Swap是交换的意思，meet是相遇的意思，原来指旧货交换市集，也叫跳蚤市场，起源于法国专卖王公贵族淘汰下来的旧衣服的市场，后来就演变成了小商品批发零售市场。

己的车到仓库，老板还没上班，我就按每个商铺的订货量装货，再换卡车开。

车开到半路，高速上突然下起小雨，我下意识地去拨雨刷。我自己那辆轿车的雨刷在方向盘下面，但同样位置的那根杆儿恰巧是这辆老卡车的换挡杆，刚换了车，睡眼惺忪的，一下子没反应过来。

按常理，要换挡必须先踩刹车，但别忘了我开的是辆不知道有多大年纪的老爷车，很多该它做的事它做不到，也有很多不该它做的它做到了。请设想一下，在时速约九十六千米的行进过程中，车突然从前进挡换成了倒退挡，会发生什么？我当时吓得脑子一片空白，只记得车子在四车道的高速公路上原地旋转起来。刹车和方向盘已经完全不管用了，完全是离心力在起作用。我只能闭上眼，双手抱头，听天由命了，心想完了完了，这下小命要交代，耳边只听到附近的车长鸣着喇叭从我身边怒啸而过……

后来我请学物理和机械的同学帮我分析，他们猜测是只有一只动力轮发生了倒车行为，另一只轮子继续前行。一个往前一个往后，就造成了原地旋转。

好在无论是迎面而来还是尾随在后的都是见过世面的老司机，竟然没有一辆撞上我，车在原地转了不知道多少圈最后撞到了什么东西停了下来。我睁开眼一看，半米之外就是悬崖。我哆哆嗦嗦地从车里爬出来，蹲在路边哆哆嗦嗦地给自己点上一根烟，下意识地拨通了我在美国的死党，也是我的紧急联络人的黄兆旦的电话，语无伦次地告诉她我出车祸了，但还活着。

最神奇的是，这辆老爷车就像一个饱经风霜的老汉，虽然看上去已经奄奄一息，但生命力极强，竟还硬生生被我开了回仓库。只是半路上发动机盒子开始冒可怕的黑烟，对修车一窍不通的我，完全凭直觉打开车前盖，把矿泉水倒进已经滚烫的水箱。它像一个躺在病床上呻吟的病人，被打了一针杜冷丁就安静了。

经过这次大难不死的经历，我算了算中国政府、美国大学还有父母在我身上的教育投资和养育成本，又算了算我做这份工作微不足道的收入，于是掐灭了手里的烟头，毅然决然地给老板娘提交了辞呈。她不明就里地劝了我几句，还说要给我加薪，但这并没能动摇一个死里逃生的人的求生愿望。

7

失身记

命运就是这样的东西，它为你关上一扇门的时候，会为你打开一扇窗。就在辞掉礼品店工作的第二天，我在学校的语音实验室做功课，旁边有一位韩国裔的老太太，我看她喃喃地用韩文自言自语，一脸百思不得其解的辛苦，就主动凑过去给她支了几招，她很感激，非要请我喝咖啡。我平时肯定是舍不得花钱买咖啡这种东西的，虽然一杯咖啡才一块多美元，但是三杯咖啡就是一份午餐了。

老太太守寡多年，子女都去了别的州谋生。夏威夷除了旅游业和菠萝种植业，真的没太多工作机会，只是一个特别适合养老的地方，海边那些连成片的阻断沙滩的豪华别墅动辄几百万美元。我猜她一定是很久没人说话了，打开话匣子收都收不住，我想起了自己的亲婆，也不忍心打断她。

老太太最后问我有没有时间辅导她学中文，教中文本来就是我的老本行，我也总是情不自禁地偏爱那些愿意学中文的外国人，还没交往，已经觉得他们很有品位。虽然那时很穷，但我想都没想就拍着胸脯说我可以免费教她中文。老太太也没亏待我，除了给我每小时三十美元的学费，还经常做好吃的便当给我。

一开始我们约在学校的咖啡厅，每周两次，后来才邀请我去她家坐坐，我当然能理解一个独居老太太的谨慎和防范之心。一看家里的装潢摆设就知道这是一个既有文化修养又有经济实力的上流人家。看到她四世同堂的全家福照片才知道她已经七十八岁高龄了，但气质很好，穿着得体，步履稳健，谈吐优雅，反应敏捷，完全不暴露年纪。

但学中文这件事，虽然她嘴里说是为了更好地了解她一直很仰慕的中国文化，也是为了预防老年痴呆，但我觉得她其实是想找个人定期陪她说说话，所以也没有特别认真地学习“妈、麻、马、骂”，只是让我天南海北地给她讲点中国的风土人情，听她的口气，这辈子去中国亲眼看看的机会已经越来越渺茫。

除了这种还比较像工作的工作，在大学里还有一种鲜为人知的挣钱方式——但凡稍微有点规模的大学，都会有各种实验室和千奇百怪的实验项目。只要仔细留意，他们会在指定的公告牌上贴出招募“小白鼠”的广告，具体报酬看研究经费充裕与否，大方一点的一次二三十美元，小气的也得给个十块八块。

当然也要看实验内容，我最喜欢心理系的那些实验，跟玩儿似的轻轻松松地就把钱赚了，有时候出门后一边点着钱，一边还要在心里奚落他们一番：研究这些不着调的课题，浪费纳税人的钱。但也有不那么轻松的，最恐怖的一次是不知什么主题的噪声承受测试，出来的时候已经天旋地转，感觉是用几天的阳寿跟魔鬼做了一笔交易。

最让我难忘的是在夏威夷大学校医院做的一次为期一年的HPV[①]实

① 人乳头瘤病毒，是一种球形DNA病毒，能引起人体皮肤黏膜的鳞状上皮增殖。

验，看广告这是一个非常严肃的医学项目，有充足的经费支持，所以报酬不菲，一次给五十美元。而且每个月一次，也就是说一年有六百美元的收入，而且只要我愿意，可以一直做下去。除了这笔收入的吸引力之外，我不得不说，它的公关也做得特别到位，我不记得原话了，但大概就是这个意思：

全世界每年有几百万人感染HPV——一种通常对男性无害，但对女性可能致命的病毒。这个研究希望通过对随机抽样人群的跟踪，揭开为什么“男生没事女生遭殃”的谜底，从而找到治愈病毒的方法。

听上去是多么积德的一件事，我想都没想就报了名，却完全没有想到这项研究对志愿者的要求如此之高，对人的生理、心理承受能力的挑战如此之大。

每月的第一周，根据事先约好的时间报到之后，先要接受一名医生长达十五到二十分钟的盘问。那绝不是一般意义的询问，将近一百个问题，每一个都会问得你面红耳赤，因为要你生动详实地描述你过去这一个月的性行为和跟性有关的一切行为，而且要具体到每一个细节：

跟异性还是跟同性？还是都有？哪种更多？多少次？每月多少次？每天多少次？这一个月跟多少人有过性接触？这辈子一共跟多少人有过性接触？同时跟多少人？男的还是女的？你身体的XYZ器官进入对方身体的XYZ吗？对方身体的XYZ器官进入你身体的XYZ吗？有没有使用安全套？总是使用？偶尔使用？实在等不及了就不用？还是从来不用？……

医生每次在盘问前，先会一字一句地给你念《隐私保护条例》，以打消你的顾虑。但即便如此，我始终不明白：这些如此私密的事情，为什么不能让我默默躲在角落里勾选，然后悄悄塞进一个信封，为何一定要医生亲自完整地读出来？美国的医生不是很贵吗？护士不能做吗？而且生怕我这个外国人听不明白，还故意吐字特别清晰。

也真是佩服这些医生，无论男女老少，在手术台上下针动刀手不抖，见血见肉头不晕，断筋锯骨眼不眨就算了，人身上这些不能见光的器官从他们嘴里念出来，就像是老北京炸酱面馆里的堂倌抑扬顿挫地唱出客人的点菜单一样，毫无挂碍，而且感觉他们乐此不疲。

应该就是人的天性吧？回答那些动词问句的时候，脑袋里会不由自主地出现真人画面，所以一不小心脸就红了。无论你多大年纪，受的多开明的教育，无论你想不想，都会不自觉地用道德标准把自己裁决那么一小下。

如果你以为这就是极限，你就太小看这些“丧心病狂”的美国医生了，接下来要发生的事更是你完全意想不到的。刚才再怎么样也只是口头报告，在一切结束后，还要脱掉裤子让医生进行实物标本采样——就是用一张小小的砂皮纸去蹭男人身上每一个隐私和更隐私的器官，而且是该器官的每一个部分。

不管你有没有跟我一样的器官，它都不是粗糙的脚底板是吧？在如此娇嫩的部位要采下足够的皮屑，我相信你能够想象砂皮纸和这些部位在一起的画面是有多么的不和谐。医生有时候是男的，有时候是女的，有时候是年长的，有时候是没比我大几岁的。我其实也不知道自己更期待哪一类的，因为都很不自在。你也可以想象这种反复摩擦的过程是有多么爽和多么不爽，你摆出的各种姿势有多么不雅。

有些东西必须是医生亲自从你身上取走，比如抽血。但还有一样需要上缴的东西，医生不会帮你弄，一定要你自己动手的。我想大家用大腿也能猜得到，肯定不是尿液。这件事情本身对于一个三十岁不到的健康单身男并不难，但是在医院这样冰冷而四处弥漫着福尔马林气味的环境里，就变得格外挑战。而且医院不像那些捐精银行那样人道，提供必要的阅读资料和视听刺激。

每次从医院出来，我都很佩服自己：怎么能坚持下来？还坚持了一年多，怎么还会再回来？就那么缺钱吗？怎么就这么实诚？怎么就这么不害臊？同时我也很佩服这些医生：他们从哪招来一群跟我一样的神经病，愿意经受如此身体和精神的双重考（摧）验（残）？他们怎么能设计出这么触碰人性底线的实验？

最神奇的是，他们怎么就能让志愿者毫无保留地回答这些问题？他们怎么知道我们说的都是真话呢？我曾经听人说过，再老奸巨猾的人也只有在一种人面前会说实话，那就是医生。我想他说的是对的。

8

洗劫银行

要想过好一点的日子，除了想尽一切办法挣钱，还得想尽一切办法省钱。美国人力成本高，所以服务性行业一般都比国内贵很多，夏威夷更贵。理发通常要十五美元以上，还不算小费。所以回头看夏威夷那年的照片，发型最恐怖，因为两个月才去理一次。

第一次在美国理发，为了省钱，在网上找了一家美发学校开的理发馆，负责理发的是在校实习生，但你也不知道他们学了多久，你是他们的第几只小白鼠。不过好在网站上说了，如果你实在不喜欢你的新发型，会有老师来帮你修补，实在不行，店里还免费送你一顶棒球帽。

我洗完头，刚坐定，一个脸上青春痘疤还没完全脱落的男孩子朝我走来。我顿时意识到我的词汇里完全缺失那些理发术语：什么留住鬓角啊，不要刘海儿啊，两边打薄啊，统统不知道怎么讲。就看见镜子里手舞足蹈的我和一脸恐慌和茫然的他。

最后，我们都放弃了，他问我“What number?”，我开始不知道他是什么意思，后来看见实物才明白他是问我用几号推子，其实我连中文都不知道那叫什么。他在推子上安上那个带数字的塑料套子，就开始像剪羊毛一样把我的头推成我要求的长短，貌似也实现不了中国发艺里的“平寸”或“圆寸”。

那是我这辈子第一次被推头而不是剪头，而且是被逼急了随口说了一个数字，所以一刀下去，我就看见我进了监狱的样子。他们送的那顶帽子也实在太难看，我就只好尝试着跟我的羊毛头做朋友，顿时理解了为什么每到夏天，邻居家被剪了毛的泰迪总是哭丧着脸。

那次经历之后，我就去唐人街的理发店理发，一般不会超过十美元，小费给不给都无所谓。而且只有中国理发师干的活才可以算得上“剪”头，因为真的是会用到剪刀。

在夏威夷给我理发的阿强师傅来自广州，说一口叮叮哐哐的广东普通话。去的次数多了就熟络起来，他也知道了我的身份和背景，有一天，他一边剪头一边吞吞吐吐地问我：“阿龙，你英门（文）好，可母（不）可以帮强哥鸭（一）果（个）忙？”

原来在美国要拿到理发师执照不是一件容易的事，手艺如何其实无所谓，反正连推羊毛的人都可以上岗，但是要求理发师通过一个据说很难的笔试。阿强师傅来了这么多年，试了几次都没通过，所以还不能算是真正意义上的合法运营，难怪他收费比别的唐人街理发师还要再便宜些。

当阿强师傅递给我那本三百多页的理发师手册时，我像零零发看见皇帝的三千“佳丽”时一样流出了同情的眼泪[①]。天呐！这哪是考理发

① 周星驰自编自导自演、拍摄于一九九六年的古装武侠外星科幻搞笑电影《大内密探零零发》中的经典桥段。

师执照，除了那些跟毛发相关的种种匪夷所思的学问，还有各种化学知识、科学常识乃至应对顾客心梗、休克、中暑等的急救知识，绝对是比高考更大的刁难。

考卷是全英文的，虽然规定可以自带翻译，但是初中文化水平的阿强师傅即使用中文也根本没办法背下这些东西。出于对这种奇葩考试的愤愤不平，也出于对厚道善良的阿强师傅的同情之心，我决定重拾在美国研究生院毫无用武之地的应试本领，拍着胸脯告诉阿强师傅："包在我身上了。"考试那天，我是乔装成翻译的枪手，他只要坐在旁边动动笔涂涂圈就行了。

学霸一出手，便知有没有！准备了两周我们就去考试了，成绩很快出来了，果然金榜题名。他遵守约定给了我二百美元，外加一百美元他所谓的"一鬼（举）成功"奖励金，看得出来他真的被这本书折磨惨了，原来根本没指望我能一次搞定。

他还主动提出，只要我在夏威夷，就能享受终身免费剪头，但被我谢绝了，一码归一码。我有很多开餐馆的朋友，特别明白做服务业的辛苦和谋生的不易。如果大家认为自己是老板的朋友就都去吃霸王餐，那餐馆迟早要关门。而这种朋友，不要也罢。

开车后第三个月，有一天早上，我把车从地下车库开出来，油门踩得有点大，没看见周围有什么车子，想顺势左拐到马路对面。就在拐弯的那一刹那，不知从哪里突然冒出一辆疾驰的车，我刹车不及就直接撞到了它的左后端。也可能是没睡好，一下子没反应过来，我猛打方向盘，但没松油门，于是就有了比追尾更严重的后果——接二连三地剐蹭了面向我停的三辆车。

我被眼前的惨烈景象惊呆了，傻傻坐在驾驶座上，脑子里一片空白，直到警察过来很礼貌地请我下车。那么结实的美国车前车盖已经扭曲掀起，发动机裸露在外面，冒着黑烟，一副痛楚的样子。我没有机会看见自己当时的表情，估计不会比这辆车好看太多，除了惊恐，还有心疼且不知所措。我记得我买的是最便宜的保险，脑子里闪过我赔不起别人的车，最后要去坐牢的画面。

给那么多人添了这么大麻烦，在中国我一定会被围攻并骂到冚家富贵[①]。我不得不说夏威夷人民的友善和温情是经得起考验的，看一个人的修养绝对不是看他在太平盛世的状态，而是看他怎样面对别人的过失和突发的灾祸。被我撞到的车里有一位老妇人，不但没有责备，还过来问我Are you alright？——你还好吗？

因为没有相关的处理经验，也真心觉得惭愧，只是不停地道歉。可老妇人反过来安慰我说没关系，保险公司会处理一切的。

我半信半疑地呆呆望着她，憋了半天，说了一句："我教课要迟到了。"我真的15分钟以后有一门课要教，我从来上课不迟到，因为别小看老师迟到5分钟，如果班里有40个学生，你就是浪费了别人40×5=200分钟——三个多小时的生命。老妇人也说了一句我没有想到的话："我可以开车送你去学校。"

我千恩万谢，到了学校后，一边上厕所一边给保险公司打电话讲述事情经过。进了教室，我也忍不住跟学生描述了早上的遭遇，几个日本女学生眼睛一眨不眨地瞪着我，用她们一贯很夸张的语调"诶……诶……"地回应着。

---

① 粤语中一句很歹毒的骂人的话，等同于"冚家铲"，粤语中一个粗口术语。冚：表示全家；冚家，即全家。富贵：这里是反话，指人死了。"冚家富贵"意思就是诅咒他人全家死光。

突然一个女生用一种急迫的、有话说不出来的表情看着我，我问她“怎么了？”她抓耳挠腮半天，最后索性把我拉到教室外面，用手势告诉我我的裤子拉链没有拉上。刚才因为魂不守舍地上厕所，还要腾出手打电话，又怕迟到，所以上完厕所出来就直接奔教室。碰巧她又不会说flyer这个词，也不想当着全班同学的面用手指我的下体，我只能哭笑不得地感谢她的这番细心和好意。

后来的处理我确实没有太操心，保险公司告诉我车子损毁很严重，只能被total。当时我听不懂这个词，问了同事才知道就是“完全”报废（形容词做动词的被动用法）。保险公司不会赔我一分钱，但会赔偿所有涉事车辆的损失，我还是觉得对不起他们，连声道歉。保险公司的经理告诉我，之后的五年里，我的保险费用会涨好几倍，如果他是我就不会买车。

我还特意去了趟报废车停车场“停尸场”，跟我的第一辆车告个别。一年多的昼夜辛苦就这样付诸东流，我又变回骑车族的原形，也是心痛不已，垂头丧气像斗败了的公鸡，鸡冠耷拉了好几个星期。

当天晚上做了个梦。一部熟悉的夏威夷银行的ATM提款机，时间是半夜。我想是因为我经常在晚上12：30左右出去遛房东的狗，每次都会路过那台提款机，上面的蓝灯还一闪一闪的。我塞进银行卡，输入密码，还没来得及想好是取20美元还是40美元，现金槽里就开始不停地往外喷钱，还是百元面值的，都不知道是多少钱。

我左右顾盼后，脱下外衣，安安静静地把钱裹进衣服里，回家。摸索着拧开台灯后，第一件事就是上网查美国的法律。我的手抖得厉害，几个单词敲了很久很久。谷歌的搜索结果显示：如果是因为银行系统错误造成的错给，收款人可以合法地接收馈赠，括弧，但还是要交税，右括弧。

看完那一行，我欣喜若狂，热泪盈眶地笑，马家军拿到金牌后披着国旗的那种以泪洗面的笑。然后，就像所有美好的梦一样，就这样笑醒了。醒来以后接着笑，笑自己竟然做这么贪财的梦，更笑自己做拜金梦的时候，还那么书生气，还知道上网查法律。虽然一丁点都没有享受到大把花钱的喜悦过程，但那个梦还是带给我一整天的好心情。我觉得至少它暗示我：生命中还是会发生奇迹的，或许是明天，也或许是今天。

其实，海岛上的单身生活还是非常惬意的，下面这个段落选自当时的一篇随笔日记：

每周去海边游泳；

仗着胆子游到深一点的地方看五颜六色的鱼；

把小麦色的皮肤晒成古铜色，再晒成太妃色；

起大早爬到钻石头山顶看日出；

和同事们在马库瓦海滩上露营，点篝火，喝酒，喝到直接仰过去睡着；

和野生的海豚群一起戏水，听它们喧闹的嘀咕声；

背登山包踩单车去唐人街买新鲜便宜的蔬菜；

煮好满桌子的菜肴请朋友们来吃，听他们贪婪的咀嚼声和夸张的唏嘘声；

在海滩公园烧烤腌制得恰到好处的照烧鸡翅和孜然辣椒大蒜签子；

大半夜顶着满天星星在校园里裸跑；

在空旷的阶梯教室大声唱歌，并录下完美的回音效果；

和同学在宿舍餐厅打升级，吃老奶奶花生米 ；

半夜里去有钱人家的院子外面，扒着墙看院子里偷偷绽放的昙花；

每天只抽两根烟；

和来自世界各国的人一起在公用厨房做饭，偶尔互相尝一尝，回来接着吃自己做的中华料理，暗自庆幸自己是个中国人。

9

每个人都是一条河

两年，说快也快，还剩最后一学期，课都修完了，就剩下写毕业论文。在夏威夷大学主校门外面有一栋楼，每天都经过，但一直不知是干什么用的。偶然看见一张海报，才知道这里就是著名的East West Center（东西方中心）——美国专门研究亚太地区的智库。下面设了很多研究中心，涉及政治、经济、文化、教育、人权及环境保护等有关人类发展的广泛课题。

在东西方中心旗下的各个项目中，有一个叫Asia Pacific Leadership Program（APLP，亚太领导项目），从环太平地区的三十多个国家招募学者来参加为期六到九个月的学习。每期招募四十到五十位学者，每个国家按人口比例分配名额，中国和美国各有四个名额，其他国家分别有一到两名。

这个项目的创办初衷是让来自这些国家的年轻人更广泛地了解亚太地区各个国家的发展状况，加强交流和理解。过去的五年里已经研发出了一整套完整的领导力课程体系，有专门的教授学者做导师，帮助这些年轻人成为解决人类生存及发展问题的领导者。这个由美国国会及跨国财团长期支持的项目，提供全额或半额奖学金。

大部分的申请者是通过文字申请、视频面试，最终从几百位竞争者中脱颖而出。我正好在夏威夷大学读书，近水楼台，是唯一一个直接冲到负责人办公室毛遂自荐的人。通过几次正式、非正式的会谈，我阐述了自己在教育领域的梦想，很快拿到了录取通知，并得到了全额资助，有生活津贴，还可以免费搬到东西方中心的宿舍楼里住。

我们的课程有几大模块：全方位的领导力，包括演讲、辩论、采访、研究、自省、合作、设计、写作等。每天的课程里，学员都有机会上台做分享，可以是对时政的评论，对自己国家的介绍，自己专业领域的学术报告，也可以就人类面临的某一问题探索解决方案。

跟常规的研究生课程相比，APLP的课程有三个特点：第一，APLP的课程格局更大，让我们去思考一些关乎人类生存发展大计的课题；第二，APLP的课程重视跨学科，而不是停留、局限在各自的专业领域；第三，APLP非常重视体验和每个人的参与。

APLP也很强调“影响力”的作用，所以对学员的演讲技巧提出了很高的要求。夏威夷整体来说是个很休闲的地方，最隆重庄严的婚丧场合也不过是一件aloha shirt①，或女生的muumuus。②但是APLP规定我们在做演讲时，男生一律要穿西装、打领带。

---

① 阿罗哈衬衫，通常被称为夏威夷衬衫，有领子和纽扣的短袖衬衫，通常都是用花卉图案或一般的波利尼西亚图案鲜艳的颜色。在夏威夷阿罗哈衬衫被认为是正式的服装，因此被认为等同于一件衬衫、外套和领带（在夏威夷温暖的气候中通常是不实用的）。

② 穆穆袍是源自夏威夷的宽松连衣裙，通常都有鲜艳的色彩，带有波利尼西亚主题的花卉图案。就像阿罗哈的衬衫一样，是夏威夷婚礼和节日的首选礼服，muumuus作为孕妇装也很受欢迎，因为它们不限制腰部。

一开始我不理解，大热天的，干吗呀？但有了比较之后，我才发现人一旦穿上西装，腰板儿会不由自主地挺得更直一些；戴上领带，下颌会不自觉地稍稍仰起；穿上皮鞋，走路会更有精神——全部加在一起，会让演讲者充满自信。

虽然我没接受过专业的演讲培训，但也能从几十位同学演讲的过程中看出差别，分出高下，找到值得自己学习的地方。很明显，那些来自美国、加拿大、澳大利亚的同学因为从小就有这样的训练，即使讲的内容一般，甚至有胡说八道的嫌疑，但他们的神态、语气和眼神却极具说服力，让你一不小心就信以为真。

别看这些吃完炸鸡块就往裤腿上抹油的白人男孩子平时踢里踏拉，一旦捯饬起来，喷上硬硬的发胶或抹上亮亮的发蜡，金发愈金、碧眼愈碧，轮廓分明的脸和天生的健硕身材真是拿得出手。让我们这些饼脸、矮脚、麻秆身材而且还不知道怎么捯饬自己的亚洲男生多少有点自惭形秽。

回到宿舍里，我对着镜子一遍遍模仿他们充满自信的表情和手势，并给自己设定了更高的目标：演讲不但要让听众听得到、听得懂，还得让他们愿意听、喜欢听。于是我也开始刻意练习如何在讲故事时留点悬念，举例子时找点新奇，讲道理时埋点笑梗。

在研究生的课堂上虽然也有讨论，但是在APLP的项目里，这种合作绝对又上了一个高度。我们这一期的cohort——队组一共四十六名学员，来自二十三个国家，涉及七个不同领域，五种信仰，讲三十多种语言，这是怎样一种体验！首先要攻克的是跨文化交流障碍，光要记住每个人的名字并念得标准就已经很不容易。所以第一堂课不干别的，就当场记名字，当然也训练了每个人自我介绍的能力。

学员中年龄最小的二十出头，最大的接近四十。有律师、环保工作者、年轻政客、精算师、农机工程师、非政府机构工作者、摄影师以及跟我一样的教育工作者。在我们的日常功课里，经常需要大家一起探讨，从而培养辩论、说服、妥协及解决冲突的能力。虽然大家的英语读写能力都还行，但亚太地区千变万化的口音并不是那么好懂。

日语的发音规则是：一个辅音跟着一个元音，字字铿锵，比如“嘛哭都拿路多”，你要是能听出是哪家连锁快餐的名字算你厉害；夏威夷本土以及波利尼西亚和萨摩亚等太平洋岛国的元辅音都极简，跟日语有点像，只是音韵更加丰富，多些抑扬顿挫；印度、巴基斯坦、斯里兰卡的兄弟们说话时感觉像含着一颗橄榄；蒙古和韩国的女生说话时都有一股舍我其谁的气势，你永远不知道他们什么时候是真的生气了；泰国、越南、老挝、缅甸、柬埔寨的单词读起来好像是被追杀的壁虎，通常后半截是被生生吞掉的；立陶宛、菲律宾、秘鲁的口音相对好懂些，而跟他们比起来，以前经常被我嫌弃的澳大利亚口音就算不上口音了；即使来自中国的几位，有北京的、苏州的、香港的、移民加拿大的，也是各有特色。亚洲来的孩子多少羞涩腼腆些，美国、加拿大的小伙伴们通常会成为每个小组争抢的“新闻发言人”。

在这种交流困难的情况下，那些对于口音承受能力差的人可能会心生抱怨，感觉鸡同鸭讲，一天下来身心俱疲，我却很享受这样难得的多元文化和多语言环境。在毕业典礼上，我还嘚嘚瑟瑟地用二十五种语言向所有同学表达了感谢。

开学伊始，导师给我们布置的第一份作业，就是写一篇自省的文章。 除了每次找工作或申请学校时更新一下简历，我们极少做这样的事情。其实，每隔一段时间对自己的长处、弱点、兴趣、资源、挑战、梦想以及让自己开心的事做一次透彻反思，会更清楚自己是谁、从哪里来、要到哪里去。

我印象最深的是Envision那堂课，我把它翻译成“展望”。它跟规划、计划有点像，但又不一样，不是像我们刚接到一个项目，先制订个计划书，然后按部就班地去实现它。而是倒过来，先问我们的终极梦想是什么，实现它的场景会是什么样子？然后再倒推回来，写出十年、五年、三年、一年的目标各是什么。

导师让我们整整花了一个下午来做这件事，而且建议我们不要待在教室里，走出去找一个角落跟自己对话。一开始我还半信半疑，觉得有点故弄玄虚，但还是照做了。走到花园里，对着那条小溪发了会儿呆，写了一首英文长诗，后来还被邀请去夏威夷的国际狮子会跟前辈们分享。

Everyone Is a River

2016.10

Time, is like a river
It keeps going, one way, and never stops
It carries and buries
Life, is like water
Of different color, shape, quality
Different saltiness and sweetness
It can be used for many different ways
And recycles itself
This is my life of my time
So I am —
My river

For this moment

I am out of the time

Watching myself

I stand right next to the river

Looking to my left

I couldn't see very far

But I kind of know what's down there though

Cuz I was from there

Distance is like memory

When stretches

It becomes vaguer

When I move my eyes closer

I see many rocks

Some big and some are smaller

I still recognize them

This one is the hospital

That one is when I was so convinced that I was a loser

You see the dips?

They were the down days

Or just moving to another place

You hear the splash?

That could also be applause

Not all of them are mean jokes and laughter

But anyway they are on my left

Left behind

That's why compared to ten years twenty years ago

They all seem much smaller

Now I focus on where I stand
Still a few rocks, randomly scattered
I flow over them when they are small enough
Leaving a bit of wrinkle on the surface
If they are big
I go around them
Maybe from the left, maybe right
Or I squeeze myself through two giant ones
Making a bigger splash
Moving faster
However it works
Of course I don't always move fast
I can't
When there's no rock
I enjoy the peace and the slow flow
So I can actually see the fish
Water lilies, tadpoles
Are those two frogs making love to each other?
What are you looking at
My little raccoon friend?
So many things
So alive
Catch them

Before they move to your left

Without knowing
I am already looking to my right
Is present that short?
I am afraid it is
The future seems even farther
But as vague as the past
As many rocks as I can predict
Many uncertainties
Even dangers and scare
It gets so scary sometimes that I have to look away
Hah, there, the sun, the sky
The cloud
Some are white
Some greyer
The grey ones look not as pretty as the whities
But they're actually what make the river bigger and stronger
When clouds above
It looks bit shady and not as happy
But it surely makes the next sunshine even shinier

Finally I step back
Let the whole river in my eyes
And in my ears

It's beautiful
Green, curvy, abundant
Cheerful, relenting, mysterious
And after all, regretless
That's why I love it
The way it is
And this is my river
Where is yours?

写完诗，改了几稿，一个下午就没了。但一首诗并不能顶作业呀，于是又花了半个多小时，在下课之前匆匆完成了我的展望，和几个N年计划。就像对待二十多年来做过的几万篇作业一样，当时交了作业就当是完成任务了，根本没有去细想为什么要做，做完之后又怎样，老师也没问我。

后来写书的时候整理旧文档，竟翻出了这篇文字，读完之后我一身冷汗。距离这篇作业整整十年，我发现过去的这十年里，我竟完完全全在照着自己当时做的展望、制订的计划走，而且基本实现了那些中短期目标。直到这一刻，我才明白导师的良苦用心，并从此对他所说的Power of Envision（展望的力量）深信不疑。

教这门课的Nick Barker是我最喜欢的一位导师，英国人，一看就是那种经常思考的人。他的话不多，提问的时间远多于他讲课的时间，而且他总有本事把我们问得一愣一愣的。比如他会问我们每天花多少时间只做思考这一件事，会问我们想没想过死的时候会给这个世界留下些什么。要不是没剃光头、没披袈裟，他真的特别像寺庙里的方丈，我总担心他有一天会真的拎一根棍子来教室棒喝我们。

有一次，上课已经十分钟了，他还坐在讲台上一言不发，似笑非笑，与我们面面相觑。大家被他看蒙了，做了各种猜测，但是无论我们说什么问什么，他都不理。最后大家实在忍不住了，只好开始行动起来，选出代课老师和班长，自己组织课堂，自己选出话题，自己分组展开讨论。

后来Nick带领我们反思的时候，我们才意识到，原来今天的学习内容就是“领导力”最核心的东西：它如何形成？如何发展？如何自我约束？如何互相监督？如何制订规则？如何在集权和民主中找到平衡并产出效能？还有什么比这更好的体验方式能让我们深刻理解领导力并终生难忘呢？领导本不是等待别人指派任务，也不是按部就班。

Scott Macleod是我们的第二位导师，加拿大人，脑筋转得快，说话也快，每次他一开口，我总得张着嘴仔细听才跟得上，可一旦跟上他的节奏，就会发现他是如此幽默，绝对是脱口秀的料子。他主要负责带我们练习表达、演讲，组织我们讨论各种话题，教我们写简历等。但印象最深的还是去他家临海的大院子烧烤，大家喝得酩酊大醉。

在这半年里，我们经常被分成各种学习小组，完成不同的项目。但其中有一个组是最固定的，要共同出成果，还要在越南的东西方中心年会上做报告。我们小组七个人，来自七个不同国家，都有不同的职业背景。我们为这个组取了个很有力量的名字——MANA[①]。我不知哪里来的勇气和灵感，竟独自完成了我们组logo的设计，以下是我的设计构思：

向上开口的螺旋形状同时代表了APLP G6（第六届亚太领导项目）

① 在大洋洲诸语系中被普遍使用，被认为是无人格的力量，等量地存在于人类、动物甚至是非动物当中，被视为构成魔法的基本要素，同时也是灵魂的组成成分。

中的“G”和“6”——第六届亚太领导项目；加了七色光芒表达了我们的口号——“让阳光把你晒黑”；彩虹七色代表夏威夷，也代表来自七个国家的七个组员，亦象征着多元文化；波浪线既是山，又是海，代表了夏威夷的山海地貌；在不对称位置的两个点代表个体之间的差异，并与波浪线一起拼出组名MANA；每个成员都拥有不同的波浪颜色，只有当所有成员都同时穿着这件衬衫时，才能显示出团队的力量和活力。我还买了立体荧光颜料，并设计了镂空塑料板方便大家各自完成黑色T恤队服的绘制。

自从Nick 那天问了我们“死后会留下些什么？”之后，我常常忍不住去想这个问题。对啊，人这一辈子，说长也短，聚少离多。无论我们多要好，这个项目结束后，大家还是会各奔东西，无论我们多长寿，最后还不是一抔黄土。人散了之后，还有什么东西可以让我们保持联系？死了之后，留下什么东西可以让我不被遗忘？

我冥想了几天，我写出了一个计划，名字就叫Legacy Project（遗产计划），我希望成立一个基金，由我们G6的全体学员共同发起，共同筹款，共同决定款项的用途。因为当时我们都是学生，没什么大钱可捐，于是我又想了一个办法，搞了一个Action Auction——行动拍卖会。很多人认为“赚了大钱才能做慈善”，而我始终相信，只要你有这个愿望，现在就可以做到。

I am one, but still I am one; I can not do everything, but still I can do something; I will not refuse to do the something I can do.

——Helen Keller

（我是一个人，但我已经是一个人；我不能做所有的事，但我仍然可以做一些事；我不会拒绝做我能做的那些事。

——海伦·凯勒）

四十六个来自于不同职业、不同文化背景的人，我坚信每个人都有东西可以分享，可以贡献，可以出售。我抛砖引玉：有七个人以每人十二美元的价格买走了我的家宴；有两个人以十五美元一幅的价格买走了我私人定制的书法作品；还有四个人以四美元每位的价格买走了我的中国电影和零食之夜。

同学们没有让我失望，在充满了欢笑的拍卖现场，二十七位学员贡献出各色服务——按摩、烹饪、摄影等，各种课程——冲浪、饺子、外语等，最终全部被买走，再加上几十件Silence Auction的所得，总共筹款一千五百多美元，远远超出我的预期。

但比筹到款更让我备受鼓舞的是，我收到了近四十封来自老师、同学、嘉宾的信，感谢我组织这么有趣而有效的筹款活动，做如此有意义的事情，把通常只有富豪可以做的fund raise变成了任何人都能参与并贡献的fun raise。

Monique和Christina是往届学员，也是我们的辅导员，负责带我们走出课堂。他们带我们去了奥巴马总统的母校，也是夏威夷最好的私立学校——Puhahou School；去了Kahuku 学校做义工，帮他们刷墙；去Molakai岛上参观麻风院遗址；去冒险农场做团建；还参观了那艘世界闻名的Hōkūle ‘a[①]，听船长讲他不借助任何现代工具，只凭看星象辨识方向

① 一艘波利尼西亚风格的双壳体航行独木舟，1976年它完全只依靠波利尼西亚古老的导航技术完成了从夏威夷到塔希提岛的航程，这让它声名大噪。

的航海故事；也参观了夏威夷之外、纽约联合国总部的会议室，在参观完华盛顿著名的Brookings——教育智库后，我写下了一首中文诗：

欢乐场里的人生思考

2006.10.26

华盛顿周三的夜
著名的18街音乐座
乐声穿透街坊的窗户
和我的耳膜
空气中飘着烟草和草
还有欲望的味道
人群中的眼神契默
即使萍水一晚
冲淡城市的冷漠
狂舞的人不知疲倦
好像在试图抖脱
一身枷锁
不论老少男女
各自寻欢
企图让靡醉
无限制的加倍快乐
蒸发掉烦恼
忘记尘世生活

突然

我却开始冥想

仿佛与他们完全隔开

独自据着一双鞋跟的角落

往事

在烟头的明灭中闪过

未来

伴随着不可描状

让我不知所措

我无法解释

为何会在声色犬马中

想到拼搏、事业和承诺

同伴开始担心我的沉默

我却微笑

无酒精的快感

振奋我的全身

如中了魔

最长的一次远足，我们去了越南， 待了整整三个半星期，几乎走遍了越南的所有重要城市：魔都西贡（我觉得比“胡志明市”念起来有感觉），越南的首都也是最没特色的城市Hanoi（河内）、安静祥和的古都Hue（顺化）、有“东方小巴黎”之称的“裁缝之乡”Hoi An（惠安）、有长长的细沙滩的海滨城市Nha Trang（芽庄）、越南第二大港口城市Da Nang（岘港）和风景如画的Da Lat（大叻）。

越南之行，是我第一次用双脚丈量一个语言不通的国家，也是第一次用行走的方式去读懂一个国家，更让我第一次深刻理解：学习不一定要在课堂里。也是从那次起，每到一个陌生的国家，陌生的城市，我就会以“××印象”为题，用配图随笔的方式，记录我的“行走课堂”，并养成了这个习惯。

我们这个项目的毕业评量不是论文，也不是考试，而是一个portfolio（作品集），其中记录了从项目开始的计划和憧憬、每个人自己的规划和各个阶段的自我评估、不同课程的作业和作品、野外考察的照片和笔记以及随时的自省和汇报。

虽然这不是一个严格意义的学历教育，甚至连最后的毕业证书都没寄到我手里。因为在越南考察，我错过了夏威夷大学的毕业典礼，却没觉得损失什么。一纸文凭，和那些我在常规课堂里学不到的宝贵财富相比，不值一文、学历教育里那些命题知识的无效堆积，比起在田野间获得的体验式学习的效果，无足轻重。

纽约 纽约

纽约　纽约

1 

哈林的小强

夏威夷，无论是气候、文化、饮食、服务都是无可挑剔的，很多人选择来这里养老。对于那些酷爱水上运动的人来说，这里也是难以割舍的海域。如果可以，很多人可能一辈子都不会离开。我就有一个朋友，自从学会了冲浪，每周不冲一次浑身发痒，无药可医。小鸟依人的她最后嫁给一个长宽高都是她两三倍的萨摩土著，乖乖隆地咚，真担心她老公睡觉翻身会把她压死。

但对于年轻人，尤其像我这种不安分的年轻人来说，夏威夷太安逸了。往沙滩上一躺，很难不把壮志雄心搁置到明天；瓦胡岛也太小了，在超市总能遇到熟人；檀香山离哪里都太远，往东到加利福尼亚州要飞六个小时，往西到上海要飞十个小时，就算花一百美元打飞的到其他岛屿上，看到的还是一样的沙子，一样的棕榈树。

还有一个说出来会遭人骂的理由：这里天气实在太好了，终年温度在二十到三十摄氏度之间。但即使是天堂才有的风光，如果天天阳光明媚，也难免会疲劳，皮肤都感觉乏味了。四季各自为景，交替成趣。没有凋零，就不会欣赏繁茂；没有失去，就不会懂得珍惜。

到了第三个年头，我染上了严重的Island Fever[①]，迫不及待地想逃离这个太平洋上的孤岛。我甚至开始怀念上海的冬天，在没有暖气的浴室里洗澡，不舍得事先撒尿，因为不靠着这股自产的小暖流，根本不可能撑到水管变热，盼望钻进软软暖暖的羽绒被里，盼望第一朵雪花落在鼻尖上，长长的围巾被风吹到另半张脸上；盼望蝉声渐弱，秋风渐起；盼望树叶穿上五彩的霓裳，在空中跳一段芭蕾，落在我咖啡色的高帮皮鞋的鞋面上。

于是，二〇〇六年的平安夜，我告别了彩虹之州，搭上一班几乎没人的红眼航班，从檀香山飞到了大苹果[②]（纽约）。当飞机在拉瓜迪亚机场低空盘旋时，我看到了窗檐上未消的积雪，看到了炫彩流光的不夜霓虹，也听到了自己喉咙里生生咽下去的兴奋的尖叫声。

来纽约并没有太具体的期待，只知道这是一个有季节变化的移民城市，有很多人和人种，有很多好吃好玩的，有很多善恶和美丑的地方。上海被称为“中国的魔都”，但是跟全世界的魔都纽约比起来，魔性还差得远。我上中学时有一部红遍中国的电视剧《北京人在纽约》，生动描述了二十世纪九十年代初，华人移民在美国生存的悲欢苦乐、人情冷暖。它每一集开场都有一段英文独白，我至今记忆犹新：

---

① 并不是热带高烧，而是一种心理疾病，通常会发生在那些被困在夏威夷岛以及其他岛屿的穷人身上。

② 一九二一年《纽约晨递报》的一位作者 John J. Fitz Gerald 在赛马场跟来自新奥尔良的黑人马夫聊天时，得知他们对于有机会来到纽约兴奋不已。在他们眼中，纽约是个遍地黄金且充满机会的地方时，于是他就以“大苹果（he Big Apple）”来形容纽约，意思是既好看又好吃，人人都想咬上一口。

If you love someone, send him to New York, cuz it's heaven, if you hate someone, send him to New York, cuz it's hell.

（如果你爱一个人，就送他去纽约吧，因为那里是天堂；如果你恨一个人，就送他去纽约吧，因为那里是地狱。）

当时年纪小，并不能完全理解所有剧情，也没有足够的生活阅历去验证别人的思想，只是听到这句话时莫名感到震撼，就像第一次看到过山车时的那种又想又怕的感受。直到离开纽约的那一天，才有了一些自己的理解，在某些句子下面画了红线、添了注脚。

我来纽约也没有太明确的计划，只知道自己OPT[①]的城市充满了不确定和无限可能。有人生来就喜欢稳定，最好大学还没毕业就知道自己在哪里退休。而在我看来，一眼就望得到头的地方，无论多美好，都算是打了折扣。

从夏威夷回来之后，我才发现自己一发不可收拾地爱上了多元化（Diversity）。不光是族群和文化的多元，也包括生活方式的多元。在纽约你可以穷奢极侈，也可以用低廉的生活成本活得潇洒而有尊严。而且，在这个摩肩接踵的城市，你撞到工作和邂逅贵人的机会也多很多，所以我确信它是一个比夏威夷更容易活下来的地方。当然，冬天露宿街头是不行的，我身上连根火柴都没有，所以得先解决住宿问题。

和所有漂泊的中国人一样，到陌生地方肯定先得投奔熟人。不像现在的孩子，一言不合就开房。我们那代人，酒店好像从来都不是第一选

① Optional Professional Training，是美国移民局授予持F-1签证学生在校外工作的许可。留学生在拿到学位后在相关领域进行短期实习，并借此机会找到一份全职工作。有效期总计为十二个月，且同等学位只有一次机会。

项。我北大同系的师姐黄兆旦，也是我最亲密的朋友，当时在全世界一流的师范学院——哥伦比亚大学Teachers College（教育学院）攻读国际教育博士，我就先到她那儿落脚。

因为有大件行李，不得不打车。我来美国三年多了，这是第一次打车。因为实在太贵了，计程表上的数字跟中学体育老师手里那块可怕的秒表一样转得飞快，红灯都不带停转的。你不想看它又忍不住去看它，眼瞅着一盒果汁没了，一个汉堡没了，一桶豆油没了，心疼到你最后只能转脸去看窗外。

不情不愿地给足15%的小费①，怕给少了被黑人司机追着打。是的，我那时候还没完全褪掉种族主义外壳。厄巴纳—香槟几乎都是白人，夏威夷多是亚洲面孔，但一到纽约，深色人种的数量瞬间多了起来，尤其是开出租车的。

坦率地说，黑人在五官、身材、毛发、尺寸上跟我们黄种人确实差别最大，有时候难免让人心生恐惧。明明知道黑人不都是坏人的道理，但也多多少少会受媒体的误导产生一些刻板印象。曾经有一次走夜路，一个帽兜遮着半张脸的黑人小伙子，应该是碰巧跟我同路好几条街。于是所有电影里先奸后杀的恐怖画面都涌现出来，我情不自禁地加快脚步以至于最后狂奔起来。事后想象自己狼狈的蠢样子和小伙子的感受，又非常自责。

其实种族歧视是天性，是人性，需要主观努力才能克服。亚洲虽然饱经战火，但大部分是单民族的国家，对外来族群都多少怀着点敌意和

① 在美国，小费不是可给可不给的，而且有基本的数额规定，不是随心所欲的，通常在10%~20%之间，通常餐馆侍应、出租车司机、理发师等服务人员基本工资微薄，全靠小费维持生计。

警戒心。比起本来就是移民国家的美国，种族歧视要更严重100倍，而且是根深蒂固的，不会因为国家政策或法律而轻易改变，只是发作的机会和被报道的次数不像美国那么多而已。

尤其对于我们父母那代人来说，女儿要想嫁个黑人老公或者儿子要娶个日本媳妇都意味着与整个家族你死我活的斗争。我有个朋友的妈妈更可笑，愣说女儿带回来的拉丁裔的男朋友也是黑人。我后来交了很多皮肤颜色重的朋友，只能说每个人种都有脾气好和脾气不好的人、心眼好和心眼不好的人。

兆旦的房子恰好就在学校边上声名狼藉的哈林区，美国有那么几所名校都坐落在城市治安最差的区，让很多学生和家长在申请时患得患失。比如芝加哥大学、南加州大学、伯克利大学，大家在中国都常看到打劫、谋杀、醉驾之类的负面新闻，也难怪父母会担心。

哈佛大学也好不到哪里去，UCLA（加利福尼亚州大学洛杉矶分校）据说校内治安是最差的，弗吉尼亚理工的枪杀案世界闻名，UIUC（伊利诺伊大学香槟分校）女生被先奸后杀。最近几年，个别富二代、官二代穷奢糜烂的生活又把暴力罪行的矛头引到了被误认为“都很有钱”的中国人身上，让其他无辜的中国留学生遭受池鱼之殃。

虽然哈林区并没有传说那么可怕，尤其是布隆伯格（Bloomberg）市长上任后，纽约的治安得到了极大改善。但天黑后不在街上独自行走是生存常识，不穿无论真假的大牌衣服，不戴bling bling①的珠宝，不刻意

① 很多首饰戴在一起会发“bling bling”的声响，原本作为拟声词的“bling bling”，后变成了流行用语，用来形容造型夺目、闪亮、炫丽、夸张的首饰，多用于贬义，以此嘲笑以黑人为代表的喜欢浮夸廉价首饰的群体。

炫富攀比是留学生该遵守的“求生法则”。

虽然对曼哈顿寸土寸金的房市早就有了思想准备，但走进兆旦与人合租的家，还是被吓了一跳。推开卧室门就是床，床边也基本没有落脚的地方，得直接爬上床。我忍不住戏谑了一句：“哟，到了纽约变东北人啦？进屋上炕？”

我睡的客厅反倒宽敞些，但是厨房里满地乱爬的小蟑螂让人不敢睡得太死。因为客厅、厨房和厕所全是共用的，同屋的那对小夫妻特别斤斤计较，对我这个降低了本来就不宽裕的人均面积的不速之客，唇齿间免不了多了些“啧啧”之声。再没眼力见儿的人都知道“落脚”的时间是有上限的。再加上每天晚上“与螂共舞”，无论兆旦介意与否，我都知道此处非久留之地。

还没有工作的人，最好别住在曼哈顿，哈林区都贵成这样，其他区就可想而知了：中央公园两侧的上东区、上西区都是动辄几百万美元的老贵族豪宅；苏荷区、切尔西区、格林尼治村是时尚新贵们的地盘；Mid Town是繁华的商业区，物价自然高；Downtown最特别，当华尔街西装革履的金领、白领下班回家后，这里瞬间变成毒贩子、瘾君子、失足女和流浪汉的地狱天堂。

2 

皇后的四菜一汤

虽然曼哈顿每天都在上演光怪陆离的精彩，但对于一个穷学生来讲，解决生存问题才是当务之急。纽约是世界上为数不多的二十四小时开通地铁的城市，只是时间越晚，班次越少，午夜后可能要一个小时才有一班列车。年轻的时候都爱去夜店，也会有喝到傻傻分不清“纽约的火车往哪开呀？”[①]的时候。

好在除了高不可攀的曼哈顿，纽约城还有四个行政区（borough）[②]：皇后区、布鲁克林区、布朗克斯区和史坦顿岛。除了有一次在地铁里睡过站了，我从没去过北边的布朗克斯，感觉就像木法沙

---

① 我个人蛮喜欢的一个行酒令的游戏，每个人先各自选一个城市，最好是两个字的，发令人先喊：XX 的火车就要开呀，大家齐声喊：XX 的火车往哪开呀？发令人一边说出：往 YY 开呀，一边用手指向一个并不是那个城市的人，谁说错了喝酒。为了加大难度，可以在几十轮以后交换或替换城市名。

② 大都会才用得到的一个行政区概念，跟“区”有点像又不完全一样，有独立管理所在地学校的权利。

告诉辛巴的禁地；窄成一根粽子针的史坦顿岛在我眼里是个交通不便的旅游区；做家教时有个学生住在布鲁克林，此地给我的印象不错，据说越来越多的雅痞、文艺青年愿意搬去自由、慵懒的布鲁克林，美剧《破产姐妹》的粉丝们应该会明白为什么，更何况它还有长长的海岸线以及科尼岛。

有人说美国像个大染缸，无论你从哪个国家来，最后都会被刷上星条旗的颜色。也有人说纽约像那道东北名菜乱炖，各地的人带着家乡的味道被丢进去一起煮。时间久了，就连通常只能凉拌的“心里美”小萝卜都不再爽脆，沾上了美国人杀牛不放血的肉腥味；个头再大的美国土豆也难免渗进了唐人街独有的油炸葱蒜末儿的香味。

我对这两个比喻都不大认同，在纽约住过的人都知道，其实华人买活杀鱼还是要坐7号线坐到终点站，去法拉盛；韩国人吃大肉、买大米、喝大酒只去韩国城；纽约的日本人聚居地规模虽小，但很集中；小意大利、小印度也都是本族人聚居的区域。其他国家的人，包括来自五湖四海的游客，也就是偶尔去尝个新鲜，看个热闹。

在我看来，纽约更像一盘沙拉，虽然芝麻菜（arugula）和生菜纠缠到了一起，但你细细咀嚼，各自还是各自的味道。虽然圣女果的汁液已经渗进了面包干（crouton）[①]和臭奶酪（blue cheese），但如果你试了几次还是不喜欢那种发霉的味道和发霉的颜色，你还是可以把臭奶酪拣出来不去吃，并不影响你享受其他食材。

① 通常是当天没卖出去的新鲜面包被切成小块，烤成硬硬脆脆的小干面包疙瘩，考究点的会撒上不同的香料，如迷迭香（rosemary）或者小茴香（dill），洒在沙拉里增加趣味和层次感。

早已超越布鲁克林成为纽约第一大人口区的皇后区，就是这样一盘沙拉，而且是全世界食材种类最多元的一盘沙拉。最后我选择在地铁R线上的埃尔姆赫斯特站附近找房子，主要就是因为那里有华人和其他很多种族的聚居地，但又没有像法拉盛那样清一色的汉字招牌，让你误以为穿越到了二十世纪八十年代的广州。

我必须向Craig’s List致敬，对于我这个九年换了十三个城市，搬过无数次家的穷学生来说，这个非营利性网站是我在美国登录最频繁的网站。这是一个几乎可以买到任何二手东西的交易平台，我甚至见过找二手男朋友的广告，“58同城”和“闲鱼”的概念可能最早就源于此。它的页面极简，多少年没有变过，没有任何花哨的设计，非常少的广告以维持运营。

花了一个多星期，我在Craig’s List上找到一个满意的住处。在埃尔姆赫斯特吃东西，选择多而且便宜，我家楼下不远处就有一个食堂式餐馆，只要花5.99美元就可以吃到四菜一汤。大师傅的手艺还真不错，长长的一溜保温食盒，有二十几个。菜式南腔北调，配色方案都很讲究，每一道都能让你胃口大开。

只要你可以扛过八点，就只要2.99美元了。老板娘也是个好心肠的东北人，大雪天见我七点五十还在寒风中跺着脚苦捱那最后十分钟，就拉开门叫我进去。每次看到穷凶极“饿”的我把菜堆成小山，她也不生气，只是充满爱怜地朝我会心一笑，但我亲耳听见过她数落伙计添菜不用添那么勤快。

也许不是每个人都有我这样的待遇，因为我知道能用一张纸巾我就不会用两张，吃完饭，用纸巾抹完嘴之后会顺便把桌子上的饭粒儿也抹了；就算没人要求，也顺手把空盘子端走；离开之前除了谢谢，再多一句“这狮子头比我妈做的还好吃！”。说这些恭维话，不是为了要占点儿便宜，而是发自内心地为能在异国他乡吃上一口平价的家乡饭而感恩。

这场景让我温暖地想起我青梅竹马的闺蜜叶磊，读中学的时候，她每天会带我去她妈妈单位的食堂吃午饭。叶磊妈妈和那些阿姨们都非常疼我，我去北京上大学的行李箱，还是经理阿姨给我买的。他们象征性地收了我一点点钱， 给我的一勺相当于给别人的两勺。天气不好的时候，叶磊妈妈还会把饭放在保温食盒里带来学校，坐在一旁笑眯眯地看着我们狼吞虎咽地吃完。

我的房间在一幢旧公寓的一层，虽然有些阴暗，但很宽敞，也可能是根本没什么家具的原因。床垫子也是路边捡来的，但不软不硬，睡上去很舒服。老式的公寓，窗子有点漏风，暖气不是很足，晚上水管里偶尔发出的声响会让人不寒而栗。

冬天，我急需把这间屋子的色调调暖，光把白炽灯换成可调节亮度的黄色灯还不够。从云南带来的几块巨幅蜡染布终于派上了用场，我把它们挂在惨白的墙上，铺在有破损的桌子上。这是跟我北大学生会的大哥董关鹏学的，他当年在北大小南门儿对面胡同里租的破民宅被他用简单几块布收拾得特别雅致，那是我第一次看到布料还可以用几根竹竿挂成波浪状的穹，挡住斑驳丑陋的屋顶。

找一个周末去好一点的街区留意谁家有garage sale（车库拍卖）[①]。这并不是只有穷人才做的事情，它体现了人们对每一样东西的珍惜和尊重，与中国“物尽其用”的传统美德不谋而合。中国人可能

---

① 美国的车库也是堆放杂物的地方，周末的时候，把车库门打开，把家里不用的东西贴个价签就地卖掉，在马路边贴一个醒目的牌子，招徕过路的人。在美国的西海岸，大部分家庭有院子，也叫 yard sale。

是以前穷怕了，所以现在特别喜欢占有东西，尤其是簇新的东西，房子、车子、家具、玩具、书、老婆。而以美国人为代表的一些西方环境保护主义者，正努力掀起资源回收利用的潮流，以减轻地球越来越严重的垃圾消化压力。

这也是一件很适合让孩子参与并从中受益的家务事。大一点的孩子可以帮父母一起整理旧物，参与决定留下还是割舍——学会选择和放弃；也可以负责定价——学会理财和估价；还可以负责销售，一边看书一边等着可能的买主，不浪费时间，还学会了责任、沟通和经营，顺便把零花钱也挣了。

淘来的旧货里，我最喜欢的是一把用两根长木棍、五根短木棍和风干的牛筋扎成的木梯子，可以挂当天脱下来不用马上洗的衣服，还可以吊一些俏皮的小饰品。即使不挂任何装饰，纯纯的木色，天然的弯度，也自成一景。

打印些自己拍的风景照片，镶到二手大镜框里，挂在墙上或斜倚在地上。再买些便宜的花瓶，把风干的玫瑰插进去，或用秋天掉落的松果堆满它，再点几根有香气的蜡烛，房间马上就温馨起来了，区区几十美元，格调不会输给苏荷区的咖啡店。

我的室友，也是我的二房东，是个韩国人，来纽约考律师执照。可能是职业的关系，做事中规中矩，签协议一板一眼，也没像很多二房东一样要占我便宜。为了让我多出点钱，他宁愿自己睡客厅，用一个大衣柜挡上进口，再挂一道厚厚的帘子，算是有了私密空间。他特别不爱说话，我几次招呼他一起吃饭，他一次也没赏脸，情愿自己吃泡菜泡面，我就不再勉强。

3 

民间外交官

兆旦不单在生活上给予我各种帮助，更是想尽办法提供各种机会让我能尽快养活自己。她自己一边读博士，一边在China Institute（华美协进社）[①]工作，负责教美国孩子学习中文。在她的举荐下，我开始重操旧业，成了一名汉语老师，而且在接受了夏威夷大学硕士课程的系统培训后，做起来更得心应手。

那段时间，正值孔子学院席卷全球。一般情况下，一个城市只有一个孔子学院，但纽约是唯一的例外。除了华美协进社之外，还有Hunter College，配合Asia Society 的StarTalk项目，在曼哈顿掀起了一阵小小的"中国热"。很多美国高知家庭纷纷把混血的或纯白的孩子送过来学中文。

① 华美协进社（China Institute）是1926年由当时纽约哥伦比亚大学著名教育学家约翰·杜威、孟禄（Paul Monroe）和中国知名学者胡适、郭秉文等共同创建的非营利民间文化机构，旨在通过各项教育与宣传活动，来介绍中国文化与文明，增进中美两国人民的相互了解。

提到学中文，就不得不提由来已久的“简繁之争”，为此我专门做了一些观察和研究，从纯学术的角度，提出了一些思考和主张，希望双方抛弃成见，走出理解误区。

第一，我不同意“正体字”的说法，正的反面是误、歪、反、副、偏、假。繁体字和简体字才恰到好处地解释了二者的区别。同样，英语翻译也最好使用Complex，而不是Traditional，因为简体字很多是根据比繁体字出现更早的草书演变而来的，所以要论年纪，简体字也可能更“传统”。“众”字在甲骨文里就这么写了，所以谁比谁更传统真的不好说。

第二，很多繁体字确实更能诠释事物本身，比如象形繁体字“塵”—— 一头小鹿在土路上跑过，扬起尘土，多么美丽的故事，有助于学生记忆。但会意简体字的“尘”也有它的科学性，小土为尘，简单明了。简体字并不都是不讲道理的纯偷懒。同样道理，从一從，众一眾，简体字比繁体字更形象、更扼要地解释了字意。

第三，很多人固执地认为由繁入简易，从简入繁难，所以要先学繁体再学简体。首先，这是一个没有科学证据的主观猜测。为此，我还专门设计了一个小型测试：五十个中国台湾五年级的学生，给他们一百个常用简体字，让他们写出对应的繁体字。同时让五十个中国大陆五年级的学生写出试卷上一百个常用繁体字的简体版。

调查结果是，大多数没经过繁体字训练的大陆学生连蒙带猜地基本能看懂繁体字，但反过来让台湾同胞认简体字则几乎不大可能。这套题做完之后，还有另一套题：把同样的一百个字，组成常用的两个字的词，再次对同一批学生进行测试。这次的结果是，无论是台湾学生还是大陆学生，均达到将近百分之九十的正确率。

那这项研究的结论是什么？首先，如果都靠猜，繁体字更容易。其次，现代汉语是Contextual language（靠上下文语境解读的语言），在现实生活中很少被孤立地使用。

第四，有人担心学了简体字，就没兴趣再学繁体字了。这种担心当然有道理，对此，可以通过教学活动提起学生的兴趣，而不是靠强逼。但是当吃饱饭都成问题的时候，谁还有心思想怎么做鸡肉更好吃？电暖器发明之后，取暖变得非常方便。但到了圣诞节，人们还是会燃起烧木柴的壁炉，制造过节的温馨气氛。所以简或繁不是一个非左即右的单选题，喜欢练书法、读古籍的人自然需要掌握繁体字。但学习的基本规律是从简到难、循序渐进。我亲眼看见一位一年级的学生，可怜见的，别人考卷都做了一半了，她还在吭哧吭哧写自己的名字——龔樂雲。有时候同理心可能会使人更理智。

第五，除了阿拉伯语被板上钉钉地刻在了《古兰经》里，简化几乎是其他所有文字的必然趋势。汉字经历了从甲骨文到楷书几千年的演变，很多简体字直接来自于草书，如专、乐、无、为等，论朝代还早于正楷。

第六，简体字减少了不必要的一字多形，比如里（裡 裏）、发（發 髪）等，更科学地整理了占汉字主体的形声字的现代发音及其字形，能帮助学生更快地掌握汉字的奥妙和规律。

第七，简体字更容易推广普及，有利于推动文明的进步。再说到效率，中国如果没有把汉字简化些，怎么可能在短短五十年（1949—1999年）里，把80%的文盲率降低到6%。而我们现在的挑战是在没有语言环境的美国学中文，尤其对于没有汉文化家庭背景的学生来说，是有类似于扫盲般的难度和挑战的。

第八，繁体字出版的书籍大多是竖版的，而简体字一律是横版的。读竖版的文字，人的脑袋不由自主地上下摆动，无意识间就容易认同、盲从。而读像英文一样的横版文字的时候，脑袋是左右摆动，无意识中就是在质疑、挑战。这个观点虽然并没有真正科学的根据，但是听上去也不无道理。

说了这么多，并不是要得出简体字和繁体字哪一个更好的结论。繁体字更大程度地传承了中国人的文化基因、蕴含了华夏文明的密码。中国书法用繁体字写比简体字要好看得多，也更好写一点，笔画更容易找到平衡。尤其是草书、行书，必须从上至下，才有气势、有节奏。所以，繁体字一定丢不得。

那么我的态度到底是什么？以及如何实现呢？具体操作起来可能需要很多因地制宜、因材施教的灵活性，但有几条大原则需要把握：

第一，在低年龄段，必须培养学生对中文由衷的、可持续的兴趣，而不能粗暴地采用“棍棒”式教学法，学生一旦产生抵触情绪，以后就事倍功半了。

第二，真正被简化的汉字比例上只占百分之二十到三十，其中还包括偏旁部首的简化。所以，繁体字和简体字之间的差别本身并非水火不容，而是你中有我、我中有你。繁体字和简体字是我们大人给定的义、分的类，在小孩子眼里，只有难写的字和更难写的字。

第三，有效的文字习得来自于阅读，而非字典。既然我们已定下目标——希望孩子们将来能识简认繁，那么唯一需要做的就是大量持续有效地输入。只要是好书，不用管它是简体字还是繁体字，都可以拿来看。

第四，顺应时代潮流，适当调整学习目标，比如把“默写”的要求变成“打字”，把繁体字的“会写”变成“会认”，也是有必要的（以上论点只适用于对外汉语教学，母语教学另当别论）。

语言和文化不分家，除了教语言本身的乐趣之外，给老外讲中国文化也是既自豪又开心的事。我通常会在备课计划之外留一些时间随堂发挥，无所不谈。有些敏感的问题，终于没躲开，有一天一个学生就在课堂上咄咄逼人地问起我对西藏和台湾的看法，我当时就蒙了。

我那个时候还没去过西藏和台湾，对这两个如此敏感的问题其实还真的没做过什么功课和研究，我很不愿意去聊那些我没有一手信息和完整认知的话题。

在当时那个情势下，下意识地去维护一个国家的尊严和主权完整是本能的反应，我还算机智地反问了他几个问题：你去过西藏吗？你了解西藏人民的真实想法吗？你有去过台湾吗？ 我还反问了他对美国霸占夏威夷[①]这件事的看法。 这样的回答让我听上去更像是一个油滑的外交官，但至少成功地堵上了他的嘴。

从那天之后，我反倒有了一种迫切希望多了解自己国家的想法，利用我在美国所能获得的更丰富的讯息和资料。虽然我也失望地发现美国的媒体并没有我想象的那么干净独立，也从某种程度上服务于统治阶级，美国的记者也并没有我想象的那么客观中立、不可能被收买。但是不同的信息带给我不同的视角，也让我有了怀疑精神，以及不偏听偏信的免疫力。这对于一个正在探索世界的年轻人来说，是极其珍贵的礼物。

---

① 夏威夷简史：一七七八年欧洲航海家詹姆斯·库克首次发现夏威夷群岛。一七九五年夏威夷酋长卡美哈梅哈统一了整个夏威夷群岛。一八四三年英国政府公开宣称英国拥有夏威夷的主权。一八四九年法国政府宣称占领夏威夷。一八九三年美国基督教传教士率领所有教会成员，推翻了夏威夷王国。一八九四年夏威夷共和国临时政府成立，夏威夷第一个女王也是末代女王被逼退位，由杜亨任夏威夷共和国临时政府的首任总统。一八九八年美国正式将夏威夷合并。一九五九年八月二十一日，夏威夷正式成为美国第五十个州。

我也开始有了自己的批判性思考，并发现自己开始使用一些之前没怎么使用过的词汇和提问方式：

Really?	真的吗?
Who said so?	谁说的?
Where is the statistics?	数据在哪里?
Why?	为什么?
How so?	怎么会这样?

美国的民主固然有它的可敬之处，但两党轮流执政、互相监督的同时也不可避免地互相拆台，造成朝令夕改的混乱局面。最近的一次美国大选造成"疯人治国"的恐怖局面，让人不禁发出感慨：还好中国还没实现一人一票、农民选总统的民主。

每个国家的民主制度有她自己的发展历程和节奏，其他国家哪怕看上去不错的民主制度也不一定就适合中国，尤其是当下的中国，刚刚通过和平、努力、不树敌获得了一些经济发展的成就，为下一阶段的文明发展奠定了基础，我深刻理解并支持稳定的重要性。

也有美国人会大声批评中国的One Child Policy，从"独子政策"这种以偏概全的蹩脚翻译就能看出其居心不良。在这件事情上我寸土不让，作为每天深受人口压力之苦的中国人，冷暖自知。虽然它貌似剥夺了公民的生育权利，但我深刻地理解它的不得已而为之。为了能让中国的土地足够养育中国的子民，为了让地球幸免于人口大国的拖累，相比任性生育的印度，中国人做出了巨大的牺牲。几代中国人没有手足之情的遗憾不说，还有与之俱来的一系列社会问题：比如六个大人对一个孩子过度关注和宠溺的问题，以及再过几年劳动力不足和人口结构老龄化问题，这都是我们自己要去面对的。

而相比之下，美国是全世界最大的负债国——人均负债上千美元，简直不可思议。同时，它也是全世界最大的能源消耗国和环境破坏国——从空调的平均制冷温度和烘干机的数量就可见一斑。不但没有尽到它该尽的义务，还提前占尽了原本属于全球人的资源和便宜。表面上是他们花自己明天的钱、后天的钱，其本质是别人、别国在为他们不负责任的消费买单。

很多西方人因为本国政府和媒体的不中立、不中肯的舆论导向，或自己的孤陋寡闻、井蛙之见，对中国了解甚少、成见甚深、歧视甚重。而基于中国这些年的迅猛发展，以美国为代表的西方国家对中国爱恨交加。以下这段美国前国务卿基辛格的话，挺精确地表述了中美之间彼此依赖又互相制衡的微妙关系。我当年无意中看到，还心血来潮地翻译成了中文：

The ultimate reality is that China is in its own category: too big to ignore, too repressive to embrace, difficult to influence and very, very proud. For its part, America is too powerful to be coerced, too committed to construct a relation with China to need to be.

——Kissinger

（终极现实就是：中国太特殊以至于无法归类，太重要以至于无法忽略，太专制以至于无法同盟，很难影响，又非常非常自豪。而美国就其本身而言，太强大以至于不甘就范，不情不愿地致力于构建与中国的关系却又无法自拔。

——基辛格）

美国著名智库兰德公司也曾发表过这样一篇文章《十年后中国将成

为最穷国家》[①]：

1.中国人不肯承担责任和义务；

2.中国人没有信仰；

3.中国人的政治只有欺骗和背叛；

4.中国人不懂体面和尊敬的生活意义；

5.中国人的价值观建立在私欲之中；

6.中国人执迷于对物质的索取；

7.失败的中国式教育成为世界的笑柄。

距离兰德公司这篇文章的发布，十年早已过去，中国仍屹立不倒，不但没有成为最穷的国家，而且已经成为世界第二大经济体。这是我们每个中国人都扬眉吐气的时代，我们大可以把这份报告甩在作者脸上看他怎么说。

该发泄的发泄，该庆祝的庆祝，我们甚至可以跳起脚来说这些刻薄话以偏概全，但冷静下来细细品读这些批评，其实并不是无凭无据。我们应该感谢兰德公司，我愿意把它当成当头棒喝、灾前预警，先不要破口大骂。有则改之，无则加勉。说起中国人的时候决不能用第三人称，中国人不是别人，中国人正是我们自己。

任何一个国家的发展壮大都是一个艰苦卓绝的过程，更何况从战火和废墟里站起来的中国。一个近十四亿人口的国家在短短六十多年可以发展成这样，政府肯定还是功大于过的，外人无权指手画脚。但同时我

① 兰德公司后来辟谣说这篇文章只是一位员工的个人观点。

们也不会否认中国问题还很多，要想重现大国几百年前的傲世辉煌，还需几代人的努力。

每一个留学生在国外，大部分时候，爱国主义情结是油然而生的，不需要太多的引导和教授。而且不管你想不想，你都已经担起“民间外交官”的角色。别人不会记得你是张三李四王二麻子，只知道你是一个中国人。因此，我们不但要规范自己的言行，不给祖国抹黑，更应该不遗余力地在不了解真实情况的外国友人面前据理力争，向他们呈现一个现代的、进步的、成就大于问题的真实中国。

4

卖艺不卖身

因为我嘴甜、活儿好，名声很快就传开了，成人部的负责人也听说了，问我要不要去教大人。其实成人课更容易教，一般主动花钱来学中文的，学习动力很足。除了教汉字汉语，我也会组织一些中国风的民俗活动，比如包饺子、下象棋、写对联、猜灯谜、打麻将等，正好遂了我出国前立下的心愿——成为一名推广中国文化的民间使者。

从对外汉语这个专业角度讲，我不觉得一周一次一个半小时的中文课能让学生学到什么，尤其对于成年人，除非家里有个中国老婆，最好还像阿福那样有个说话停不下来的上海丈母娘。于是，那些认真的学生就会希望有更高频率的一对一的辅导。兆旦在北大时就是公认的演讲高手，凭着三寸不烂之舌，很快就成了我的金牌经纪人。

她会尽量把那些素养好、出手慷慨的学生推荐给我，我的学生中男女老少什么背景的都有，这对我来说是个全新的挑战：他们中最小的五岁，是双语幼儿园的混血儿；最老的将近七十岁，是华尔街的金融家。其他的还有：纽约最难进的私立学校Stuyvesant（史岱文森）高中的学霸、外交官收养的华裔女儿、尝试拓展中国业务的商业律师、希望儿子将来能跟中国打交道的收藏家、娶了中国媳妇的犹太女婿等。

最好的时候，每周有近十个学生，我奔波在纽约的大小街道和五颜六色的地下通道里，每月七十六美元的地铁通票用得物超所值。最开心的是所有学费都是现金结算，不用交税。为了维护推荐人和自己的声誉，我会不遗余力地用心教课，很多学生后来都成了朋友，在我离开纽约后还保持联络。

兆旦做经纪人有个霸气的理念：天下没有不能教的事。我觉得这是流淌在她血液里的优秀浙商的创业精神，兆旦也是世界著名潜能激发大师Tony Robbins的铁杆粉丝，花了数万美元去听他的天价演讲，也可能是受了他的影响，因为Tony经常煲的一碗鸡汤是：

You either succeed, or you learn.

（你要么成功了，要么学到了。）（没有失败这一说）

有一次一个私立学校想找一个会说英语的中国老师去给他们的小学生上一堂国画课，她竟然问都没问我就答应人家了。我的书法完全都是自学的，没拜过师学过艺，国画更是从来没碰过。她竟然说："不都是用毛笔嘛，会切丝儿就不会切片儿了？"我一下子找不到理由反驳她的"菜刀理论"。离开课还有两周，兆旦说得没错，不会就学！于是赶紧去唐人街买了本《中国画入门》，启动自学速成模式。

其实从教学角度讲，我非常认同"现学现卖"。首先，它体现了教学相长的乐趣和效能，也可以借此来思考"教师到底应该扮演什么角色"：是无所不知、无所不能的知识分发者，还是愿意带领学生并与学生共同学习、终身成长的学习促进者？

再聪明的人也不可能在短短两周内自学成国画大师，但是学生们最需要的可能也并不是国画大师。而且通常真正的大师也做不了老师，至少做不了小学生的老师。那学生最需要的是什么？我带着这个问题，愉快地进入了这个一人分饰两角的“实验剧场”。

通过这两周的自我培训和试错，我甚至大言不惭地认为，自己摸索出了一套更适合给孩子启蒙的水墨课程。它不同于我们经常看到的书画培训班，不是先从执笔姿势开始，也不是从一笔一画照着描横竖撇捺开始。更不会像我小学时的毛笔字课，老师会从后面突袭抽你的笔，直到不能抽出才算过关。

在一个让孩子开口说中文都很困难的母语非中文国度，要让他们掌握一门通常需要几十年勤学苦练才能获得的技能，首先得点燃他们的兴趣和热情，然后才可能让他们持久热爱、自发钻研。我希望孩子们先拿起毛笔，了解毛笔各个部位的特性、毛笔与墨彩之间的关系、水和墨之间的关系、毛笔与宣纸摩擦时的感觉，让他们从写出最细和最粗的一根直线开始。

如果不是害怕砸了经纪人的招牌，我甚至准备好了向学生坦白我跟他们一样零基础。其实学生并不会讨厌老师有瑕疵、有短板，甚至不如他们。他们最不能容忍的是不懂装懂，不接受质疑和挑战，只拿年纪、规矩、权威说话。

很多学院派“大师”把古代拜师学艺的方法，用在一周一小时的兴趣班课堂里，从一笔一画开始教，从基本功开始练。学了几星期还没让孩子碰笔墨，不让他们写完整的字。结果本来寄望于传承中国传统文化的，反倒把孩子们推得离传统文化越来越远。

事实上，我两周自学的收获和体会，对于大多数从来没有摸过毛笔的孩子来说，反倒是恰如其分的启蒙。我先从孩子们的兴趣入手，选了“熊猫”和“竹子”这两个比较容易上手又极具东方色彩的素材。在动笔之前，让孩子们感受毛笔的笔尖、笔锋、笔肚在着墨效果上的区别。

若干年后，我回国做校长，邀请年轻的书法家陈真老师做“驻校艺术家”，为孩子们上水墨书法启蒙课。我惊喜地发现陈真老师也是这么教，而且我无师自通的教学法恰是中国水墨画的精髓。

通过这次彻底挑战自己的舒适区之后，这个世界上就真的没有什么我不能教、不敢教的东西了，无非就是需要比别人早学一点。所以后来我的中国文化课堂又衍生出很多兴趣课程，比如包饺子、包粽子、包汤圆、折纸、篆刻，用的都是这一个现学现卖的套路。

有了一点名声和客户积累之后，偶尔也会被以“民间艺人”的身份请去，给有钱人家小孩的生日派对助兴。因为是中国文化主题的派对，去的还不止我一个民间艺人，还有什么剪纸的、烙煎饼的、卖糖葫芦的、捏面人儿的、吞宝剑的等。为了在卖相上不输给其他艺人，我特意去唐人街置办了一套外国人看不出来，但其实很廉价的唐装。顺便把我的文房四宝也升了个级，除了笔墨纸砚之外，还添置了笔山、笔洗、笔架、镇纸、印台等吸引眼球的小道具。让人一看就觉得这位“大师”果然很专业。

我的工作是当场给每个孩子取个中文名字，再用毛笔写在事先裁好的纸片上。有点文字洁癖的我不喜欢用大卫、约翰、玛丽、伊丽莎白那种音译名，觉得太敷衍而没有创意。汉字博大精深，一音多义，字如其形，是山海般深厚的文化积累，必须得让外国人见识一下。

我通常会先跟孩子们寒暄一下，问几个不会让他们产生压力的问题，尝试通过细节和表情感受孩子的特质，最好再跟他的父母聊几句，然后才确定最适合他气质的汉字，而此汉字必暗合他英文姓名里的一个或多个音节。

同样一个Howard Johnson，我可以让他姓张，也可以让她姓章，

Howard可以是浩瀚的浩、昊天的昊、让她一辈子恨死我的灏，也可以直接连名带姓地叫他庄森豪，甚至可以给他一个叠词小名叫张皓皓。同样一个Rebecca Iglesias，我可以让她姓伊，也可以让她姓夏或雷，可以选睿智的睿，也可以选瑞雪的瑞、锐利的锐、花蕊的蕊。贝字用滥了，就叫夏蓓好了。

有人可能会说我太矫情了，只是在有钱人的社交活动上逢场作戏而已，何苦这么较真。大部分孩子将来都不会用到这个中文名字，这张纸可能坚持不到派对结束就被弄皱弄脏或丢弃。殊不知，我表面上是在为别人服务，但其实自己乐在其中。在中国，名字通常是嫡亲长辈或高人所赐，所以，我觉得被授权给别人家的孩子取名字是一份了不得的信任和责任，必须尽我所能，认真对待。另外，也是希望通过名字的典故，让外国孩子了解中国文化。顺便向老外展示了一下汉字的渊源浩瀚、静水深流。

所以，这个习惯一直坚持下来，后来我在加利福尼亚州做小学校长兼中文部主任，受家长之托也给不少美国孩子取了中文姓名，希望他们长大以后仍然喜欢。我取名字的时候，脑子里就浮现出这样一个画面：有一天他来中国，别人问他中文名字，他字正腔圆地念出来，别人夸他的名字有文化，他开心地笑，别人问他谁给他起的名字，他不无自豪地说："我们校长！"那个时刻，他会想起我，我就会很开心。

5 

卖艺也卖身

OPT最大的好处是你不需要被一家机构绑死，虽然书面上的规矩是你必须做与你所学专业相关的事，但其实也没有强制。而我又是一个对各行都充满好奇心的人，所以只要价格合理、时间合适、有意思、有挑战，我基本都会去做。什么商务谈判口译，老移民看病资料笔译，代表中国家庭跟美国学校沟通，为中国想做出口生意的企业做市场调查，给对中国市场感兴趣的美国企业家讲讲中国国情……也因此认识了形形色色的人，开阔了眼界，积累了人脉，再加上我的金牌经纪人在一旁做撬边模子[①]，时不时还会有些大机构来找我。

作为美国最重要的智库之一的Asia Society（亚洲协会），也请我做过顾问，去给他们教育部的同事上过几个月的中文课；当时影响力辐射

---

① 上海方言：模（mǔ）子：即指这个人做事上品、到位，够朋友，算得上“榜样”。但是如果把“模子”两个字放在名词末尾，就会变化出很多有意思的名词，代表着各种类型的人。撬边模子，是指在购物中，卖家找来假顾客抢购以此来造成商品受欢迎的假象，引诱过路人上钩。

美国各大州的StarTalk[①]项目的总指挥王淑涵老师，成了我非常重要的导师和朋友；曾做出经典节目《芝麻街》的Nickelodeon Jr.儿童电视台要制作一部中文教学片子《你好，开兰》，也来咨询过我的专业意见，现在我还保留着当时MTV[②]给我定制的胸牌，可以自由进出他们在时代广场“高大上”的写字楼。

实在想不起来是怎样的机缘，我还帮美国匹兹堡大学东亚图书馆馆长郭成棠教授整理过他《独上高楼望尽天涯路：郭成棠回忆录》的手稿。本来只是当成一份赚外快的工作去做的，却没想到从郭老坎坷的传奇人生中获得满满的共鸣和能量。尤其是讲他小时候因父亲去世家道中落，没钱供他上学，后来校长和老师资助他那段，看得我泪流满面，想起我的恩师施开来。

我去法拉盛面试过一份教英语的工作，那是一家专门提供课后英语补习的学校，叫作Olympiad Academia，校长金太太是个少有笑容的韩国人，五十岁出头，头发梳得一丝不苟。她的英语口语完全没有语法，但词汇量惊人，连蒙带猜才勉强听懂她在说什么。实在不懂，她就把句子缩短，短到只剩关键字，再听不懂她就没耐心跟你说了。

虽然韩语跟日语一样有敬语，但是她的英语粗鲁到让人没脾气。当她希望跟别人单独说话的时候，她不会说“Would you please excuse us for

---

① 2006年，由美国国家情报总监办公室拨款，委托美国国家安全局监督并授权美国国家外语中心在马里兰大学发起并实施StarTalk计划，计划旨在提高美国公民说外语、学外语和教外语的能力，尤其是对中文、阿拉伯语等对美国利益攸关的语言。后来我借助这个项目的经费和资源，在LMU大学创建了中文双语老师培训项目。

② Music Television，全球音乐电视台，一九八五年之后为维亚康姆集团所拥有，是全球最大音乐电视网。

a second? ”（“你可以让我们单独待一会儿吗？”），她只说：“You go out ok? ”（“你出去吧。”）

她上下打量我的表情感觉是给老公选姨太太，眼神里充满挑剔和防范。虽然我的简历打动了她，但她无比诚实地说了她的顾虑：担心我的亚洲面孔会让她的学生家长失望，因为她的所有客户都是韩国虎妈。我也很坦率地告诉她，我对教SAT的应试课程也没太大兴趣，大家就客气地道了别。

原以为就不了了之了，没想到三天后金太太又打电话给我，希望我做她的助理，协助她做学校的运营，并负责宣传和招生的工作。她还直截了当地开出两百美元一天的薪水，如果能帮她招到中国学生，还可以有百分之十的提成。我完全没有思想准备，正在考虑如何回应，她说了一句“下周见！”就把电话挂了。

不知是因为我生来不懂拒绝，还是因为老太太冲床般直来直去的沟通方式，戳中了我的某种受虐的心理需求，我竟乖乖去上班了。老太太一脸平静地深藏着她的惊喜，不多说一句废话，径直把我按在了她的电脑前，估计这台苹果电脑早就把她逼疯了。

我用了一天时间了解整个学校的运营，对于只会说单词、不会说英文的老太太一个人创建的这个学校，仅仅用“佩服”不足以表达我的惊讶，每次看到学生上课偷懒，她就直接一巴掌扇过去，也没见学生反抗，大概虎妈们在交学费时就已经授予她体罚的权力了。

我在夏威夷大学的毕业设计竟然有了用武之地，我只用了三天的时间，就让学校的运营发生了质的改变，把一家十九世纪的家庭补课作坊，变成了一个现代化的小型培训学校。与其等她用支离破碎的英语吩咐我做什么，不如我什么都先想在她前面，直接拿出方案问她可否，我用心做的事情，一般不会被否掉。

我的周到、高效和对细节的把控，终于得到金太太的认可，她原来是会笑的。韩国文化与中国文化同源，即使再满意，也绝不会当面夸奖。但从一开始不管我的午餐，到帮我订午餐，到让我跟她一起吃午餐，到和她的朋友一起共进午餐，到最后她亲自在家里做好便当带给我吃，我能感受到她对我与日俱增的认可、感谢和喜欢。

除了那些按课时领工资的白人老师，学校里就是她和我两个人。我一直不敢打听她的私生活，也无从打听，总觉得她一定是个有故事的人，不敢想象是遭遇了怎样的磨难，才把她变成一个万能铁人。直到我最后离开纽约，我们没有聊过任何工作以外的事。

我走的那天，她递给我一个红包，不再是一个普通的白色信封，还额外多了一千美元。她第一次也是最后一次朝我鞠了一个小躬，没等我回礼就扭头走了。我朝着她的背影把这个躬还了回去，而且鞠了很久才抬起来，因为要先让眼泪滴走。

在所有的兼职工作中，最匪夷所思的是应聘美国东海岸最大的华语电视台——SinoVision（美国中文电视）的新闻主播岗位。兆旦先去的，通过重重选拔，PK掉很多美女，获得台长的青睐。我知道这是很不容易的，因为想出风头的美女、塑料美女和自认为美女的女生实在太多了，不拿钱都无所谓。

兆旦绝对是当人生导师的料，在她的点拨下，我本来跟播音毫不相关的简历，修改后连我自己都快被说服了。大学时代我主持过很多场大型活动，包括在办公楼礼堂里主持北大百年校庆的晚会，台下坐的都是部级大领导。我在UIUC就读的系叫Department of Speech Communication，硬要翻译成“演讲传媒系”也不会遭人诟病。凭这些足以敲开面试的第一道门。

面试那天，一见到同来的几位男性候选人，我顿时信心倍增。虽说新闻是坐着播的，前面有桌子挡着，貌似看不出身高，但被身边那个百里挑一的美女一衬，很多生理缺陷就暴露出来了。怎么说也是一份靠五官吃饭的行当，有个别候选人别说面试官那关过不去，就从前台小姑娘的表情里都看得出那一脸的嫌弃。

长相是第一关，口音是第二关。听其中的两位候选人聊天，我都快笑喷了，还特意跑去跟前台确认这份工作是不是用普通话播音。这位唐人街长大的广东移民，本来想拍美女马屁的，说了句：

“我喜欢你的发型，油油的。”

美女怒了：“谁油油的？！你才油油的！你的头发你的脸都是油油的！”

我本来想去帮着调解一下的，因为我知道他其实想说的是“我喜欢你的发声，柔柔的”，但是我实在笑得停不下来。

地球人都知道，江浙沪、川湘鄂地区的人，有先天性的语言障碍：平卷舌，不想分清的时候就不分清；前后鼻音，想分清的时候也分不太清。那么我一个丧（上）海人，该怎么办？

这得要感谢我的那些来自北方的狼一样的大学同学。那个年代，上海人似乎不大受欢迎，刚来北京的时候，我简直是夹着尾巴做人。为了不被识破，我曾下苦功夫练习普通话，有一段儿时间儿说什么儿词儿都加个儿化音，把我那些老北京的朋友都笑疯了。出国前已经在北京生活了整整七年的我，大部分的南方口音已经在同学们的冷嘲热讽中纠正得差不多了。

比我想象的要快得多，我见到了台长。他对我精心改造过的简历并没有太大兴趣，瞥了一眼就放下了，然后上下打量了我一下，说了一句很关键的话：

“虽然不是科班出身，但气质不错，是观众喜欢的那种知性的长相。”

我欣然接受了这个评价，那个年代，“知性”还不是用来骂人的。试镜，导演说还不错，没有太紧张，行话是“不晕镜头”。开森（什）么玩Siao（笑）？人家可四（是）从大岑四（城市）来的，见过四面（世面）的好伐？哈哈哈。

就这样，我被录取了，自信瞬间爆棚。我后来才知道，男主播的竞争远没有女生那么激烈，来应聘的人数本来就不多，综合素质也一般，毕竟大部分来美国打拼的男生都有自己的专业领域，也不爱干这抛头露脸的活儿。

我的搭档是跟着老公出来的陪读，英语一句也不会讲，我在跟她交谈时，偶尔不小心会掺了几个“cash”“mic”之类的极简单的英语单词，都会被她数落：“好好的中国人说什么英文？”我心里想的是：“好好的中国人来什么美国？”但从她不友好的眼神里，我读到了深深的自卑，生生把这句话给咽回去了。

越是自卑的人，越是需要别人的肯定，不然就会滋生出比自卑更邪恶且有杀伤力的情绪和行为，比如嫉妒、报复。这是我后来用了很多年才学会的道理，换句话说，就是要给足别人面子，打人不打脸。三十刚出头那会儿还没那么世故圆滑，生性又是那种不太能说违心话的人，所以一不小心就会把她惹恼。

她每次化完妆都会问我：“好看吗？是不是显得特年轻？”我常常支支吾吾的，不知道如何回应。但在这样的语境下，支支吾吾就是罪不可赦。她用妆很浓，下笔的方式也很老套，选衣服、做表情也是一副老成持重的样子。我从第一天就卖乖地叫她姐，过了很久之后才发现其实她比我还小几岁。

以前一直傻傻地以为主播都是把词儿背下来的，其实在我们正前方放着个提词器，像七英寸[①]黑白电视那么大，桌子底下有个脚踏来控制滚动翻页。这需要脚、嘴和眼睛高度配合同步，还不能让观众察觉到你在读词，切忌头部或眼神的上下移动。

我知道自己功夫不够，经验不足，每次都会提前一个多小时来读稿，还躲在厕所里用我大哥——BBC和央视的资深主播董关鹏教我的方法“咦咦啊啊”地开嗓。但毕竟完全是生手，难免会卡壳或读串行。次数多了，我的搭档就会从唇缝里挤出“啧啧”的嫌弃声，嘟囔着“还让不让人回家啦”之类的刻薄话。她越这样，我越紧张，越容易出错，确实延长了大家的工作时间，我也觉得很抱歉。

她心情大好的时候会来指点一下我。我总觉得读新闻稿不需要有太多语调，平实质朴、娓娓道来就好。但是她会很粗鲁地打断我，让我跟着她用抑扬顿挫的语调来念“慈母——手中线，游子——身上衣”，我觉得听上去头皮酥麻得厉害，就婉言谢绝了跟读，又把“行家里手”气得够呛。

于是，一有机会，她就去领导面前数落我底子差、错误多，还不虚心求教什么的。好在那个时候电视已经有了网络版，每一期结束，观众可以留言评论。火眼金睛的观众们数落她“假惺惺”“做作”“老派”的词汇远远多过对我的负面评价。大部分观众对我这个“表情僵硬”“中气不足”“偶尔吞音”的小年轻还是宽容爱护的。

要上镜头，必须化妆，这是行业规矩。我虽然不情愿，但谁也没有豁免权。不过男生的妆比较简单，就是上粉底，是为了防止镜头里的脸油油地反光。我本来想省钱，把女生朋友用剩下的粉饼拿来凑合凑合，

① 1英寸=0.0254米。

但是我一个夏威夷来的黑小子，哪怕拍上她们最深色的粉，都会顿时变成《望乡》里的阿崎[①]。只好自己厚着脸皮去Sephora（丝芙兰）化妆品连锁店让销售员挨个测出最适合我的色调。

美国中文电视在搬去法拉盛之前，在曼哈顿的办公室很小很简陋，也没有专门的化妆间，女主播们都是提前几个小时自己在家里精心化好了妆容再过来。我又不想化完妆再上地铁，只能提前来台里，躲在厕所里上粉，还提心吊胆地怕被不知情的人撞见。

那个年代好像还没有LED冷光灯，镁光灯打在脸上巨热无比。我特别爱出汗，夏天空调不足的时候，只好上半身西装、下半身短裤来欺骗观众。但有时候还是坚持不到录完就汗流满面。有前辈建议我去打止汗针，我上网一查其实就是肉毒杆菌，照姐姐们的说法还能一举两得地祛皱。但是肉毒杆菌会截断面部神经，我可不想变得皮笑肉不笑的。最后只好去药店买了止汗喷雾，喷完之后，额头那块就彻底没感觉了，凉凉地摸上去像死人一样。

因为是免费电视台，没什么竞争对手，美国中文电视在华人圈子里的收视率还是相当高的。老板希望再炒炒气氛，让同是他旗下的《侨报》半版推出了我们几位新加盟主播的沙龙照，还请了专业摄影师来帮我们拍。终于有专业化妆师帮我扑粉了，恍惚间感觉像是进入了演艺圈。

我的搭档还一本正经地问同事以后上街需要不需要戴墨镜。偶像

---

① 《望乡》是由熊井启执导，栗原小卷、田中绢代等主演的一部剧情片，影片讲述了被骗卖到南洋当妓女的日本贫苦妇女阿崎的悲惨遭遇。这应该是我看的第一部日本电影，对脸涂得煞白的日本妓女（艺伎）的样子记忆深刻。

包袱[①]那么重，真的不嫌累的哦！不过有一次，我录完节目去唐人街吃饭，正赶上电视里在播新闻，真的被餐馆老板娘“诶诶诶”地认出来。她有点小激动，搞得我也有点小激动。但她也没给我打折，只是意思了一下免了个税，我心里暗自埋怨她小气。

这份工作，虽然表面风光，但一次才给五十美元，还不算路程和准备时间，比起我的其他营生，其实性价比是最低的，也没有置装费和脂粉钱，感觉待遇还不如青楼女子。而且，最让人伤心的是，这是一个“卖身不卖艺”的行当，完全不需要用脑子，干久了也会觉得挺没劲。

有一次我在读稿的时候发现编辑在文法方面有个明显的错误，就好心给他们指出来。没想到主管一句话怼回来：“你们这些靠脸吃饭的播音员，管好自己嘴上的活儿就好了，别没事挑剔人家脑力劳动者。”

我完全没想到他会如此反应，当时心里止不住地爆粗口，好想把我厚厚的学历拿出来狠狠摔他脸上，问他到底谁才是脑力劳动者。但无奈自己脸上还扑着粉，底气不足，实在没法跟人吵架。

为了节省成本，电视台是不养全职员工的，当年我们七八个主播都是兼职，所以要排班。我的搭档因为资历最老而被老板指定负责排班，这下可算找到报复我的机会了，我越是什么时候不方便，她越不通融。半年后，我终因受不了她种种莫名其妙的刁难和奚落而辞去了这份工作。听说后来办公室搬到了皇后区的法拉盛，工作环境改善了很多。

---

① 指过于在意外界眼光，对自己的仪表及行为举止等加以包装修饰的一种心理状态。与“架子”意义相近。通常用在影视明星身上，多有反讽意。

6 

蒙太奇曼哈顿

就算我住在纽约，也终究是个过客，早晚有一天要离开，为自己或为别人，多少应该留下些纪念。自由职业者的身份给了我很多时间和空间上的自由，做完家教回家的路上就可以顺道勾掉Bucket List[①]上的某一项。

在水一方的自由女神像是青铜铸的，太高太冷，坐船经过时招一招手就足够了，没必要非得凑到人家石榴裙下去仰视，那本不是君子审美的角度；双子塔被毁之前，帝国大厦做梦也想不到自己还能重登第一高度的宝座，但却一不小心成了上海游客嘴里的笑柄；如果你真的相信那些鬼话，也可以随着人流去摸一下华尔街铜牛的屁股，权当是用西方的礼仪拜了财神；第五大道的商铺极尽奢华，但在我眼里它只是一道用来点缀杂志的风景。

① 指一个人在死之前希望完成的愿望，来自另一个俚语 Kick the bucket（蹬腿），源自自杀的人一般踩着个水桶悬梁，然后把桶蹬掉。Morgan Freeman（摩根·弗里曼）曾演过一部翻译成《遗愿清单》的电影值得一看，但明显译者误会了这个词。

时代广场几乎是所有地铁线路的中转站，你不想经过都难。来自世界各地的人几乎是用一种朝圣的心态，来这里参加一场没有起止时间、没有主题或流程的派对。他们高举着相机想向家乡的父老乡亲证明他们真的来过了美国的魔都，却一不小心记录下巨幕LED屏上展示中国近三十年来的丰功伟绩。

时代广场再往北一点，林肯中心往南，是一个新兴商住两用区，有一个奇怪的名字叫Hell's Kitchen（地狱厨房），让人瞬间联想到中国的黑暗料理。这里有很多别致的小餐馆和酒吧，是上班族很愿意在回家享受"老婆孩子热炕头"之前，跟同事或朋友小酌一杯"开心酒"的地方。

大多数餐酒吧为了聚拢人气，会在下午四点到七点之间设Happy Hour，以买一杯送一杯或半价的形式提供酒水和小食，更大方或者说更精明的老板索性设置不限时的"开心时间"，酒调得还特别浓，有些人喝着喝着喝嗨了，笑着笑着笑哭了，聊着聊着聊饿了，就索性留下来吃饭，正应了那句话：利他即是利己，给予就是回报。

曼哈顿从地理形态上说是个半岛，东西两侧的哈德逊河和东河，给半岛居民一种被温柔守护的感觉。美国人爱养大狗，乍一看很难分清谁在遛谁。即使在天气没那么好的日子里，人们哪怕裹着毛毯也喜欢坐在草地上野餐或读书。胆大包天的松鼠和鸽子们和人类和平共处，走到你脚跟前用好奇而萌的眼神问你有啥好吃的。

哈德逊河里静静泊着私家游艇，据说很多人买得起船但买不起那天价的泊位。雨后的松果菊披头散发地张望着过往的行人，善良的老妇人不顾公园的禁喂警示，每天来这里宠养其实并不缺食物的鸽子。废弃的火车站不肯淡出历史的舞台，倔强地站在水里冷眼藐视着人类的愚蠢。

作为一个上海出生、长大，在过去三十年见证了魔都飞速发展的人，难免带着一点傲慢看待早已是明日黄花的纽约，最近一次回来却有了些意外惊喜。纽约这五年来最盛大的城市建设是High Line Park（高线公园），一群艺术家克服重重挑战，硬是把一条废弃的高架货运铁路改造成了空中花园。锈迹斑驳的铁轨还安静地躺在那里，像一个临终老人被温柔地盖上了一块绿色的薄毯。来自世界各国的一百七十多种奇花异草，可以让花园三季常青，四时喜人。

一到夏天，纽约还有另一道都市风景：街头的大小餐厅都会在门口摆上桌子。虽然在露天，但白花花的桌布，银闪闪的餐具，时令的插花或台烛，你不会感觉折扣了丝毫的优雅，完全没有大排档的感觉。让你在吃饭聊天的时候还能看看路上行人和风景，而路人又因为看到别人盘中珍馐而食指大动。曼哈顿每年会有两次Restaurant Week，其实是让老百姓用相对低廉的价格尝到相对高级的餐食的餐会，在提高大众食物审美情趣的同时，也顺便为参展餐厅做了亲民广告。

曼哈顿最让人羡慕的还是中央公园这个巨型绿肺——伟大而富有远见的城市规划者的神来之笔。它不光是周边豪宅里阔太太们晨跑的公园，更是物质文明得以停下匆忙的脚步、深吸一口清新空气的地方。这里的树是为人遮阴的，草是让人安躺的，中央公园里的Summer Stage每周都会有免费音乐会或舞蹈表演。一座城市是否让人流连并留恋，不在于它有多少名胜古迹，而在于它设计时是否以人为本。

兆旦在经过多年打拼后，终于在非富即贵的上东区买了一居室的公寓。黄昏，从她卧室和客厅的落地飘窗望出去，可以看见二百七十度迷人的落日美景。楼顶有优先为住户家属预定的客房，我曾有幸享受过，在看不见星星和月亮的夜晚，默数着有多少经不起声色诱惑的天使堕下凡尘，化为纽约街头的一盏霓灯。

7 

纽约的艺术，艺术的纽约

喜欢Performing Art的人是绝对舍不得搬离纽约的，我完全能理解。这里整整几条街布满鳞次栉比的剧院，到处是宁愿在百老汇附近的餐馆酒吧打工也不肯放弃梦想的明日之星。

每家剧场只演一部戏，而且一演就演好几年，三百六十五天不间断，这就是百老汇最迷人的地方。一开始我还杞人忧天地担心观众会不会审美疲劳，演员会不会累到吐血。其实每部片子的主角都分AB角色轮流上，甚至还有替补演员，连配角也有足够的备用人选。

别忘了每年到纽约的游客超过五千万，比起担心观众是否审美疲劳，更需要担心的是观众能不能买到票，一些经典剧目几乎场场爆满。对于住在纽约的穷学生来说，只要肯排队，也是有机会买到打折票的。

除了内百老汇①，还有外百老汇（Off Broadway）和外外百老汇（Off

① 从地理上来说，在纽约百老汇大街上44街至53街之间的剧院称为内百老汇（也就是百老汇），41街和56街上的剧院称为外百老汇。而超外百老汇剧院主要集中在曼哈顿下城区，一般来说，超外百老汇的座位少于一百个。参考罗薇著《百老汇音乐剧》p190（清华大学出版社，2013年10月，第1版）。

Off Broadway)[①]。外外百老汇的音乐剧有一定的实验戏剧性质，也最便宜。如果票房好，就会被移到外百老汇加强宣传，而只有受大众欢迎、票房非常好的才会在内百老汇上演。超外百老汇运动始于一九五八年，它全盘拒绝商业性的剧场演出，鼓励做纯粹的艺术。

回国这几年，我很欣慰地看到这种“超外百老汇精神”在中国，尤其在北京南锣鼓巷这一带，在像“人艺实验”“中戏实验”“蓬蒿”“青蓝”等实验小剧场悄悄萌芽、艰难生长。一般都是几十人到二百人规模的小场子，越来越多的有思想的年轻人愿意花钱来这里捧场。

在纽约你绝不会感到无聊，只要你想，一周七天、一天二十四个小时，总会有事情可干，是真正意义上的“不眠之城”。除了那些导游书上列出攻略的景点，你在苏荷区或切尔西区任意一条小街上选一家临街咖啡馆坐下来，一幕幕都市情景剧就会在你面前上演。而且题材、语言、文化的多元绝对是这个世界上任何一座城市都无法比拟的。

夏天是纽约最文艺的季节，有各种收费或免费的演出。我初到纽约，就结识了Joe、Gary、Yongjin等一群文艺小青年，他们都是华尔街或IT界的青年才俊，跟在他们后面，我得到了很好的艺术熏陶，收获了最完整的曼哈顿体验，这是花钱都买不到的珍贵礼物。

我最近一次回纽约，正好赶上林肯中心文化节。又跟他们去听了一场四位波兰音乐家的小剧场音乐会。能在林肯中心演出的都是世界顶级艺术家，领衔的Maria还曾和马友友合作过。最打动我的并不是那有点像二胡、小提琴合体的声效，而是音乐背后的故事。Maria仅凭一幅十九世纪的古画就还原出了失传多年的波兰苏卡（Suka），并把它带到包括中

① 或译成“超外百老汇”“第三戏剧（界）”“前卫戏剧”。

国在内的世界舞台上，通过对话、融合，再创造出既有传统波兰风情，又不乏国际化现代元素的好音乐。

纽约还有另一道独特风景线，也是让我爱它的重要原因：地铁站、地铁车厢、街心花园、马路牙子、市政广场，到处都是单飞或成组的街头艺人。有为自己的音乐会租场地、募款的在校艺术生，有等着被百老汇星探发现的餐馆服务生，有退休的老教授，也有一把吉他一条狗浪迹天涯的“无脚鸟”。 时代广场的Naked Cowboy[①]就是这样一位受人尊敬的艺人，我真的见过他好多次，而中间隔了好多年。

在这里，无论他们的表演水平如何、衣着贵贱，永远不会被驱赶。风餐露宿也许是他们有尊严的选择，他们凭才华自食其力，不给别人找麻烦。纽约人并没有大家想的那么冷漠，他们会在商店门口放一盆清水给路过的狗狗喝；他们也会清空兜里的硬币，向街头艺人脱帽致敬或大力拍掌。我很自豪自己再穷的时候都没有停止过对街头艺术家的支持，哪怕只是一个25美分的硬币，感谢他们让这座貌似无情的城市洋溢着艺术的温暖。

在我看来，街头艺人的生存质量和艰辛程度是判断一座城市是否高贵、是否文明的重要参数。我也真心希望中国早日出现这样的画面，一座城市的风景线不会因为多开几家LV或麦当劳分店而加分，但是如果哪天琵琶声、二胡声、牧笛声可以飘扬在王府井大街、五道营小巷、十六铺码头、新天地弄堂，并有人愿意驻足欣赏并赞助一份心意，而不是冷

---

① 罗伯特·约翰·伯克，有“赤裸牛仔（Naked Cowboy）”之称，是一名美国街头艺人及纽约时报广场的标志性人物。他的形象包括：弹奏吉他，只穿着白色的短内裤、牛仔靴和牛仔帽，并提着一支写满有关赤裸内容的吉他。他曾宣称竞选过纽约市长和美国总统。

眼匆匆走过，中国的文明时代才会真正到来。

我在纽约那年最大的荣幸是接待了朱青生教授——中国当代艺术的泰斗，北大最受师生爱戴的教授。他给全校学生开的“中国当代艺术史”选修课在电教楼几百人的礼堂里永远座无虚席，教授都混进来听。他心疼后面站着听课的学生，自己掏钱买了好多马扎让学生们坐。他也是第一批在Coursera[①]上公开课的中国教授，已经有数万人得益于他渊博的知识和不凡的才华。

朱教授不认识我，但是他的两个得意门生——王清源和盛磊都是我非常要好的朋友。除了我之前提到的杨伟轩和王清源这对伉俪，北大艺术系还有另一段人间佳话：盛磊在团委当干部时认识了“京沪混血”帅哥马龙，最后嫁了我这位阿语嫡系师兄，也作为家属跟着他的公司普华永道外派到美国一年。他们的爱巢跟我在同一条地铁R线上，于是67街就多了一个开门就能闻见川菜香的蹭饭地方。

恩师驾到美国，盛磊义不容辞地负责接待，我作为她的小助理自告奋勇鞍前马后。名义上是我作为地主带着老师去参观纽约当代艺术馆（MoMa），其实是我万般荣幸地蹭到了一节一对一的当代艺术大师启蒙课。

一进MoMa，老师的眼睛就亮了，像刚修剪了烛芯的煤油灯，马上“喧宾夺主”地进入讲课模式。当代艺术对于我，就像有人送了一整条金华火腿，不知从哪里下嘴的感觉。有很长一段时间，我会跟那些没文

① Coursera是所有慕课MOOC，Massive Open Online Course的简称即免费海量在线课程项目中最早也最具规模的一个，由美国斯坦福大学两名计算机科学教授创办，旨在同世界顶尖大学合作，在线提供免费网络公开课程。

化的吃瓜群众一样，背着手看一路撇一路嘴，认定了那是一群心理扭曲、性格叛逆、不受老师待见的小学生的涂鸦作品。

我本来以为朱教授会静静欣赏每一幅作品，没想到他把我当成自己的研究生一样，回答我所有白痴的问题。并如数家珍般为我讲解每一件作品的年代以及那个年代背后的历史事件，让我知道作者选用某种材料的逻辑和因缘，并教我如何猜测、理解作者想要通过这件作品表达的情绪或立场。跟着老师的脚步，我觉得时光过得飞快，眼睛都不舍得眨。

从那以后，我再也不会大言不惭地用“这我也会画”那样的蠢话去评价一幅当代艺术作品，并开始喜欢当代艺术胜过其他形式的艺术。我怀着惶恐又兴奋的好奇心探索这个多维的奇幻世界，试着进入作者的生命轨迹，甚至开始有了自己的解读。

有段时间，我认为当代艺术可能需要通过哗众才能取宠，后来又意识到，真正优秀的作品可能又反过来因取宠而哗众，才可以让人们真正开始思考艺术背后的哲学流派、处世态度乃至价值观念，恰恰是那些形而上的东西往往更容易走进人的心里，更有助于引发人的思考，而不仅仅停留在“一幅油画逼真不逼真，一幅水墨值钱不值钱”这个肤浅层面上。

纽约坐拥数以百计的博物馆和美术馆，有收费的，也有很多是免费的。几乎所有的博物馆和美术馆每月至少有一天是免费的，对学生和老师也会有折扣优惠。只要你肯花心思，完全可以不花一分钱就可以把自己浸泡在漂满艺术肥皂泡的浴缸里。

虽然大都会博物馆（MET）的建议门票价是25美元，但参观者可以量力捐购，显示了政府不把穷人拒于文明之外的诚意和努力。我当年手头拮据，每次都只给五美元，并理直气壮地给自己找借口：他们抢了那么多中国宝贝，中国人少捐点儿也是说得过去的。MET一天都转不完，去一次也是不够的，除了价值连城的永久展品，每隔几个月就更换的临时展品也都是世界顶级大师的作品或其他博物馆的镇馆之宝。

如果只有半天时间，那我建议去大都会博物馆南边、同在中央公园东侧的古根海姆美术馆，其建筑本身就是典雅的艺术作品。大厅中央有一个浅浅的白色水池，池中间有一眼喷泉，水花稳稳地翻滚，汩汩地像水壶里将开未开的水，绝不会溅出水面。从顶上望下去，像极了一只水汪汪的“大眼睛”，泪眼款款地望向你。

为了衬托艺术品的多彩多姿，所有墙面都被刷成一尘不染的象牙白，但白得不晃眼。这里最大的建筑特色，是没有成段的楼梯和明显的楼层，从底到顶一路盘旋上升，让人感觉仿佛走进了一支香草冰激凌甜筒里，诱惑并引领着人们一步步攀登艺术的殿堂。我猜旧金山Bloomingdale（布鲁明戴尔百货店）的盘旋手扶电梯就是从这里获得的灵感。

养成逛博物馆和美术馆这个习惯，必须要归功于我的中学老师王圣民——全国唯一的一名美育特级教师。虽然从小到大也上过所谓的音乐课、美术课，但在我漫长的求学路上，真正跟我讲透“什么是美”这个课题的专家型老师，只有她一位。

我相信这也是我的母校——有百年历史的上海市南洋模范中学在当地有口皆碑的原因之一，从这里出来的学生大多在上海市名列前茅，但在学生心目中“地域指数”却并不高，很大一部分归功于中学时代多年一贯的，在卓越学术标准的缝隙里填满了爱的滋润、美的熏陶。

尤其对于重点高中来说，在那个大人孩子都在拼考试成绩的年代，我们还能在课堂上品莫奈的画，读泰戈尔的诗，听巴赫的音乐，欣赏启功的书法，触摸罗丹的雕塑，咂一口地道的中国茶，感知手作紫砂壶的温度，闭上眼睛品味手摘桂花的香味，跟着王老师地道的京腔普通话深情地喊一声：秋天来了……那是怎样的浪漫和幸福！

随着考试的硝烟散尽，老师们呕心沥血教的各科知识早就忘得一干二净，所有那些像我一样曾经上知天文下知地理、经典名句倒背如流的学霸顿时沦落为一个连初中考卷都不敢碰的脑残。唯有王老师留给我的礼物是受用终生的：比如坐姿、吃相和问候礼仪；比如对待鲜花、女士和小动物的态度；比如感恩与道歉的词汇和修养；比如虽没什么天分却仍努力亲近高雅艺术的愿望；比如不论去到哪个国家都一定要去美术馆的习惯……

王老师在其新书《美育小札》出版之际，特意邀请我参加她在母校举行的新书发布会，我也费尽周折把自己彼时刚出版的两本新书《校长日记》《熊掌和鱼》的发布会从北京挪到上海，并安排在同一天的上午，以庆祝并纪念这种薪火相传的默契。

阔别多年后再见恩师，七十多岁的她仍然如女神般优雅。我用最谦卑的姿势向她鞠躬并拥抱了她。噙着幸福的眼泪，我告诉老师和场下的校友观众，当年恩师在我心田埋下的美的种子，已经在我的生命花园中开出淡紫色的小花。

8

命里命外

纽约四通八达的地铁如同人体的经络一样为这座城市输送能量。但纽约夏天的地铁是地狱，没有信号的车厢冷得像冰窖，而垃圾堆积如山、硕鼠招摇过市的地铁站却像个蒸笼，完全没有任何降温措施。但若要真正了解纽约，就必须放弃出租车，钻进这位百岁老人的怀抱，因为它默默见证了这座城市所孕养的一切真假美丑、邪恶善良。

有一天，一个比我还高一头的壮硕男子，进入车厢后大喊三声“我饿了”。大部分人都假装没听见，继续听自己的音乐，看自己的书。坐在我对面的一个女孩站起来，掏出一张一美元的纸币递给他。他一把抢过，不但没有道谢，还嘟嘟囔囔地说人心不古，昨天有人给了他二十美元。

女孩哭成个泪人，但四周的人也假装没看见，继续听自己的音乐，看自己的书。我坐到她身边去安慰她，提醒她不要因为别人的愚蠢而惩罚自己的善良。还告诉她，在我的国家，即使身有残疾的人也都会自食其力，这样才会得到尊重，更何况是四肢健全的壮年人。

雨后的夏天如同获赦的囚犯，格外的凉爽。饭后外出散步，街巷里闪躲着车流相互追逐的西裔儿童；单肩斜挎着公文包、步履急促的男人单肩斜挎着公文包，领带松松地系在已打开了风纪扣的衬衫上；双手各提着若干醒目的华人超市黄色塑胶袋的妇人，过重的家庭负累让本来就徐娘半老的面容更失去了神采。

一次偶然的机会，我从一群主妇的八卦里听说了“孔大师”——一位几乎被神化了的算命大师。那段时间，我因为未卜的前途而倍感迷茫，眼巴巴地等了三个月才预约到她半个小时的时间。一个受过高等教育的人去算命，可以坦率地解释成人生某一阶段的不自信，也可以美化成我对流年造化的敬畏吧。

那是一个雨后凉爽的傍晚，我捏着写有手抄地址的香烟盒子，走街串巷地找到大师府邸。推门进去，我前面同来的两个女人还没离开。大师原来是个女人，年纪并不大。她有个六七岁的女儿，正坐在沙发上专心致志地玩着手机游戏，发出循环往复的恼人声响。

大师让我稍等，我坐下来“偷听”她如何指点江山。里面一个人在问肚子里小孩的名字，另一个在评估一套准备购买的房屋。我对这两个话题都毫无兴趣，索性出去抽烟。大师忙里偷闲瞥了一眼我从包里掏出的烟盒，很细微的眼神，却看得我心里一毛，不知大师是否一会儿会告诉我将死于肺痨。

等我回来的时候，她们已经聊完了，于是我坐到大师对面，毕恭毕敬地递上了我的生辰八字。大师粗粗一看，脸色骤变，大呼：“点解会咁样？！有可能啊？！”当时听得我心里一“凉”——不知道谁这么厉害发明这个词，那一刹那，我分明地感受到心脏温度的变化。

还好只是虚惊一场，因为1976年是闰年，有两个八月，我是后八月出生的。不过，这个小插曲反倒增强了我对大师的信心。只见她把我的生辰八字和出生地点换算成一行数字写在一张纸上，并以一种马不停蹄的惊人速度一路往下推演出一行又一行的数字，嘴里煞有介事地嘟哝着一些我听不懂的话。很难想象一个人的生命轨迹就在那一本简陋的笔记本上慢慢展开，也不知她脑中的画面是什么样子，耳边不合时宜地响起老狼《模范情书》的歌词：

这城市已摊开她孤独的地图，我怎么能找到你等我的地方？

我斗胆认为，算命师和中医师在某种程度上有相似之处。这门学问肯定是真实存在的，甚至是科学的，但不同于西方词汇里定义的那种科学。然而，至于每位大师天分有多高，道行有多深，或者从师父那里继承了多少衣钵，那就是“七分算，三分猜”还是“三分算，七分猜”的区别了。

虽然我自学过粤语，听懂她的话其实没问题，但我仍以听不懂粤语为由，问大师可不可以录音。很意外，她竟然一口答应，这应该也是一种自信吧？和很多大师一样，预测未来之前先描述过往是获得顾客信任最有效的方法。当她言之凿凿地说出我几岁几岁遭遇过什么劫难，我瞬间就被征服了，因为我不觉得光靠察言观色就能猜得如此精准。

后来她还说了很多事，我当时认认真真一字不漏地记了下来，但那本笔记本几天之后就莫名其妙地失踪了，几乎没怎么用过的录音笔也无缘无故地死机报废。回想起当时大师同意我的录音要求时，脸上那意味深长的淡淡冷笑，不禁脊背发冷。可能这就是所谓的“天机不可泄露”吧！

这么多年过去，有些事竟被她言中，所谓“一语成谶”。我不得不佩服孔大师对于我同配偶、父母、子女间关系的预测和裁决，几乎每一句都切中要害，当时说得我不禁悲从中来，潸然泪下。

在纽约那年，最开心的一件事是当年北大学生会“土家族”的三名核心成员终于能在东海岸团聚了，那一届的东语系是北大学生会史上最有势力的一年。除了黄兆旦是学生会副主席，我是主席助理兼办公室主任，还有一个女生部部长叫王华。兆旦学的是印尼语，王华学的是日语，我学的是阿拉伯语。说来也巧，我们三个都放弃了专业，先后都来了美国。

更巧的是，我们三个学小语种的都不约而同地进入了教育相关领域，兆旦是哥伦比亚大学的教育学博士，专攻国际教育，现在已经回国创业，为有志于出国的学生提供培养方案和指导。王华读的是南加州大学最著名的院系之一——Annenberg School of Communication，但她研究的方向包括 Learning through Gaming（通过游戏学习）。她选择留在美国，并在纽约上州的布法罗大学拿到了终身教授职位。

我在纽约待的时间并不长，但这一年中也交到了不少好朋友，Sasha 和May这对跨族群夫妻就是很好玩的伙伴，印象最深的是跟着他们一起去玩white water rafting（白水漂流）——顾名思义，就是指因为水流湍急，皮划艇在降行过程中会溅起大量白色浪花的漂流。他俩带着两个孩子每年都会去，选的通常是难度系数较大的三、四级水路。

在此之前，我一直误以为漂流是个休闲的活动，但其实在难度大些的水路中，它不但需要好的体力、眼观六路的机警、团队的高度配合、跟从教练指挥的整齐划一的动作，还有些小挑战。我这个菜鸟在一次巨大的颠簸中被无情地甩下了船，吓得魂飞魄散，躺在水里一动不动。据说这是最正确的自救姿势，因为在湍急的水流下面可能有锋利的岩石或纠缠的水草，这些足以致命。虽然有头盔保护，但只有平躺在自带枕头的救生衣上才能保证膝盖不会磕碎，腿脚不至于卡在岩石缝里被生生撅断，眼睛不会被不知道从哪里伸出来的树枝戳瞎。仰面朝天也让你能及时看见自己船上或别人船上的救生员抛过来的救生圈或伸过来捞你的网兜子，让大家看着我被教练帅哥拎着后脖领子拽回船上，狼狈得如一枚落网的饺子。

惊险又刺激的漂流结束后，这些精力充沛的人又提议去摘蓝莓。美国的蓝莓又大又甜又便宜，晚饭后，大家一边吃着亲手采摘的蓝莓，一边喝着红酒，喝得微醺后，没大没小地玩游戏才是一天活动的最高潮。我个人最爱的游戏是美国大人小孩都常玩的charades（猜字游戏）。最初，这个游戏是一种戏剧性的文学形式，现在比较流行的是分团队表演，其他人猜。要求演员在不使用任何口头语言的情况下表演出被分到的词语，可能会用到谐音词和视觉双关语。

9 

颜色不一样的焰火

有人说世界的文化中心只有三个：七世纪的长安、十九世纪的巴黎和现在的纽约——全世界的文化创造者都集中在这里，他们在这里发布文化成果，使这里成为文化中心。而文化中心最核心的东西就是包容——只要不是伤天害理的，都有它存在的空间和合理性，连法律都不一定是制约包容的标准，因为法律有它的时代局限性，是应该随着社会的文明程度变化、进化的。

能体现纽约包容性的最好的例子可能就是“Pride Parade（骄傲游行）”了。骄傲游行是一个城市的LGBTQ[①]社群为了争取平等权益所举行的游行庆典。各国各地骄傲日的地点及日期各有不同，但通常都在可以穿得比较清凉的夏天。现在已风靡全球的骄傲游行就起源于纽约。每年吸引几万名来自全球各地的参与者。参与者并不一定都

① LGBTQ分别指lesbian（女同性恋）、gay（男同性恋）、bisexual（双性恋），transgender（跨性别者）、questioning（仍在疑惑者）。

是LGBTQ人士，可能是他们的亲朋，也有很多只是真诚同情并支持LGBTQ的异性恋者。

我经历过一次在纽约举行的骄傲游行。整整半天，从第五大道到格林尼治村，所有街道都被封锁，警车为游行队伍开路。纽约州州长和纽约市市长一般都会出席，并坐在领队的敞篷车里向观礼群众挥手示意。游行方阵通常是由花车和步行人群组成，花车是企业或机构资助的，通常是支持同志平权并强调不歧视雇佣政策的跨国公司。它们通常也是很多有才华、有创意的同志人群聚集的地方。

我并不想为同性恋者制造刻板印象，但是他们总是能令人惊喜地表现出超常水平的创造力和想象力，以及让人叹服的审美标准。我没有认真研究过，但我觉得这很有可能跟他们兼具了两性的特质和特长有关。男生通常更擅长的动手和创造能力，结合了女生更普遍杰出的细致、敏感、优雅，实现了优势互补。

这应该也是骄傲游行每年吸引如此多观众的原因之一。美国一年到头游行可多了去了，但比起普通的游行，它们明显更胜一筹，无论是别具一格的设计装饰、异想天开的表演主题，还是极尽夸张之能事的服装道具，就像一台台小型的cabaret——源自法国的音乐歌舞表演。

当然，表演者也很重要，通常愿意在花车上“搔首弄姿”的都是赤裸上身的性感男生和男人们，尤其是那些三四十岁还保持着一身腱子肉的轻熟大叔，一下子就把大多数结婚生子后就放松甚至放弃了对自己要求的“直男癌”[①]比了下去。也难怪每当这样的美男花车经过，人群中

① “直男癌”一词源于网络，通常是对那些自以为是、大男子主义、漠视女性价值、物化女性的男人的一种蔑称或调侃。

总会响起轰轰烈烈的尖叫声和口哨声，甚至情不自禁地和着车上热烈的音乐舞动起来。

唯一能跟他们别一别苗头[①]的就是来自警察和消防员的方阵，也可能是不服气被同志们占尽风头，或不愿意让人掳走他们心爱女人的视线吧？这些通常是异性恋者的帅哥们，虽然不会在造型上有什么动作，但是他们浑然天成的男子气概和职业要求的健硕体形，以及他们对待可能不如他们爷们儿的同性恋男生温和、友好而不歧视的态度，只会让他们更有男人味儿。

因为每年的骄傲游行都在已经开始炎热的6月，花车主人会向人群抛送冰水、饮料或印着他们公司标志的纸扇或头巾。参与派送的也有艾滋病研究支持中心的工作人员，他们抛撒着安全套、润滑油以及宣传安全性行为的小传单，并通过各种方式打消人们对同性恋者和艾滋病的误解和偏见。

加上之前警察封路戒严、观众排队占位的时间，整个花车游行至少要持续四个小时。即使花车全部走完，游行也还没结束，所有路障拆除后，观众瞬间化身演员，整条街变成舞台，你还会看到各种“奇形怪状”的独立游行者。

他们有的戴着怪异夸张的面具，近乎全裸的身体最大限度地展示完美体形；有的穿着自制的特殊服装，比如成人版的蝙蝠侠；有的在身上绣满了文身，在脸上、身上打满了孔，我甚至见到现场穿过后背的血淋淋的箭；江湖人称“金刚芭比”的胡子拉碴的大叔故意表现得妖娆多

---

① 上海方言：争风、比高低的意思。“别苗头”最初指农村庄稼汉比谁家的稻苗长得好，后来才渐渐变成了上海人“攀比”的专用代名词。

姿、风情万种。

一开始我还不好意思，鬼鬼祟祟地偷拍，没想到“芭比”叔叔一把抢过我的手机，设置好他喜欢的滤镜，摆好姿势，坚持要我把他拍美才算数。然后不由分说在你脸上亲一下，我还没缓过神来，他已经踩着高跟鞋旋转着舞步走开。

LGBT人群因受歧视，有强烈的自我表达诉求。他们平时在工作场合可能为了迎合大环境、主流文化或歧视同志的老板，还得戴上面具。但今天，他们可以勇敢地做回自己，积压了很久的抱怨、创意和桀骜不羁终于得以尽情释放。

除了这些激烈的“表达者”，还有另一群温和的“展示者”：她们牵着自己几十年合法或不合法[①]的伴侣的手，隔几分钟便旁若无人地深吻对方；孩子们轮流骑在两位父亲的肩头，向众人展示他们跟传统家庭的孩子一样健康快乐；母亲搂着几乎已成年的变性女儿，告诉大家她比之前更爱这个与众不同的孩子；还有的家庭会把他们家的白狗也喷上彩虹的颜色，戴着炫酷的彩色墨镜跟人们一起“招摇过市”。

无论是何种形式，所有画面都无一例外地洋溢着爱和包容，让见证者无不动容。1953年人类性科学研究者 Alfred Charles Kinsey（阿尔弗雷德·金赛）博士发表了第一部以科学方法研究得出结论的著作《人类男性性行为》，提出人类性行为具有多样性，并通过大量研究得出一个至今惊人的论断：人类总人口中大约有10%是同性恋者。从那以后，世界各国对于同性恋者的认知、理解和包容有了长足的进步。

① 2015年6月26日，美国最高法院裁定人人拥有平等的婚姻权利，在全国范围内承认同性婚姻。

迄今为止，通过十七年的努力，欧洲四十四国中已经实现了二十七国承认同性婚姻或民事结合关系；美国用了整整十四年，一个州一个州地最终实现全国同性婚姻合法；除澳大利亚六个州里只剩最后一个州还没承认，大洋洲全洲认可同性同居关系；在这方面，亚洲和非洲远远落后于世界，只有南非和中国台湾两个地方率先承认同性婚姻的合法地位。

这边热热闹闹的几万人看着几千人嗨，然后跟他们一起嗨，但在几个寂寞的街角，也有不和谐的声音，“恐同”和“反同”人士也在用自己的方式表达着他们的态度。跟浩浩荡荡的骄傲游行队伍比起来，他们人数不多，十几个人，没那么张扬，但他们高举的标语牌写满羞辱和恶毒的诅咒，“Homosexual is sin（同性恋是罪恶）”，“God hates fags（上帝恨‘基佬’）”，“Fags burn in hell（‘基佬’们该在地狱里被烧死）”，跟街对面的爱和包容形成鲜明的对比。

不过有意思的是，恐同者们示威的权利也是受到法律保护的。虽然看上去有点滑稽，就好像别人载歌载舞地摆酒庆新婚，有人却故意蹲在门口哭丧一样。每一个路过的游行者都会冲他们怒骂几句，他们也会一起跳起来对骂。为了保障他们和主流游行者不会起肢体冲突，一群警察站在周围“保护”他们。这充分体现了：我不同意你的观点，但我誓死捍卫你说话的权力。

我爱山鸡村

我爱山鸡村

1 

天堂里的又一天

美好的日子总是过得特别快，OPT一年加上宽限期（grace period）[①]一共也只有十五个月。如果在这段时间内没有找到一份可以资助你签证的工作，就得准备打包回家了。就在截止日期快到的时候，通过安东的介绍，我认识了Loyola Marymount University（洛约拉马利蒙特大学）[②]教育学院的院长Shane Martin（肖恩·马丁）教授。

马丁教授是我认识的最年轻帅气又有胆识和执行力的院长。在跟他长谈了三个小时之后，我当场拿到了教育学院实践教授的聘书。一个没有博士学位的人去大学教书并不是没有先例，但通常是以讲师的身份。

① 宽限期的意思，指在指定时间内完成已经到期的任务，可免受责罚。

② 洛约拉马利蒙特大学（LMU）创立于1911年，是美国西海岸最大规模的天主教耶稣会大学，是美国西部地区的一所顶尖私立大学，以Jesuit/Marymount人文教育传统为创校的基础，鼓励学业精进、完善人格、信仰服务和发扬公义。LMU被《普林斯顿评论》评为全美“十大美丽校园”之一，《美国新闻与世界报道》公布的大学排名，LMU位居美国西部地区第2名。

而且在经济不景气的年份，大学通常不会全职聘用，只会按课时计费，也不会管你的社保和其他福利。我虽然不是tenure track[①]，但享受教授头衔和全职副教授的待遇。

这是一个前所未有的职位，院长希望我除了教课之外，再帮他做一件其他人没有做过的事，所以对候选人在教学、科研、管理、市场、课程设计以及学生指导等方面都有很高的要求，而我恰巧是为数不多的具备了上述所有经验的那个人。几天后，我就从四季分明的纽约搬到了阳光明媚的洛杉矶。

有人说洛杉矶是被推倒的纽约，什么都不比纽约少，但就是所有地方都隔得很远，去7-11便利店都恨不得要开车。有人说是美国西部开发得晚，地广人稀的缘故，但我私下里疑心是汽车公司、石油公司、造路公司和负责公共交通的政府官员串通一气，才造成了洛杉矶现在没有车就活不下去的“共赢”局面。

洛杉矶的公共交通又是美国大城市里最不发达的，直到我离开的时候，地铁也只能到几个最著名的旅游景点，公交车没几个小时哪里也到不了。每家每户至少得有两三辆车，上班、上学的人可能得各开一辆，接送孩子的全职妈妈也得要一辆车。

可想而知，洛杉矶堵起车来，就是《爱乐之城》片头的情形，一点都不夸张。我没见过跳舞的，但见过“美”国人一个个被尿生生憋成了

---

① Tenure track（终身教授制度）是美国高等教育的一个特色。它体现了美国社会对学术自由的重视和追求。终身教授的培养路径，从助理教授（assistant professor）开始，到副教授（associate professor），到最后正教授（full professor）。但也因纵容了教授不思进取而饱受诟病。

“姜”国人[①]，见过在路边让老公用浴巾挡住“春光”的盛装少妇，用矿泉水瓶子在车里解决的正装型男。但这些，都无法跟闹肚子的人被堵在高速上的惨状相比，那真是想死的心都有，不要问我怎么知道的。

但是聪明的加州人想了一个缓解拥堵的办法：车里有超过两个人的话，就可以开上公路左边的快车道。很多公司会通过小黑板或电子邮件鼓励并协助同事轮流开车，互相接送。甚至出现了愿意收一点点油钱或免费捎上陌生人的善意行为，我觉得这是用爱和共赢解决问题的极佳范例，比中国的顺风车还高了一个境界。

所以，当卖车人告诉我，新出的丰田普锐斯第二代混合动力车除了外观炫酷、有个可爱的翘臀、可以塞进一条中号冲浪板外，每年能省下一半的油钱，在某些城市能免费泊车，最关键的是，还能享受快车道特权的时候，我毫不犹豫开走了店里仅剩的一辆银色款。

很少见天秤男买东西这么痛快的， 其实就是因为生怕下次再来时，颜色多了我又没了主意。黑的不失庄重，白的明亮干净，深蓝色像大海深处美人鱼住的地方。卖车的店员善意地提醒我，深色的漆剐蹭后伤疤会比较明显。——难道已被他看穿我莽撞的开车风格？

我觉得车是为人服务的，我是车的主人。我见过有些爱车如命的人好像搞反了，每天如履薄冰地守护着自己的“爱驹”，甚至必须亲手哈着气为车打蜡，稍有剐蹭就表现出如丧考妣的样子，让天使都徒然升起恶作剧的欲望。当时在美国买一台全新的普锐斯只要25 000美元，而且听说我喜欢的演员Angelina Jolie（安吉丽娜·朱莉）也开同款，感觉又多了一重惊喜。

① 想象一下憋尿时人体双腿并拢甚至交叉时由“大”到“女”的变化。

办完所有手续后已经是晚上七点多。回家的路上突然下起滂沱大雨，枯枝败叶掉下来"咣咣"地砸在车顶上，感觉就像小时候新买的雪白回力跑鞋被可恶的同桌故意踩了个脏脚印般的心疼。后面那辆车一路不停地朝我按喇叭，让本来就郁闷的我更是气不打一处来，我一直没理会他。没想到那个留着大胡子的司机竟然把车开到我旁边，摇下车窗朝我大声喊。我无法读懂他的唇语，又不想打开窗子让雨水溅到我的车里。

没想到，在一个红灯路口，他竟然冒着大雨冲过来，狠命地敲我的车窗。我实在躲不过了，就轻轻把车窗摇下一条连手都伸不进来的小窄缝，没好气地问了一句：

"What do you want? "（"你到底要干吗？"）

他很大声地喊了一句：

"Turn on your headlight，it's dangerous not to in this weather and it's illegal."

（"打开你的大灯，在这种天气不开灯是非常危险的，而且是违法的。"）

没等我反应过来他就迅速跑回车里了，因为雨真的很大。等我反应过来想向他说一声"谢谢"的时候，红灯就变绿了，他的车很快消失在茫茫车海。比没有致谢更让我懊悔的是，我此生再也没有机会对他说一声"对不起"。因为我不能自控的烦躁内心，因为我的不信任，因为我把大胡子男人都当成坏人的偏见。大胡子哥哥让我瞬间爱上洛杉矶这座城市，让我每次看*Crash*的时候泪流满面。

一个陌生人不惜浇湿自己向素昧平生的我奉上赤诚好意时，我还了他一个不耐烦的冷漠表情，大胡子哥哥那张被大雨浇湿的脸被定格在我的记忆里，刻骨铭心。我拒绝原谅自己，并决定用这种深刻自责提醒我人性的温暖美好，从那件事情以后，我再也不会拒绝摇下被敲打的车窗，因为那个转过脸去的动作实在太冰冷。

回国这五年多，一直在被骗：被朋友骗，被广告骗，被连老太太都能识破的电视购物骗，被伪慈善人士骗，被打着做教育的旗号赚大钱的人骗……但是我仍然选择相信人性，仍然不愿去设防，仍然默认别人说的都是真话。我宁可赤身裸体走入荆棘的森林，去寻找那盛开的雪莲，哪怕遍体鳞伤。我也不愿意每天穿着盔甲，跟所有可能的骗子比谁"道高一尺魔高一丈"。

如果你不想像我一样，一辈子受良心谴责的话，也请你摇下车窗吧。即使你知道他要塞给你一张你完全没兴趣的地产传单，如果能帮他早点回家，就收下吧；即使你知道她可能是职业乞丐，但如果你真的有点零钱，不影响你的幸福，就给她吧。

万一不是呢?

万一她真的很多天没吃东西呢?

万一你又忘了拧亮你的车灯呢?

万一你又忘了拧亮你的心灯呢?

2 

塑料工厂

大学给我开的工资不低，我善于理财的朋友曾建议我不要花超过工资三分之一的工资租房子，我傻乎乎就凑了这个数字，发现自己竟然住得起WeHo[①]。一冲动就在西好莱坞租了间一室一厅的公寓，终于结束了有室友的生活，独自拥有了一个宽敞明亮的房子，楼下还有带顶的车库和碧蓝的泳池。

住了一个月，新鲜劲儿一过，我就后悔并心疼起钱来。开始抱怨中餐选择太少，买亚洲食材不方便，上下班路太远。一个人住空荡荡的大屋子其实挺冷清，也发现自己并没有那么喜欢逛街、去夜店。在美国，在fancy（奢华的）的餐馆独自用餐，别人会用同情的眼光看你，生怕你是临死前喂自己吃顿好的。

很多人误以为加利福尼亚州是美国天气最好的地方之一，其实洛杉

① West Hollywood 西好莱坞，据说是洛杉矶最贵的区之一，有全洛杉矶最时尚的店铺、商场、餐馆、酒吧、夜店。

矶地处安第斯山脉西边的山谷，属于沙漠气候，终年干燥少雨，夏天山谷里无风的日子很难熬。不过常年碧空如洗是没的说的，“霾都”来的人总是忍不住多看几眼那仿佛可以穿透人心的蓝天，那不仰起头就不能望见树梢的椰子树。这里的空气极干净，白领子的衬衫穿三天都不会让你脸红，皮鞋一周不擦也没事，到今天我还记得自己的惊叫声：

“天哪，我的鼻屎竟然是白色的！。”

洛杉矶有长长直直的海岸线，滨海的每个小城市几乎都有沙滩，有些适合游泳，有些适合冲浪，有些适合什么也不做，安安静静面朝大海发呆。即使十月份海水渐凉，开车往南一小时就到了更明媚的海港城圣地亚哥，感觉名字本身就散发着椰子的清香。再往南就是我想象中烈日滚滚、风沙漫漫的墨西哥了。其实臭名昭著的蒂华纳除了有杀人不眨眼的毒枭，也有让人流连忘返的细沙海滩。每次冒出想越过边境去看看的想法，都被用“你不要命了”的恐怖语气拦下来，现在非常后悔。

看完*Final Destination*《死神来了》第四集，我更加确定，如果命里该绝，坐在家里喝口凉水都有可能呛死。我固执地用宿命主义观点给自己洗脑：危险是一种主观而非客观的存在。

所以除了硝烟四起、正在打仗的地方，危险与否很少成为影响我选择旅行目的地的因素，有风险的地方才可能有精彩的故事。听说对潜在危险的承受力是评估心理年龄的一个指标，我很欣慰。

在洛杉矶众多的海滩中，威尼斯海滩是最特别的，这里有最全的海滩设施：自行车道、慢跑道、健身器械、轮滑场，男女老少都能找到属于自己的项目和领地。我和小伙伴们玩得最多的还是沙滩排球，就算是基本摸不到几下球的“滥竽”如我，跟在后面“哦哦”叫着假装扑地救球，也是开心得不得了。

海滩上有不少吃喝玩乐的店铺，但没有来势汹汹的商业味，这里聚集了很多嬉皮士、雅皮士和布波族[①]的文艺小青年，和长得像Bob Marley[②]那样的乐手自得其乐地弹唱着专属于加州节奏的Reggae[③]。即使是那些不爱晒太阳、不爱沾海水的亚洲女生们在这里也不会闷，咸咸的海风里飘着淡淡的“草”香，让人感觉慵懒、浪漫而文艺。

来洛杉矶的游客通常是先去好莱坞，到了以后才发现，整条街只是没完没了的没什么创意的纪念品商店和穿着夸张艳丽、用力过猛的皮条客，难免生出些“不过如此”的遗憾和埋怨。其实大多数已经被印在明信片上的世界闻名景点就是这样，不去后悔，去了更后悔。感觉就像个多年未见的老情人，不见心里痒痒得不挠不爽，见完之后就懊恼自己亲手撕碎了所有what if的绚丽憧憬，或本来完美浪漫的珍贵回忆。

为了看到让人无限向往的HOLLYWOOD那几个大字，很多人照着导游书的指点，开着车、排着队、一路绕上Mulholland Dr.（穆赫兰道）的盘山小路。殊不知最好还不堵车的观景点是Griffith Park（格里菲斯公园）——洛杉矶市内最大的绿肺公园。能看到星星的天文台固然是大人小孩都爱的地方，也是情人们一边幽会一边俯瞰整个“LaLaLand”的绝佳去处。

---

① 有时亦被译为BOBO族或布尔乔亚波希米亚族，是Bourgeois Bohemian 的缩写。形容20世纪90年代之后，因为信息时代的来临与快速的财富累积，而晋升为中上层阶级的新高级知识分子。

② 鲍勃·马利（Bob Marley，1945-1981），牙买加唱作歌手，雷鬼乐鼻祖，拉斯塔法教徒。他的一生是个传奇。童年在贫民窟的时光使他成为贫苦劳动者的代言人和一名反种族主义斗士。他不仅是个音乐家，更是哲学家和预言家。

③ 雷鬼音乐。1968年左右形成于牙买加，当时新奥尔良快节奏R&B很流行。然而在炎热的夏天，人们无法在户外弹奏如此快节奏的音乐及跳舞。当地的乐手就将音乐放慢，而形成了Reggae音乐。Reggae这个字是源自于Ragged，代表牙买加不修边幅的舞蹈形式。

好莱坞其实也就在每年奥斯卡奖颁奖典礼时热闹一次，柯达剧院曾是奥斯卡颁奖典礼的指定剧院。但柯达公司2012年宣布破产，并放弃还没用足20年的冠名。谁能想到曾名噪一时的相机大鳄就真的像一条鳄鱼一样潜入水底，淡出江湖，令人唏嘘不已。奥斯卡盛会现由杜比剧院继续承办。

人们被一部好的电影打动，从此爱屋及乌地迷恋一位影星，本无可厚非。但我却不能理解现在中国的影视文化。一打开电视，每个频道都是一群“小鲜肉”，做着跟电影、艺术毫不相关的游戏，成千上万的“脑残粉”昼夜“舔屏”。而商家利用粉丝效应无上限地抬高这些艺人的出场费，造成年轻艺人的自我膨胀，毁掉了他们本该更加精进的才华。

洛杉矶不只是世界电影之都，也是属于全世界的“塑料工厂”。好莱坞和文娱杂志对美的狭隘定义催生了洛杉矶整容、整形技术的长足发展。很多人斥巨资，冒着毁容和上瘾的风险，把自己变成他们误以为别人觉得很美，或时尚杂志（今天）告诉他们什么是美的样子：

极高极挺的鼻梁，极深极长的双眼皮，极尖极薄的下巴，极大极水的眼睛，极浓极整的眉毛，极卷极翘的睫毛，极厚极肉的嘴唇，极瘦极细的腰身，极圆极肥的乳房……

年轻人因为青春而美丽，而且美得形态各异，如山间的各色野花。现在却被一律修成牡丹的样子，涂上玫瑰的颜色，喷上百合的香气。这种集体无意识的审美标准化和单一化，造就了一群第一眼看惊如天人，第二眼看似曾相识，第三眼看细思极恐，闭上眼再也想不起来，再见面完全不记得的“塑料美人”。

从洛杉矶开车三个多小时就可以到达拉斯维加斯。虽然它以“赌城”闻名天下，但其实更令我神往的是它丰富的文化生活、瑰丽的主题酒店和集中呈现的各国美食。为了吸引并留住那些一掷千金的赌客们，赌场常常先对他们的伴侣“下手”——价格公道的饕餮美食、逛不完的名品商店、极尽奢华的酒店房间，对于金卡熟客还常常免费赠送。

我就有几位这样的专业赌客朋友，沾了他们的光，我们这些小赌怡情但不上瘾的“穷开心”才可以享受到同样的待遇。当时正好我弟弟栋梁在内华达大学拉斯维加斯分校读酒店管理。于是就更有了堂而皇之的探亲理由，拉帮结伙地去蹭涛哥的豪华套房，白天品世界美食，晚上看顶级表演。我个人最爱的秀是 Cirque du Soleil（太阳马戏团）的O秀，Zumanity的表演看了会让六根不净的人面红耳赤。

拉斯维加斯大部分的餐厅都是自助的，价格贵一点的食材稀罕些，龙虾尾、雪蟹腿都是敞开吃。我个人最爱是Wynn 的海鲜和Paris Paris的Prime Rib（上等肋排）。没吃过的人，我很难用语言去给你描述那种牛肉也能入口即化的感觉，如果你被那种浅粉的血色吓到，就错过了一道珍馐。

毕竟都是一群读书人，在纸醉金迷的场所待久了会头晕。还好赌城旁边是名声毫不逊色的大峡谷。峡谷这个地貌其实很特别，如果放在中国神话里一定就是某个大神菩萨一生气一跺脚，地裂了条大缝，歹人掉入深渊，万劫不复，从此人民避恶趋善，天下太平。

其实峡谷从某种意义上讲就是地平线下的山，所以看峡谷的角度很重要，站在平地上往下看，它就是一条普通的溪涧，浪不急，水也不深。走下谷底往上看，就只能看到光秃秃的山，山头还被调皮的理发师剃了个平寸而已。我会建议咬咬牙多花点银子，坐直升飞机俯瞰全貌，让振聋发聩的螺旋桨扫空你的大脑，再加上一点点畏高的恐惧，你方能真心诚意地感受到大自然的宏伟和自身的渺小。

3

破格录用的教授

和所有工作一样，前三个月是蜜月期，我很快就和同事们打成一片。一个月后，我有了自己的办公室，门口精致的卡槽里多了一块金属铭牌，赫然印着“Prof.Terry Qian”，那种感觉超级提神的，走路腰板都更直了些。学生轻轻喊一声“Professor”，我恨不得像妈妈桑一样“诶……”地大声答应着踩着碎步飞出来。

荣耀也许是别人赏赐的，但名声一定得靠自己来挣。为了让其他教授对院长的破格录用无话可说，为了让学生这一句“Prof. Qian”就算发音不标准也要喊得毕恭毕敬，我必须加倍努力。一个英语不是母语的人，一个自己都没在美国上过大学的外国人，要给美国的大学生上课，现在想想手心都要冒汗。不知道当年的自己是怎么扛过来的，可能这就是传说中的“初生牛犊”吧。

我给学生上的第一堂课就用了韩愈的《师说》，为的是让美国的准老师们了解几千年前的中国的教育思想。当然，也多少有点“狐假虎威”的私心，来掩盖我的恐慌，生怕学生觉察出来我的不自信，所以先抛出“闻道有先后，术业有专攻”来给自己壮胆。

其实所谓“闻道有先后”，无非就是我把布置给他们的阅读任务自己提前几个星期完成。只是他们可能草草地读一遍，我已经细细地读了三遍。现学现卖的一个好处就是我同时具备学习者和传授者的双重视角，更容易促进教学相长。

不过这里我必须得夸一下美国的大学生，他们是很可爱的，尤其是跟青春期、叛逆期的高中生比起来。女生已洗去为了显示自己已经长大的浓妆，不再轻易为了赢得一个暗恋男生的回眸而随便把头发染成鸟毛的颜色。男生也悄悄地把自己发育的关注点从肱二头肌转移到他们的思想，眼神里的桀骜或冷漠也慢慢消散下去，转换成温暖的共情和对知识的渴望。

LMU是私立大学，学费高昂，绝大多数的孩子都表现得彬彬有礼。上课的时候绝对专注，没有人会玩手机。他们永远有问不完的问题，这让我的教学既充满了挑战，又充满了乐趣。中国的师范大学现在有一个很奇葩的现象：有些学生在报考的那一天就压根儿没想过要做老师。他们只在乎这个学校的排名，或看中了学费减免。而在美国，报考教育学院的大部分学生是冲着这个职业来的。我的学生中就有好几个出身于教师世家，从小就对孩子、对教育有一份格外的热情和兴趣，这种东西分明写在他们的眼睛里。You can't fake it, you can't hide it。（你装不出来，也掩盖不了。）

在这些聪明好学、身强体健、能歌善舞的大学生面前，我其实是极度自卑的。记得我很小的时候，喜欢唱歌、弹琴、画画，甚至做梦都会梦到自己像武侠小说里的英雄一样惩恶除奸。但中学的时候，为了考到足够好的分数，我把自己变成了一个无趣的人。以至于现在的我不会任何乐器，只会用圆圈和直线画小人，不能在面对攻击时保护自己，没有擅长的体育项目，连看比赛的兴趣和运动的习惯都没有。

除了考试的本领，我几乎没有任何可以向我的学生展示的天分，也没有任何可以和他们聊天的共同话题。一个人工作以后，再炫耀你的学历和考试的本领，是一件多么荒诞可笑的事。我的学生有几个是乐队或体育队的成员，每次看到他们肌肉饱满的身材和像被雕刻出来的五官，都感觉似乎是大都会博物馆里的希腊雕塑幻化成人。他们举手投足都散发着青春的活力，一种我在中国的大学生那里很少看到的精神面貌。

最让我动容的还是他们的单纯和善良，这种善良不是体现在他们有没有捡到钱交给了警察叔叔，集体去路边捡垃圾得了一面街道颁发的锦旗，去养老院挨个给同一个老太太梳头。它往往都体现在一些微不足道的细节，比如一丝不苟地遵纪守法；不给别人添麻烦；对于陌路人的求助毫不犹豫地挺身而出；对于流浪猫狗发自内心地怜悯眷顾；为后面的人扶一下玻璃门；甚至伸手进垃圾箱捡起我随手丢错的塑料瓶放进可回收的那个筒……

我个人认为，这些东西绝不是通过灌输或说教完成的，而是从小耳濡目染的家教、文明社会的风尚和劝善的宗教信仰合力实现的。那些背离孩子天性，操之过急、用力过猛的德育教学目标和实施手段，没能教会孩子善良，反而教会了他们伪善；没有教会孩子们诚实，反而教会了他们两面三刀。

“韩大爷”给我准备的第二道护身符是：“师不必贤于弟子，弟子不必不如师。”我很坦率地告诉学生自己的学识有限，我愿意尽我所能地成为这门课的促进者，而不是唯一的设计者、执行者和评估者。我随时欢迎学生提出质疑、挑战甚至是批评，我更希望他们可以帮我一起来规划这门课的内容。

真诚，无疑是人与人相处的万能法器。老师只有本着坦诚的态度，不装酷，把自己放低，走下神坛，放弃把自己包装成无所不知的伟人的想法，和学生一起探究真理，才能真正赢得学生发自内心的尊敬，而不是表面上的逢迎和服从。

我没有在美国上过大学，所以非常珍惜这次在大学教课的机会，它让我很认真地反思高等教育：跟基础教育相比，应该抱定哪些相同或不同的教学目标？继承或更新哪些教学手段？大学有哪些教学方法值得中小学借鉴？

我认为相比于Lecture（讲授课），Seminar（讨论课）是更有效的学习方式。讨论课才最有可能促进学生与学生之间碰撞出智慧的火花，而不是依靠老师一个人在讲台上“分发”知识。我越来越喜欢这种苏格拉底式的讨论和追问，回国后我甚至把这种方法引入中学乃至小学的课堂，也并没觉得不合时宜。

我带本科生的课，用的基本也是研究生院的那套做法，甚至刻意模仿我读书时教授们讲话的方式和坐姿，还在镜子前反复练习斜坐在第一排左侧的桌子上，45度角面相学生，45度角面向黑板。

直到第六周，有一个男生带着惊喜的表情突然插嘴问道：

“Professor Qian, does your PPT background color always coordinates with the color of your shirt?”

（“钱教授，你PPT的背景色是不是都搭你当天的衬衫颜色？”）

“Oh，finally! I almost gave up trying, thank you for recognizing my efforts. ”

（“哎妈呀，终于等到了，我快要放弃尝试了，感谢你发现并认可了我的努力。”）

因为我的课总是安排在下午，大家最容易犯困的时间。所以我特意从物美价廉的Express店里买了五种明亮色系的衬衫——鲜橙、翠绿、碧蓝、绛紫、玫红。他们家的衬衫性价比不错，耐洗耐穿，还免烫。而且最大的特点是颜色特别全，齐刷刷地码了一墙，乍一看以为错进了杜邦油漆店。

第一学期我教的是第二语言习得，我自己在硕士阶段也上过这门课。这是一门所有师范生的必修课，已经有不少教授教过，所以不用我一切从头开始准备。我把之前所有教授的教案和大纲都借来，根据我的理解适当增删和调整，并按照我的逻辑和审美设计了PPT。

我开始尝试用较少的文字去展示每一张幻灯片，而不是照搬课本内容，感觉这样才能更有效地抓住学生有限的注意力。作为一个非英语母语者，说大段大段的整句子更容易露怯，我把劣势变为优势的做法就是把段落缩成句子，把句子缩成关键词，把关键词做成PPT上的项目符号。这样，学生看起来一目了然、提纲挈领，我讲的时候也层层递进、井井有条。

在所有教授的教学大纲里，都有期中和期末考试，有相当一部分内容是要求学生死记硬背的。在面对这个问题时我犹豫了，内心很挣扎。几年前我读硕士时也是背一些知识性的东西去应付考试，但考完就全忘了，比如alveolar（齿槽音），diphthong（复合元音）之类的硬技术词语。难道我还要把当年自己不认可的东西强加给学生吗?

检验所学有用没用，最有效的方法是问自己几年后还能记住多少，能用上多少。如果什么都没记住，就说明这些知识本来就没什么用，或者不需要通过记忆去检验，知识就在那里，你需要的时候知道去哪里找就行了。如果只是为了应付考试，就是白白浪费光阴了。

一方面，当时我还是个并不那么自信的年轻教授；另一方面，我还没形成一个完整的系统去取代它。所以，虽然内心极度抗拒，但为了不被前辈教授说成离经叛道，我妥协了。不过我为学生们做了一件中国老师常做的慈悲事——划重点，而且是1：1的重点，划重点，跟提前公布考题没什么区别。

在这件事情上，我的反思是：中国教育改革止步不前，跟老师的顾虑和犹豫有很大关系。我相信一定有很多老师跟我有一样的同理心和不忍心，但是他们又能怎么样？即使他们给学生网开一面，后面还有更细密的网子兜住学生，困住他们，最终还是不能挣脱。其实，鱼那么痛苦，网又有什么开心？！

每学期最后一节课，学校要求学生给教授匿名打分，程序庄重而严格，要委托一个学生代表在教授回避的情况下发放、收集打分卡，再直接递交给院长办公室。每个学生都很认真地做，一点都不敷衍，除了打分，还做文字评价。这个流程很多大学都有，但我没有想到的是，LMU大学最后不但会告诉你你得了多少分，还会匿名告诉你所有教授平均多少分。幸亏我的每一项成绩都高过平均分不少，不然把面子看得这么重的我，一定不得安生。

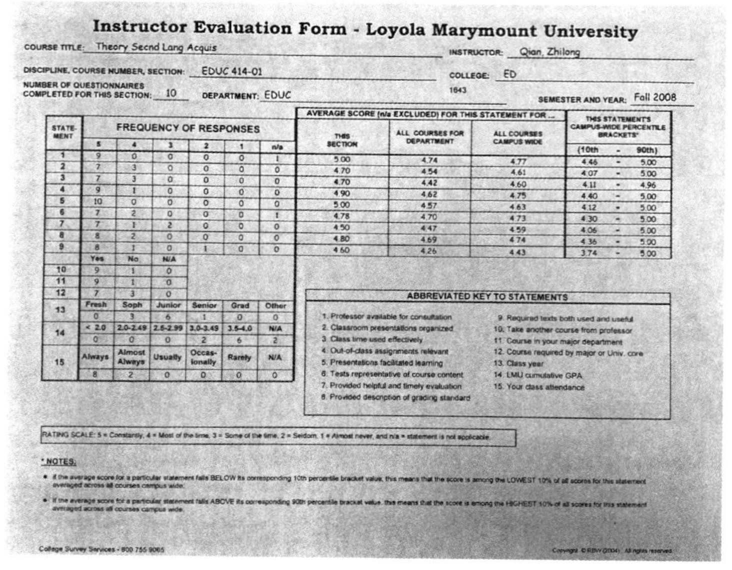

Instructor Evaluation Form - Loyola Marymount University

COURSE TITLE: Theory Secnd Lang Acquis　　INSTRUCTOR: Qian, Zhilong

DISCIPLINE, COURSE NUMBER, SECTION: EDUC 414-01　　COLLEGE: ED

1643

NUMBER OF QUESTIONNAIRES COMPLETED FOR THIS SECTION: 10　　DEPARTMENT: EDUC　　SEMESTER AND YEAR: Fall 2008

STATEMENT	FREQUENCY OF RESPONSES						AVERAGE SCORE (n/a EXCLUDED) FOR THIS STATEMENT FOR ...			THIS STATEMENT'S CAMPUS-WIDE PERCENTILE BRACKETS*		
	5	4	3	2	1	n/a	THIS SECTION	ALL COURSES FOR DEPARTMENT	ALL COURSES CAMPUS WIDE	(10th	-	90th)
1	9	0	0	0	0	1	5.00	4.74	4.77	4.46	-	5.00
2	7	3	0	0	0	0	4.70	4.54	4.61	4.07	-	5.00
3	7	3	0	0	0	0	4.70	4.42	4.60	4.11	-	4.96
4	9	1	0	0	0	0	4.90	4.62	4.75	4.40	-	5.00
5	10	0	0	0	0	0	5.00	4.57	4.63	4.12	-	5.00
6	7	2	0	0	0	1	4.78	4.70	4.73	4.30	-	5.00
7	7	1	2	0	0	0	4.50	4.47	4.59	4.06	-	5.00
8	8	2	0	0	0	0	4.80	4.69	4.74	4.36	-	5.00
9	8	1	0	1	0	0	4.60	4.26	4.43	3.74	-	5.00

STATEMENT						
	Yes	No	N/A			
10	9	1	0			
11	9	1	0			
12	7	3	0			
13	Fresh	Soph	Junior	Senior	Grad	Other
	0	3	6	1	0	0
14	< 2.0	2.0-2.49	2.5-2.99	3.0-3.49	3.5-4.0	N/A
	0	0	0	2	6	2
15	Always	Almost Always	Usually	Occasionally	Rarely	N/A
	8	2	0	0	0	0

ABBREVIATED KEY TO STATEMENTS

1. Professor available for consultation
2. Classroom presentations organized
3. Class time used effectively
4. Out-of-class assignments relevant
5. Presentations facilitated learning
6. Tests representative of course content
7. Provided helpful and timely evaluation
8. Provided description of grading standard
9. Required texts both used and useful
10. Take another course from professor
11. Course in your major department
12. Course required by major or Univ. core
13. Class year
14. LMU cumulative GPA
15. Your class attendance

RATING SCALE: 5 = Constantly, 4 = Most of the time, 3 = Some of the time, 2 = Seldom, 1 = Almost never, and n/a = statement is not applicable.

* NOTES:

- If the average score for a particular statement falls BELOW its corresponding 10th percentile bracket value, this means that the score is among the LOWEST 10% of all scores for this statement averaged across all courses campus wide.
- If the average score for a particular statement falls ABOVE its corresponding 90th percentile bracket value, this means that the score is among the HIGHEST 10% of all scores for this statement averaged across all courses campus wide.

College Survey Services - 800 755 9065

LMU教的第一堂课学生给我的评分

美国的学生也很坦率，也有一两个学生直截了当地给我写了不留情面的批评。这就是私立大学对教授的要求，它需要你全身心地去投入教学，并“一个都不能少”地关注到班上二十几个学生中的每一个人。公立大学和私立大学的区别，班级人数就是其中之一。跟中国一样，公立大学师生比没有这么高，也常常是几百人的大课堂，老师上完课走人，他们并不想，也不可能记住每个学生的名字。名声大一点的学校，研究任务重一点的教授还有可能让助教来教课，学生只能在开学和结业时才能见上教授一面。

所以，在申请本科的时候不要盲目追求排名。美国大学和中国大学一样，大学排名里并没有特别指向性的参数来反馈老师的教学水平、教学态度和教学效果。他们更在意的是学校出了多少诺贝尔奖得主，在一线学术期刊上发表了多少篇论文。而且，往往排名最靠前的那些名校，对研究成果的重视和期待远远超过本科生在课堂里到底学到了什么。

而那些本来就没有研究生院的文理学院，和像LMU一样的中小型的教研兼顾型大学，则想方设法让教职员工把全部精力放在每一个学生身上，让他们各自找到并实现自己的梦想，而不仅仅是通过发表论文给学校增加荣耀。我一直不遗余力地向中国的准留学生推荐这些学校，但有时候真的很难说服那些吃包子还认准“狗不理”，吃烤鸭还非得“全聚德”的“爬藤”[①]家长们。

作为新晋的教授，院长对我的评估结果非常重视，第一个读的就是我的分数。基于我还算可以的评估结果，他把下学期研究生的课也交给

---

① “藤”指以常春藤联盟为代表的美国一流大学。“爬藤”一词诞生于网络，是对家长及孩子为进名校而做的努力的一种戏称。

了我。没想到我竟然还不知天高地厚地答应了。天秤座的人就是这副死样子，给点掌声就可以做牛做马。

伴随着信任鼓舞就是闻鸡起舞，因为也意味着更大的挑战。我的课程对本科生来说是必修课，电脑派位怎么样都会把班级填满，但对研究生来说则是选修课，如果没人愿意选你的课，面子上也是很难看的事。研究生的师生比例更高，每个班可能就十来个学生，无论是学生的思维深度还是学校对教授学术水平的期待，都更高。

而且最要命的是，本科生的年龄基本上都是十八到二十岁，我比他们大一轮多，但在研究生院有比我还大的学生。如果本科生问得最多的是what，那么研究生问的更多的是why。对于我来说，批判性思维本来就训练不够，有时候一场辩论听下来，甚至都搞不太清谁是正方谁是反方。

于是，我半主动、半被迫地转向了让学生多说、我尽量少说的教学模式， 每节课都留出更长的时间让学生们分组讨论，让每一组学生分工去有重点地阅读一部分材料，然后跟全班分享。这样不但解决了大家都读得很泛但都没有读精的问题，也通过复述并接受质疑，实现了Deeper Learning（深度学习）的目的。学生们还减轻了负担，对教授也会更客气，两全其美。

4

娘子军没了洪常青

教学是每一位教授必须承担的基本工作，我自当尽心尽力。但院长排除万难破格录用我还有一个重要使命——帮教育学院开创一个“中英双语教师培训项目”，为加利福尼亚州培养一批能在主流学校用中英双语教学的老师。

当时听到这个任务我非常兴奋。首先，中文学习能够进入美国学校的主流课程，是多么荣耀；其次，让华裔老师可以从周末中文学校进入美国的全日制学校成为有资质的教育者，是多么有意义；再次，这种从无到有孵化一样新东西的挑战，有点像创业。

从项目设计、课程搭建、师资聘用到宣传推广、招生录取，这些工作基本是由我一个人完成的，而且只用了不到半年的时间。此外，通过我的努力，项目还得到了来自美国教育部、国防部以及美国中央情报局的资助。除了我的工资，几乎没怎么花大学的钱就启动了这个项目。

LMU教育学院每年为加利福尼亚州中小学培养、输送大量的优秀老师。由于洛杉矶的拉丁裔移民特别多，西班牙语的使用者已超过英语使用者的人数，所以在课程方面，我们借鉴了很多西班牙语双语教师培训的经验。并参考了近代双语教学最早、最成功的典范——来自加拿大魁北克省的英法双语项目。

这个项目是院长决心要做的事，在学院内部几乎没遇到什么阻力，教授们也都很给面子。得到院长批准，我们把它设计成了一个硕士暨教师资格培训的二合一项目，性价比很高，顺利毕业的老师除了能拿到硕士学位，还可以获得在公立学校任教的从业资格。所以第一期就招了近二十名学生，年龄最大的学生都快六十岁了。

这件事的背景是：随着华人移民数量的增长，在加利福尼亚州相对好一点的学区，华裔学生已经占了半数以上，这与华裔老师的比例是极不相称的，即使在一些华人密集的社区，老师也绝大多数是高加索人以及少部分的非洲裔和拉丁裔，亚裔老师寥寥可数。这个现象，也许可以归因于以下四点：

（1）亚裔第一代高知移民大多是理工科背景，甚至多是学霸级别，在中小学执教的可能性不大。

（2）亚裔第一代移民多是成年后来美国，自己的生活英语还说不好，要用非母语去教美国孩子，可能性不大。

（3）亚裔第二代移民大多承载了家长殷切的希望而选择成为律师、医师和会计师，通常不会选择中小学老师这种薪水和社会地位都不太高的工作。

（4）教师这份工作虽然待遇一般，但是要求很高。美国小学不分科，老师不但要掌握所有学科的知识，还要能歌善舞、会演会画，这就更不适合亚洲人腼腆矜持的性格了。

创办这个项目的初衷，也是为了顺应历史与社会发展的趋势。二十世纪八九十年代，美国兴起过一阵子English Only Movement（只用英文法案）。一些短见薄识的政客忘了美国伟大是因为不同族群的移民为了同一个美国梦共同奋斗的结果。即使英语是这个国家的最常用语言[①]，但这种企图通过强制的行政干预，打压或取消其他语言的政策无疑是行不通的。

工程师背景的著名华人脱口秀演员黄西博士在副总统和记者联合会的招待宴上，也公开调侃过这种反动的态度：他说他买了辆二手车，开了好多年才发现车后窗上有一张贴纸，上面写着：If you don't speak English, go home.（如果你不说英文，就滚回老家去。）

虽然这个反动政策很快就被叫停了，但多少产生了一些负面影响。很多第一代移民对子女的要求是：能不说中文就不说中文，强迫孩子用最快的速度蜕掉移民的皮，这样就不会再被讥笑为FOB[②]，有助于他们早日融入美国主流社会。他们的目标并不难实现，中小学在美国念甚至在美国出生的孩子，英文不太可能说不好。

随着中国的崛起，越来越多的华人并没有因为移民而斩断了跟故国的联系和情感。然而，那些不惜代价学英文的行为也出现了意想不到的严重后果。新一代移民们开始意识到"忘本"的代价：孩子在家里越来越不肯说中文，父母用中文问，他们用英文答；兄弟姐妹间都只说英文；他们已经不能和跟祖辈沟通；他们很不愿意回中国；他们对中国只有批评、嘲笑和嫌弃，而缺乏理解。

这些孩子长大后还可能因为肤色或家庭背景在工作上遇到"玻璃屋

---

① 虽然所有的文件都是用英语写成，但美国五十个州里有二十个州并没有承认英语是官方语言，包括联邦政府也没有这么做。

② Fresh Off the Boat，直译为刚从船上下来的，是对刚从外国通过合法或非法手段来到美国的移民的一种歧视性称谓，形容他们语言不通、行为怪诞、举止不合时宜。

顶”[①]。即使说一口流利的英语，高举蓝色的护照，也不一定会被当成真正的美国人。他们除了不能完全融入美国主流社会，还迷失了自己的文化身份 。

这样的香蕉[②]孩子，也不太可能回中国。想不想回是一回事，回不回得去是另一回事。因为他们从小在美国长大，对中国几乎一无所知，很难适应中国人的生活方式和意识形态，于是他们被流放在亚洲和美洲之间的太平洋里，进退两难。

等家长们开始反思这个问题，并逼孩子周末去上华语学校的时候，往往为时已晚。一方面，他们已经错过学习语言的最佳年龄，另一方面，华语学校老派的教学方法通常不利于培养孩子对中文的兴趣，能坚持下来的并不多。

还有一个有趣的社会现象。有很多华裔女性，受过良好的教育，甚至在自己的领域小有成就，因全家移民，只好放弃自己的工作，甘愿成为全职家庭主妇。孩子很快长大离开家，老公又忙，于是她们开始失落，希望做些能实现自我价值的事。相对其他行业而言，教中文的门槛较低，是比较容易上手的工作。

基于这些历史的、政治的、社会的前提条件，招生比我想象的顺利，而且我招来的第一批学生就是清一色的中青年女性，而且大多做了母亲。她们很少是做老师出身的，但都对教书和中文充满了热情，基本符合我招生的录取标准。我经常鼓励她们：我们大部分人第一次选专业时都还未成年，在对这个世界一无所知的情况下勾选了一个大人认为更

---

① 比喻看得明白却无法穿越的障碍。

② 香蕉人，黄皮白心，指长着华人面孔，思想价值观及文化传承彻底西化的人。

容易找工作的专业。现在第二次选专业，一定要选自己喜欢的。虽不是师范科班出身，但只要真心喜欢，再大的挑战也会是个享受的过程。

这些老师需要攻克的第一座堡垒还是语言，她们有些是生活在华人社区的老移民，有些来美国的时间还不长，禀赋各异、程度不一。但无论如何，我给她们讲了人际沟通能力和学术语言能力之间的区别，生活英语的流利程度并不能直接反映学术语言能力。她们必须尽快适应用英语阅读、思考、讨论和写作的学习模式。

第一门课，我故意没有让她们选我的，因为我担心她们会太依赖我，太依赖中文。就像通过中文字幕追美剧一样，丝毫无助于语言的学习。所以我邀请了另一位既有移民经历，又有耐心的拉丁裔美国老师，希望她们在没有“拐棍”的情况下，在沉浸式的语言环境里逼自己一把，取得一些质性的突破。

第二学期，我单给她们开了一门叫“Methodology of Teaching in Primary Language”[③]（以母语为教学语言的教学法）”的课。这门课的概念很关键，并不是指母语教学，而是在双语教学的范畴内谈论主次语言的关系。双语教学是一门大学问，在不同历史阶段很多国家尝试过不同模式，效果迥异。

其实，双语教学不是简单地在学校或课堂里同时教授两种语言，也不是简单地请会说两种语言或英语是母语的外教。我个人最推崇的教学方法是“双向沉浸式双语教学法”，这种方法简单说必须具备以下

---

③ Methodology of Teaching in Primary Language（以母语为教学语言的教学法），特指在像美国这样的多元文化社会，用移民的母语来学习的教学法。这是针对不合理的“English Only Movement”的政策的一种挑战。

七个特征：

（1）任何一种语言都不再被当成外语来教，而是当成信息的载体及获得知识的工具。

（2）语言的学习不再被拆解成听说读写、语法和翻译这些具体的课程，而是通过教学内容和真实语境获得。

（3）同一时间段、同一间教室、同一个老师、同一句话里尽量只使用一种语言。

（4）每一个班里有人数相近的两种语言的母语者是最理想的状态。

（5）在学校两种语言的地位要相当，学校所有出版物和标志都必须要用两种语言来表达。

（6）学习的目标不只是双语（bilingual），还应包括双文（biliterate）、双文化（bicultural）。

（7）有效的双语沉浸的时间要足够长，通常在非母语国家至少需要六年以上，时间越长越好，开始的时间越早越好，两岁半到三岁最佳。

"双语沉浸式教学法"的理论虽然简单，但要真正实施起来难度大、挑战多：首先，需要整合巨大的人力和物质资源，仅老师的配比就要比普通学校多出将近一倍；其次，要有深思熟虑的课程设计，因为只有两种语言天衣无缝地配合才能用同样的时间完成几乎两倍的教学目标；再次，要有精细的日程安排，才能最有效率地安排好所有老师的岗位和授课时间；但最重要的是有下定决心而富有智慧的校长，带领上下齐心的教学和管理团队，再加上深信不疑、全力支持的家长。

我在准备课件时，无意中发现了一所很特别的学校——半岛国际学校——美国为数不多的真正把双语沉浸式教学法投入实践的学校之一。

它不但双语教学，还有个难得的三语环境，学生三岁入学时就有法语和中文两种选择，通过六到十一年的全方位浸染，每个学生都成为双语、双文、多元文化的世界公民胚子。

我发现它时特别激动，马上联系了校长，还向他讨了教材来给学生们做示范。没想到的是，山不转水转，后来我去了那家学校做了他们小学部的校长兼中文部主任。具体故事在我二〇一六年十一月出版的《校长日记——我在美国做校长》一书中有详细的描述。

十八个女学生加我一个男班主任，像极了洪常青带领的娘子军，可惜老外和台湾同胞无从理解。学生们大部分比我年长，待我像弟弟一样，会给我带好吃的，还变着法儿地给我介绍对象。我也尽最大努力利用我自己刚拿到两个硕士的新鲜经验，帮她们适应美国研究生的学习生活。所以师生关系是很特别又很和谐的。

但同时我对她们也很严格，作业不按时交要扣分，这样才能保证我给出的成绩公允。有一位五十多岁的学生仗着自己几十年的“上课”经验，不写作业还给出各种理由。她不满我给的分数，在课堂上让我下不来台，后来被同学们劝住才算罢休。

我们这十九个人的存在，在本来平静的LMU校园里浇灌出一朵罕见的奇葩，惊动了大学校刊编辑部，还特意派记者来采访我。在一所美国大学里，一个中国籍的教授招来一群美国籍的华裔学生。我这个又当爹又当妈的班主任，把她们招来之后，还亲自给她们上课。这种关系有点微妙，有时候感觉自己像个中国旅行团的领队，既要让她们满意，还得管着她们别闯祸。

再怎么说这都是人民内部的矛盾，终归可以被调解和谅解，真正的挑战还在后头。在我的项目正做得风生水起的时候，有一位拉丁裔的教授开始对我不友善了。她的研究方向是英语和西班牙语的双语教学，我刚来的时候院长指派她做我的导师，让她帮助我尽快进入角色，我很感谢那段时间她对我的指导。

随着我慢慢适应岗位，我开始有了自己的想法。她却一再干涉我的项目设计和运营，并用命令的口气让我完全照搬西英双语项目的那一套。她的蛮不讲理和强势、操控欲在系里是出了名的，有很多新来的年轻教授都被她欺负过，都私下里提醒我要小心。她是古巴裔，大家暗地里给她起了一个外号叫“卡斯特罗”。而我的脾气向来是不欺软不怕硬的，越听到这种事情，越坚定了我的斗志。

当发现我不再言听计从的时候，她做了一件很可笑的事。从认识的第一天她叫我Terry，突然改口叫我Mr. Qian。不知就里的人还以为是更尊重了，其实恰恰相反。就跟朋友突然不叫你“强强”而叫你“姓刘的”一样，充满了挑衅。更匪夷所思的是，她同时开始像日本人一样用Dr. M的第三人称称呼自己，像是要借此提醒我：你既没有博士学历，也没有终身教授的职称和保护，跟我作对简直就是以卵击石、自不量力。

我那时年轻气盛，词典里根本没有“自不量力”这个词，继续做我认为对的事，包括改动老师们的必修课单。我认为有些课对帮助学员成为更优秀的老师不起任何作用，根本没必要修。于是，我跟她的关系越来越僵，以至于最后无法一起工作了。

当时院长太忙，是指派她负责我的工作评估的，结果可想而知，她把我写得一无是处。我的成绩大家都看在眼里，我当然不服，于是顿时秋菊上身，拿着报告去找院长。其实，从之前几次院长没有理会我提出的希望他来旁听我们工作会的请求，我就已经察觉出他的逃避和为难了。果然，表达了同情之后，他建议我去找大学人力资源办公室申诉。我还真去了，HR办公室倒是很认真地立了案，并说要展开全面调查，比我想象的正规得多。他们也找我谈了很多次话，虽然立场中立，但还是挺暖心的，尤其对于一个孤立无援的外国雇员来说。

但并没有遇到我期待的青天老爷，从谈话的微妙词语变化中，我无奈地意识到：即使这位教授再不合情理，再恣意妄为，学校对于一个有“免死金牌”的终身教授也没有任何约束办法，除非她犯了两项不可触犯的天条——性骚扰和种族歧视。

最后一次去院长办公室，我们聊了很久，只记得最后院长很无奈地跟我说了一句话：“But you know she is not going any where…”我秒懂了院长的潜台词，也不想再让他为难，主动辞去了这份工作，学校给了我三个月的赔偿金和半年的保险作为抚恤。

5 

我爱山鸡村

幸亏平时人缘好，我辞职的消息一传出来，就有好心的朋友告诉我LMU外语学院正缺一名能教高阶中文的老师。我的条件完全符合，面试现场他们就要了我。虽然学生不多，但有几个是去中国交换了一年的学生，还有一个竟然是从TBC回来的，这群孩子对中文和中国文化是发自内心地热爱。

做回教中文的老本行对我来说是驾轻就熟，也乐在其中，更何况学生如饥似渴，师生都很有成就感。我用短短半年时间，用我之前在华美协进社、夏威夷大学和孔子学院的资源，帮LMU的外语学院从无到有设计了高阶中文课程，并搭建了丰富的资源库，以造福将来想学中文的学生。

只可惜LMU外语学院不大，中文系更小。以白人为主的学生大部分会选择浪漫的法语或实用的西班牙语，交换生和游学项目都去欧洲，想学中文的学生本来就不多，学院没必要养第二个全职中文老师，所以这是一份Adjunct Professor[①]（兼职教授）工作，是一种按课时结算劳务的

① 兼职教授或讲师，不在终身教授的评价和成长体系之内，通常一位教授要在几所学校讲课才能养活自己，但又因没有人管他们的福利和保险而没有安全感。

雇佣方式，收入打了个很大的折扣，也没有全职员工可以享受的福利。

于是我被打回了原形，不得不从我西好莱坞两千五百美元每月的“豪宅”，挤进一间Monterey Park（蒙特利公园市）一间六百美元的合租房。Monterey Park被称为“小台北”，是洛杉矶华人在唐人街以外的第一个华人聚居地，一开始以台湾移民为主，街面的店铺也多是繁体字，故此得名。

近几十年来，随着中国经济的飞速发展，移民美国的人数逐渐增加，十号高速公路两旁的一系列小城市比如圣加百利、阿罕布拉、阿卡迪亚，鲍德温公园都逐一被中国新移民占据，形成新的华人社区，只剩老一辈的华侨才会居住在已经日渐萧条的唐人街。

房东Lucy是个河南女孩子，从小习武，几年前移民美国，在好莱坞做动作替身。她不太喜欢聊工作，想必各种艰辛和危险外人难以想象。我选Lucy的房子主要是因为她年轻，好沟通、好说话，不像那些大妈大婶的那么鸡婆八卦。我遇到过一个包租婆，签租赁合同前恨不得要把你的家底查个底朝天，连爷爷是干什么的都问了。像老鸨验收刚被卖来的新货一样上下打量你，又像防贼似的防着你，三番两次提醒你不可以带人回家，几点钟以后不可以有声音，真怀疑她出国前是不是在哪个大学宿舍做过楼长。

Lucy也是我见过的最年轻的“女房东”“包租婆”，也感觉她挺不容易的，小小年纪一个人在美国打拼，估计养活着国内一大家子人。她把自己攒钱买的平层小楼里的三间房都租出去，还在每间房里改造出独立卫生间，虽然小得不能转身，比面碗大不了多少的洗漱池像动画片《三只小熊》里的道具，但不用排队洗澡和共用浴室的好处，大大增加了房子受欢迎的程度。

房客们白天去上班或待在自己的房间，只有晚餐时才会挤进厨房。

其中有个三口之家，厨房一共四个灶头，他们家永远霸着两个，一天中的任何时段都开着个慢火炖着什么东西，又不是小时候的煤球炉，生火太麻烦才不舍得熄掉。我烧饭的时间比较自由，但另一家女主人经常当着面嘟嘟囔囔地抱怨，让我想起小时候看的上海《七十二家房客》里的桥段。

美国的平层房屋大多是木质结构，也不需要打地基，我亲眼见过一个施工队三五个人，一天就完成了整栋房子的搭建，跟组装大型的乐高玩具似的。可想而知，这样的屋子隔音效果极差。隔壁人家希望老蚌怀珠造二胎的计划即使遥遥无期，但大家都能见证他们有多努力。

住在华人区最大的好处，就是随时随地可以吃到物美价廉的中国美食，因为随着中国加入WTO和物流的飞速发展，故乡已不像余光中的诗《乡愁》里描述得那么遥不可及了：我在那头，老干妈也在那头。

几乎每个小城市都有一个99 Ranch Market，中文叫大华超市，基本可以买到你能想到的所有中国食材。我仔细数了数，可能只有几样东西买不到：中秋前后，蟹膏能糊住你整个牙膛的阳澄湖毛腿大闸蟹；咬一口能滤出黑紫色汁液的、小孩拳头大小的余姚杨梅；新出炉还热乎的、有甜味弹牙肉馅的老大昌鲜肉月饼，光想想就口水倒流。当然也可能这是“童年的味道”才倍感珍贵。

洛杉矶不只是新一代华人的首选移民地，亚洲其他国家的移民也逐渐在这里建立起自己的社区和美食街。唐人街的败落伴随着韩国城的崛起，每到周末，大小烤肉店门口，车位难求。多是三十几美元一个人的无限量吃法，一盘又一盘的各式烤肉，配一瓶接一瓶的烧酒或玛克丽米酒，一直能热闹到后半夜。韩国人把各族小青年都带坏了，10点一过，注定有好几辆警车把着几个重点路查酒驾。

相对而言，不远处的小东京相对斯文些，很少有露天用餐场所，大家都中规中矩地盘腿坐在榻榻米上，一边小口啜着丰俭由人的清酒，一边品尝寿司大厨在你面前现场料理的美味海鲜。相比韩国烧烤贵一些，但绝对物有所值。常人肉眼无法分辨做刺身的三文鱼和烤来吃的三文鱼有什么区别，但厨师知道，进货的人也知道。看上去差不多的东西价格可能差了好几倍，但真正的日料大厨绝不会以次充好。

我最喜欢的一家是Sushi Jen，是我食神级的吃货朋友Andy带我去的，它有一种吃法叫Umakase，可翻译成“随便”——自己不能点菜，需要交一百美元，端上什么你就吃什么，这个不吃那个不吃的伪吃货们慎入。每一道菜无论是装盘方式还是颜色搭配都让你喉结翻滚。主厨通常很严厉，即使是码在同一个盘子里的三样东西，也必须按照他设计的顺序一口一口地吃。跟普通日料店先斟上一小碟酱油和芥末不同，他不许你自作主张地乱蘸。因为每一款食物要么是已经入了味，要么是想让你品尝原味，要么是专门配好了特殊的蘸料。

好莱坞东边几条街还有一个泰国城，也是我经常光顾的地方。规模要小得多，也就那么一两个购物中心，五六家餐馆，价格档次差别不大。我常去的是那家装潢最朴素、餐具最简陋、餐巾纸最薄、装盘最不考究，但味道最正宗，绝不迎合美国人口味的店Ruenpair。我们每次去，也就是反复点那几道经典菜：生蓝虾沙拉、生青蟹沙拉、青木瓜沙拉、九层塔酥炸鲶鱼、炸松花蛋、冬荫[①]汤、碳烤猪颈肉、菜脯蛋饼。

从洛杉矶往南开，会在沿海的几个小城发现越来越成气候的越南城。

---

① 粤语音译为冬荫，是一道著名的泰国酸辣汤，由南姜、酸子、香茅、青葱、酸柠檬、辣椒和鱼露调制而成。英语音译为Tom yum，其中Tom表示汤，yum表示酸辣之意。最著名的是加虾和草菇的酸辣虾汤，gung 就是虾的意思。

我有些越南朋友从生出来那天就知道，某一天某个亲戚会把他带到美国来生活。这也是个喜欢群居的民族，像大闸蟹一样一串串地落地加利福尼亚州橙郡，继续讲越南话，吃“火车头”河粉，生活在一个国中之国。

我初到洛杉矶时，人生地不熟，有了车也不知道往哪里开，买GPS之前甚至都不怎么敢开车。洛杉矶是一座由很多条高速路编织出来的蛛网城，高速出口太多，车速都很快，很容易就错过一个出口。搬到“小台北”，除了能吃到中国美食，另一个好处就是离我的朋友们近了很多。二〇〇八年的“朋友圈”指的还是一群活生生的人，不是微信上一个个不一定是人头的头像。

我必须感谢看上去不苟言笑但其实一逗就笑的肌肉猛男Joshua博士，通过他，我很快认识了一群好朋友：

九面玲珑，随时小S附体，有他在就绝不会冷场的美食家小安迪；

敦厚善良得让人不好意思欺负但又忍不住想欺负的本家哥哥骏骏；

照顾全家老小，送着“外卖”，却操着卖白粉的心的奶叔弗兰克；

伯克利的骄傲，一不小心错过了奥斯卡的老戏骨，针织界一姐南溪；

爱酒如命但一喝就喷，脸上永远挂着慈祥笑靥的“黑牡丹”小艺；

愤世嫉俗但豪气干云的赌场高手，古典家具大亨大安迪；

集英伦绅士与美国嬉皮于一身的气质型男，芭蕾梦不死的查尔斯；

《阿飞正传》的原型，走遍天涯不能歇脚的“流浪蟋蟀”阿飞；

清华大才子，亚洲楚留香，最抢手的极品文艺理工男“小浣熊”赞赞；

中学校长，口头禅“你最瘦，多吃点”的花莲好男人郝沃；

热爱高雅艺术，和美国人异地恋十几年痴心不改的“节妇”博士；

和我学同一个专业，但娶了泰国老婆、开泰国餐馆的戴瑞克；

女人见了都嫉妒得要死，但男人们却经常把她当男人的美女伊涝；

长着鲁智深的身材和脸，却用芭比娃娃的腔调说话的建筑师壮壮；

绝对给中国人长脸的南加州大学商学院终身教授尚车博士；

颜值和身材都爆表，但画的画比他还好看的CalTech芮梦德博士；

总想着所有人，在任何情况下都不会生气的北大考古系师哥阿伦；

嫁了美国老公，生了芭比娃娃的上海老妹儿、“腐妈”门门；

眼睛一翻就迷死人的“圣地亚哥绝情草”，成都大眼妹商零零；

操一口可爱的粤普，屡败屡考终于拿到执照的大律师戴伦；

娶了娇妻却忘了哥们儿的温柔壮男夯特博士；

喜欢爬山更喜欢拉丁帅哥的中年妇女刘丽丽；

明明可以用脸吃饭但却要做营养师的赛萌；

拍照360度无死角的长腿妹小奥；

人见人爱的励志型富二代、小鲜肉麦麦；

花见花败的“野鸡村村长”基拉德；

用一台相机就可以让所有俊男美女“跪舔”的摄影师许先生；

……

这群人大部分是“70后”，绝大部分是靠自己的努力来美国读研究生，其中有好几个博士。我们有相似的生活经历、历史记忆和价值观，很容易聊到一起。不知道最初是谁提出来的，我们把这个特别的圈子称为“山鸡村”，由脾气最好、舞姿最轻盈、最有娱乐和奉献精神的南溪任村长，由曾经叱咤南北加州、现已退居二线但仍很有威望的大安迪任乡长，还有好几届专门负责组织活动的街道主任和调解家庭矛盾的妇联主席。

我们每个月都会给当月出生的朋友庆祝生日，还会定期组织去姚校长的林肯中学打羽毛球，去圣莫妮卡打沙滩排球，去Wittier Lake喂野鸭子和天鹅，在帕萨迪纳的老城区瞎转悠淘减价的A&F牛仔裤，万圣节在学运领袖家里开易装舞会，在立明哥家里开泳池派对，在乡长家的后院户外烧烤……几乎每周都有热闹的活动。

遇到长周末，就再开远一点，去Joshua Tree[①]National Park（约书亚国家公园）爬野山，天黑了差点迷路下不来；去了Antelope Valley（羚羊山谷）之后，我都想到如果死了就埋这得了，还有漫山的罂粟花点缀我的棺冢，也注定是个排场而浪漫的葬礼；不懂为啥Palm Spring（棕榈泉）会是世界闻名的养老胜地，它地处沙漠正中心，夏天热到可以直接在马路牙子上煎鸡蛋；不过棕榈泉再热，也热不过Death Valley（死亡谷），至今那里还保持着56.7摄氏度的世界最高温纪录。

他们还教我打Texas Hold'em[②]，让它成为我成年后最心仪的桌游。跟它比起来，“斗地主”太小儿科，“二十四点”太中学生，“拖拉机”太大学生，桥牌太老爷子，“炸金花”太农民工，麻将太贵妇，“拱猪”太不斯文，“狼人杀”太耗时间。喜欢德扑，不光是因为它充满挑战和智慧，强调冷静和风险控制，也是因为它能同时允许二至二十三个人参与，可以丰俭由人地定规则。

绝大多数村民还没成家，处于学业和事业的起步阶段，难免会遇到各种困难。谁家里发生了好事或不好的事，大家很快会知道，并在第一时间送去援助、慰问或祝贺。那个年代还没有微博微信，这些消息大都

---

① Joshua tree——约书亚树，这个名字是由一群摩门教徒在十九世纪穿越莫哈韦沙漠时取的。这棵树独特的形状使他们想起了圣经中的约书亚在祈祷中把手举到天上。

② 德州扑克，简称德扑，发源于Robstown. Texas（德州罗比斯镇），是世界上最流行的公牌扑克衍生游戏，也是国际扑克比赛的正式竞赛项目之一。德州扑克的玩法较类似Stud Poker（梭哈），牌手的手牌是固定不变的，只能透过自己的下注影响其他牌手，并透过观察其他牌手的下注来推测其可能的手牌。

是通过口耳相传。“在家靠父母，出门靠朋友”这句话终于在山鸡村得到了印证。

山鸡村的村民们见证了我的成长，分享过我的喜悦和沮丧：他们看见过我博士毕业时的最意气风发；也看见过我辞职待业时的最穷困潦倒；他们曾帮我清扫最幸福甜蜜时满地撒的狗粮；他们也曾不顾我的疯狂踢咬把喝醉了跳进泳池的我打捞上岸。我飞越南北加州读书的时候，他们为我提供睡觉的床，为我留好温热的饭；在我失意的时候陪我喝酒陪我疯；在我嘚瑟的时候纵容我张狂。他们是我在美国的亲人，山鸡村是我在美国的家。

LMU的中文课上到五月底就结束了，我还没找到一份全职工作。对一个外国人来说，找不到工作就意味着你该收拾行李准备回家了。于是我约了其他三个跟我同病相怜的朋友，大家一拍即合，决定租一辆车自驾游三周，不订具体目标和行程，走到哪里算哪里，最多提前一天订酒店。

我们从洛杉矶出发，先飞到得克萨斯，先后到了San Antonio（圣安东尼奥）、Dallas（达拉斯）、Houston（休斯敦）、Austin（奥斯汀），一路拜访大家散落在各地的老同学们。在美国都习惯AA制，我们这么多人不会没皮没脸地蹭吃蹭喝，但当地有熟人会方便很多，能迅速找到最值得去的地方和最可口的饭菜。记得当时我们在奥斯汀的Lady Bird Lake[①]（鸟夫人湖）租了一艘游艇，把音乐放到最大，一边

① 这个湖原来只有个很普通的名字叫Town Lake，后来为了纪念让本来脏臭的湖岸变得又美又干净，有着巨大贡献的约翰逊总统的夫人而改名。这位第一夫人从小被乳娘认为跟小鸟一样漂亮并给她起了Lady Bird的小名，结果比她的真名流传更广。

喝着自己调的烈酒，一边像《西游记》里的小妖们一样嗷嗷叫着，放浪形骸。

接下来我们贴着南部的海岸线一路往东，途经路易斯安那、密西西比、阿拉巴马、佐治亚，最后横穿北美到达佛罗里达。一共穿越了七个州，曾在十几个城市停留，开过像一根风筝线一般连着美国大陆的世界最长栈道，一直到达美国最南端的海岛——基韦斯特。

一路上，我们看到了Mardi Gras[①]结束后的新奥尔良，安静的样子让人不敢相信这就是传说中女人掀起裙衫、露出胸部，只为得到路边陌生男子一串塑料项链的地方；我们也尝到了美国版的“麻小”，美国人说中国厨师懒，却不懂自己亲手剥出来的龙虾肉才更香甜的道理；在阿拉巴马的百年鬼屋酒店里怎么也等不来传说中的冤魂，只好自己扮鬼吓唬自己；在密西西比和像英国绅士一样文雅的鳄鱼一起散步，据说那几只善解人意的鳄鱼每天像上下班一样准时出现在路边供游人拍照；在迈阿密一边喝着扎啤酒、吃着水牛翅[②]，一边苦等台风，电闪雷鸣的暴雨中在沙滩上狂奔是一辈子必须有一次的疯狂体验……

在自驾游的最后一天，我和朋友在海明威故居旁边的一个露天酒吧，吹着痕极又痒[③]的椰岛海风，听着格调并不太高的街头爵士，大口

---

① 源自法语Mardi Gras，直译为油腻的星期二，又称忏悔节，是“圣灰星期三”的前一天。在许多地方，人们通过狂欢节、假面舞会和化装游行的方式来庆祝这个节日，其中以新奥尔良、莫比尔和悉尼最为著名。

② 顾名思义，此菜源于纽约州布法罗——水牛城，采用鸡翅的中下部（分flats和drums），不上面粉油炸，再上以辣椒为原料的酱汁及其他调味。上菜时常辅以芹菜和蓝奶酪汁。很多中国人吃不太惯臭奶酪，也不喜欢辣酱汁里调白醋。

③ 引自张国荣《春夏秋冬》里的一句歌词。粤语里“痕”也是痒的意思。

喝着带冰碴的Pina Colada[①]，突然接到一个来自北加州的电话。虽然当时已经喝得微醺，酒吧里也十分嘈杂，但是我分明听到了那几个关键词："你可以过来面试吗？"——竟是一份久违的面试邀请……

① 西班牙语里，Pina是菠萝，Colada是椰子，顾名思义，就是用凤梨汁、椰浆和朗姆酒调成的一种清凉好喝，醉人于无形的甜味烈酒。

6 

沙海迪的故事

Sara是我夏威夷大学的同学，我们认识那年，我二十八岁，她二十三岁。毫不夸张地说，她是我目前认识的最美的女孩子，一头芭比娃娃的披肩金发，水汪汪的蓝眼睛深不见底，扑闪扑闪的眼睫毛，前凸后翘的身材，从来不用任何化妆品。Sara热爱自然，坚持素食，每天跑步、爬山、做瑜伽。她是她母校的Homecoming Queen（返校节皇后），跟她走在马路上经常会有男生朝她吹口哨。她就一把拉过我的胳膊让我扮她男朋友，以避免不必要的骚扰，我心里暗自祈祷最好不要被人揍。

我们同时入学，也商量好同时毕业，再加上一个五岁儿子的单亲妈妈Cary，三人一起组了“Slackers Trio（偷懒三人组）”。并不是因为我们贪玩，而是我们发现并不是每一门课都能学到自己想学的东西，有很多时候理论跟实践严重脱节。我们私下里进行的真诚坦白外加疯狂吐槽的讨论让我们深刻意识到学历教育的局限性，和它几十年一成不变的陈腐气味。即使是在中国家长孩子眼里如此光芒闪耀的美国研究生教育，到头来也同样只不过是为了拿到一纸文凭。

大家都喜欢教课，不喜欢做研究，也没想成为学者或教授。但夏威夷大学的大部分教授都重研究、轻教学，这里即使读完所有老师布置的文章也并不能把我们变成更好的老师。既然这样，我们的策略是“能偷懒就偷懒”，能略过的文章就略过，五百字就能交差的小论文，绝不写五百五十个字。

已经读过一个硕士的我更是深谙个中法门。我们会请学长学姐们喝酒，从他们那里探听出哪些教授会宕[①]掉学生，哪些教授的课比较容易拿A。结果总结出来：那些正在为拿到终身教授而奋斗的年轻教授对自己要求高，对学生也狠；反倒是那些年纪大、学问大的教授表现得更慈祥厚道、风趣自在。

James Dean Brown教授，为了证明自己比同名好莱坞大明星更帅，让大家叫他J.D.。他著作等身，很多书都是这个领域的经典课本，但整天嘻嘻哈哈，总是从眼镜上方露出两个眼珠子不怀好意地看着学生，随时准备找一个倒霉蛋调侃一下。他布置的作业不多，我们写了他好像也不怎么看，但他的课堂讨论总是热烈而令人愉悦。

我们仨一口气修完了他开的所有课程，若干年后，发现还是从他那里学到的东西最持久有用。比如他1994年出版的那本《语言课程的基本要素》，不但让我深刻理解了语言课程的设计方法，也对我后来设计学校产生了深远影响。他2013年的新作《英语语言测评综合指南》还被翻译成了中文，被收入《英语教师职业发展前沿论丛》。

夏威夷大学的硕士班要足足修满39个学分，13门课，外加实习。好在有偷懒三人组互相鼓励或不鼓励，有时候都走到教室门口了，瞄一眼讲台上凶巴巴的Bonnie教授，一个心领神会的眼神，就一起改道威基基

① 英文down的音译，一般指电脑死机，这里指考试老师不给通过。

海滩了，唯有阳光、沙滩、啤酒不敢辜负。

美好的时光说长又短，一眨眼就毕业了。因为我参加了一个东西方中心组织的奖学金项目，去越南考察了一个月，错过了毕业典礼。再回到夏威夷的时候，已经人去楼空，像老狼的歌词里唱的一样：

那宿舍里的录音机也天天放着爱你爱你，
可是每到假期，你们都仓皇离去。

毕业后，Sara 交了男朋友，是个乐团的经理人，快四十岁了还不想谈婚论嫁。每次和Sara 电话聊天时，经常听到她抱怨，所以对他印象一直不好。Sara为了跟他在一起，搬到了洛杉矶，在USC教留学生英语。峰回路转，我在纽约待了一年后，也搬来了洛杉矶，在LMU做实践教授。Sara住在西好莱坞，我就在她附近找了房子，虽然离我工作的地方有点远，但我很高兴可以时常跟她聚聚。

我是个无肉不欢的人，而Sara 茹素多年，我俩注定吃不到一块儿去。有一次她在家里开生日派对，我开玩笑说我对素食派对没兴趣，没想到她当真了，破天荒地从 Trader Joes买了冻鸡胸肉，煮熟了放在沙拉上，生生把田园沙拉变成了鸡肉沙拉。虽然没味道的鸡胸肉我是不吃的，但是对于一个一辈子没碰过生肉的人来说，愿意戴着手套为了你去切割、烹煮并手撕动物的尸体，这份情义无价。

不过在其他方面，我们是有共同语言的，比如聊教育、聊学生、聊要不要读个博士。在比较了美国几乎所有的教育类博士项目之后，我认定南加州大学的教育领导项目是性价比最高且最适合我俩的博士班，于是我就撺掇她跟我一起申请。Sara当时正在南加州大学的美语中心教课，作为这里的员工她可以享受很大程度的学费减免，想了五秒钟她就同意了。

为了沾减免学费的光，我也申请了去南加州大学教中文的工作，但因为当时美国经济萧条，失业率持续攀高，雇佣外国人要经过一道不合情理的审核程序——不但要求用人单位提供一份材料，证明我比任何一个美国人更能胜任这份工作，而且要给出与这个“不可替代性”相对应的高薪。虽然系主任很想聘用我，但南加州大学给讲师开的工资并不高，没有达到政府规定的“高薪”标准，一举两得的计划落空。

在接下来的几个星期，我们一起准备申请材料，前后递交了入学申请。我们认真比较了四个不同的专业方向：高等教育、基础教育、教育心理学和教师培训。她劝我也选她心仪的教育心理学，我有点犹豫。心理学属于科学范畴，我对数学课仍有很大的心理阴影。

其实更让我动心的是基础教育，在大学做了一年多培养中小学老师的工作，让我对这个领域充满好奇和热情。但让一个没在中小学工作过的人来培养中小学老师，说出来自己都会心虚。不过后来的事实证明，正因为我没有接受过这套诞生于二十世纪的师范培训，才让我有可能破框思考，用一种“不在此山中”的视角看清教育的真相。

老天爷如果有肉身，绝对是个十岁的男孩子，给你添乱的时候让你抓狂，对你好的时候又让你感动到掉眼泪。在我收到南加州大学录取通知书的时候，竟也同时拿到了北加州一所私立学校小学校长的offer。因为博士班对选读基础教育领导专业的学生有硬性要求，必须是在职的中小学高层管理人员。这个来得早不如来得巧的工作邀请，瞬间解决了所有问题。

同时接受博士录取和就职邀请，也就意味着我要同时完成两件从没做过而且充满挑战的任务，还要面临整整三年“空中飞人”的生活。很多朋友说我疯了，Sara是唯一祝贺我的人，因为她也拿到了录取通知。有了她的陪伴和鼓励，让我多了一份勇气去面对这个mission impossible。

离开洛杉矶前最后一次和Sara 见面是在好莱坞后面的山上。那是加利福尼亚州久旱之后难得有蓝天白云的一个周六，也是我搬到北加州前的最后一个周末。Sara 告诉我她和男友终于订婚了，并一起买了房子，算上和我的加利福尼亚州重逢和被南加大的录取，人生四大快事，生生被她占全了，我由衷为她高兴，也只有像她这样集美貌、智慧、善良于一身的女孩子，才配得上如此幸福的生活。我们长时间地拥抱，直到喜悦的泪水变成分别的惆怅。

可是谁都没有想到，就在开学前的两个月，突然看到Cary在Facebook上发的帖子，说Sara 进了医院。我捧着花走进医院，见到了从老家赶来的Sara父母和其他家人，还有她的未婚夫Peter。每个人眼睛里都布满血丝，Sara 还在重症监护病房。Peter用很慢很轻的语气描述了事情的经过，每说一个字，都好像用尽了他所有气力。

原来Sara常年偏头痛，每次吃药就可以缓解，这在美国很普遍，药店里也陈列着琳琅满目治头痛的药。可这次加大剂量的止疼药也无济于事，急忙去了急诊室，医生给她打了吗啡，但六个小时后Sara并没有如期醒来。医生有点疑惑，决定从她体内抽出吗啡，可是Sara还是没有醒来，这才意识到出事了，赶紧送去拍了片子，结果出来才发现Sara中风了，脑后有一个巨大血块。开颅手术还算成功，淤血被清出，但这几个小时的耽搁，已经造成了她脑部的严重损伤。虽然脱离了生命危险，可到现在Sara还没有跟外界有任何互动，也没有摆脱变成植物人的可能。

护士做完常规检查后，终于可以探视了。每次只能进两人，因我是远道而来，他们就让Peter先陪我进去。 只见Sara一动不动地躺在床上，脸色惨白，没有一丝血色。做脑部手术的时候，削去了一些头发，我好像看到了维纳斯的雕塑被推倒在尘埃里的样子。虽然在进病房前，我已经告诉自己一定不许哭，可不争气的眼泪瞬间如注，跟所有人一样，我完全想不通如此健康的Sara，怎么就突然会变成这样……

再次见到Sara是开学以后的事了。Sara醒了，好消息是所有检测结果证明她的智力和记忆没有受损，但还没恢复大脑对身体各个部位的协调和控制，医生说这可能需要漫长的过程。现在，Sara浑身上下唯一能动的就是她半开半闭的左眼。家人与她沟通，所有的对话都以一般疑问句进行，如果答案是肯定的，她就眨一下眼睛，如果是否定的，就眨两下。

我也尝试用这种方式跟Sara聊天，但无论是眨一下还是两下，滚出来的永远是大颗大颗的泪珠，我实在没勇气再继续下去……我这辈子从来没有体会过这种爱莫能助的无力感，不是我不想常来看她，我只是不觉得哭得比她更伤心的我的出现，会给Sara带来任何积极的影响和帮助。

……

一年以后，Sara在医院完成了一期的复健，也已经用尽了南加州大学员工的医疗保险所能承担的最高金额。她只能回到威斯康星州的老家，在父母亲的照顾下，在当地的康复中心做后期的复健。我跟Sara的爸妈沟通好，想给她一个惊喜。五个半小时的飞机从旧金山到麦迪逊，再开三个半小时的车到 Westby——威斯康星乡下总人口2 200的一个村庄（他们竟然把人口写在高速路边的路牌上）。

我与她父母为这次会面做了周密安排，她们先去教堂做礼拜，这样可以让Sara穿得美美的，又不会起疑心。我的意外出现，我们都以为她会抱着我大哭，但没想到，Sara表现得非常镇定，用无比平静的口气说：“啊？Terry你怎么来了？我看到门口的车，还以为是表哥买了新车呢。”

我们拥抱，长时间的拥抱，一半是积攒了太久的想念，一半是我要争取时间让马上就要滚出来的眼泪蓄住。我们吃了烤箱里的桂皮甜卷，然后Sara拿出一面镜子和她的复健工具包，开始练习左右脑和左右手的配合。我什么忙也帮不上，只是坐在她旁边静静地看着，看着她那不会被任何事情打倒的坚毅眼神。

Sara恢复的情况远远好过我的想象，也超出了医生的预期，皮肤和头发也都恢复了生机，从原来的沙金色变成了同样好看的褐金色。她每天花很多时间练习写字、走路、说话和平衡等这些正常人想当然的技能。但依然时常泪流满面，并拒绝拍照。爸爸建议我们去沃尔玛走走，其实这是Sara每天的功课——绕着沃尔玛的内墙走一圈。Sara一开始不肯，不愿意让我看到她狼狈的样子。但是在大家软硬兼施的攻势下，她妥协了。

Sara腰上系着一根宽宽的腰带，爸爸在后面牵着，以防她失衡摔倒。Sara的左半边受损程度较大，一直恢复得没有右半边好，常人轻而易举的一个迈腿动作，对于Sara来说要付出成倍的努力。有时候她的腿踢得很高，在空中晃动，却踩不下来，不过她还是一步步艰难而坚定地向前迈着。

我趁她锻炼的时候去采购食材，为了晚上给大家做顿饭。妈妈不吃辣椒，Sara依然吃素，八十八岁高龄的外婆只爱吃肉，我终于体会到什么叫众口难调。我从洛杉矶的大华超市买来了主要原料，但还是要花点心思配菜。经过一番斟酌，我准备做四个菜：肉丸子罗宋汤、茶树菇佛手瓜炒肉丝、香菇素鸭和葱姜虾仁。

Sara中风后，在大家的劝说下，已经放开海鲜这块禁忌，所以我只要在下肉丸子和肉丝之前，留出Sara的那份就行了。两个小时后，一切就绪，Sara还趁我做饭的功夫做了瑜伽。我带了一瓶我和Sara最爱的Riesling（雷司令，一种干白葡萄酒），今天她破例喝了两杯。饭后我们翻看了一些老照片，她看着看着就困了。

Sara睡觉后，我跟妈妈聊了会儿家常。我原以为这是一个传统保守的典型中西部农村家庭，其实妈妈和爸爸已经离婚十几年了，但还住在附近，彼此都没有再婚。妈妈的妹妹离婚了，Sara有一个姐姐、一个弟弟，姐姐也离婚了，有三个孩子。二○○九年对于他们家是个多灾之年，几位家人陆续辞世，妈妈白天要上班，除了照顾Sara之外，还要照顾八十八岁的老母亲。

这简直是一部现实版的《活着》，我终于知道Sara坚强隐忍的品质来自哪里了。Sara的病带来的唯一安慰是让这个已经支离破碎的家再次团结起来。为了以防万一，Sara病后一直跟妈妈睡在一起，我躺在Sara从小长大的闺床上，听着隔壁老外婆用的呼吸机规律的声音，我思考了很多关于生老病死、聚散离分的事情，辗转难眠。

早上起来，我们一边吃早饭，她一边用一根粗线沿着一只孔雀翅膀图案来回穿线，穿好了拆掉再来一遍。我知道这有助于她恢复对手指的控制，但也知道这种简单而单调的事情对于一个聪明绝顶的人来说是多么残忍的折磨。虽然Sara的语速没有常人快，但已经能正常表达，她除了需要经常休息，阅读和写作能力跟以前一样。她还专门写了一篇文章，揭露同时服用治疗偏头痛的某一款药和另一款避孕药会导致中风的可怕事实，文章发表在Facebook上，提醒更多的青年女性注意。

我觉得Sara现在最大的障碍是恢复自信，于是我小心翼翼提起之前一直刻意回避的话题。当年我们同时被南加州大学教育学院博士班录取，学校也清楚她的情况，每年都自动帮她办延迟入学手续。我自以为是地认为，增加一些高智力的挑战和有实际意义的工作会增强她的自信和勇气，甚至有助于她的康复。Sara用不置可否的沉默回应了我。

回到加利福尼亚州后我自作主张地给院长写了一封情深意切的信，希望学校可以免除Sara的学费，并想办法允许她在网上修课。这封信如石沉大海，后来想想，毕竟为一个学生开发线上课程也不是轻而易举的事，这个世界有些遗憾也不是一两个人的美好愿望所能改变的。我又开始懊悔自己的幼稚和唐突，生怕让Sara失望。

走的时候，她们全家一直不停地谢我，她们每谢一次，我都靠使劲咬紧嘴唇才能忍住眼泪。其实我才是应该致谢的人，Sara教会我太多东西，给予我太多力量。两年前最后一次见到她还只能眨一只眼睛，今天她已经能说能写，常人无法想象她为之所吃的苦受的罪，也无法想象一个天仙般的女孩如何面对镜子里脸歪眼斜的自己。好几次我精疲力尽想要放弃的时候，都想着我不光是为自己读呢，无论如何也要替Sara把这个博士读完。

之前我一直不喜欢她的男朋友，但Sara中风后，容貌不再，无法自理。他却不离不弃，每个月从洛杉矶飞过来看她，每天早晚电话。我写了“爱的力量，生命的奇迹”这幅字，送给这个折翼天使和她的爱人。Sara和我一样眷恋着夏威夷的海，我给她起了“沙海迪”这个中文名字，鼓励她像张海迪[1]一样坚强勇敢，也感谢她带给我的坚毅和启迪。

---

① 中国著名残疾人作家。一九六〇年，张海迪五岁时因患脊髓血管瘤导致高位截瘫，自学完成了小学、中学、大学和研究生的课程，并学习针灸，在当地行医。一九八三年，张海迪开始文学创作，发表的作品已超过100万字。团中央授予张海迪“优秀共青团员”光荣称号，是我们那代中小学生心中的偶像。

飞人博士

飞人博士

1 

贬落凡尘的星星

在美国住过很多城市，湾区是我的最后一站，也是我住得时间最长的地方， 所以感情很特别。湾区指的是萨克拉门托河下游出海口的旧金山湾四周，其中包括多个大小城市，旧金山半岛北部的旧金山、东部的奥克兰、南部的圣荷西，旧金山和圣荷西之间的部分俗称半岛。

我工作的半岛国际学校也因此而得名，它所在的城市叫帕罗奥图，处于湾区的正中心，也是世界著名的高科技发源地——硅谷的心脏或脾脏位置，是很多风险投资者和IT界精英的首选居住地[①]。帕罗奥图虽然名气不如旧金山大，但却是美国人均收入和房价最高的城市。除了因为硅谷的创造力吸引了大量人才和资本外，美国也有学区房文化，美国西部最负盛名的斯坦福大学就在这里，虽然小名Paly的Palo Alto High School（帕拉阿图高中）跟斯坦福没什么关系，但在家长眼里，就是相当于“斯坦福附中”的地位。

① 苹果创始人乔布斯、Face book创始人扎克伯格都在这里安家。

虽然太平洋顺时针洋流带来的北冰洋海水冰冷刺骨，整个北加州也没有特别像样的沙滩，多是岩石峭壁和粗砂粒的石滩，不适合水上运动，但是冬天的时候，穿件连帽衫，兜着脑袋站在崖边看脚下惊涛拍岸也别有一番情趣。

在南加州和夏威夷看够了海，到北加州之后，疯狂地爱上了山。一有机会就找座小山徒步一下，所以那段时间虽然忙，但体形保持得很好。北加州遍地都是小型山头公园。短的二到三英里[1]，吃完饭散个步最合适。

在北加州还意外培养了一个爱好——露营。只要你不是看见虫子就尖叫的人，一次露营的经验，就会让你深深爱上。一开始我还抠门地问朋友借了顶帐篷，回来后就自己买了全套装备。搭帐篷远不是我们想象得那么麻烦，就算是文科生都能在几分钟之内搞定。但捡来的劈柴已经完全晒干，才不至于让本来浪漫的篝火派对每个人都被熏得泪流满面，让人误以为又是哪个小伙伴过劳猝死的哀思会。

我最期待的通常是酒酣人散，各自回到帐篷之后的时光。带着点恰到好处的微醺，揭开帐篷顶上的遮雨盖儿，懂星象的人可以把自己最喜欢的星星揽进天窗。这时候，最适合和自然对话，和自己对话。将黑未黑时的夜空最好看，像深邃的蓝丝绒镶着钻石，星星就离你几个手臂这么近。运气好的时候还能看到萤火虫，那是闯了祸被贬下凡间的星星。

美国露营公园的设施很齐全，并不是大家想象中的荒郊野外、茹毛饮血、随地便溺的画面。有统一挖好的篝火坑，有结实耐用的烤肉架，有按帐篷数算好的停车位，有预先平整过的安营地面，几步之遥就有干

---

① 1英里=1 609.344米。

净的厕所和温水冲淋。当然，享受这种便捷的前提是每个露营客都高度自律，临走前带走所有的垃圾，严格遵守营地的规矩，不把自己的方便建立在别人的麻烦之上。

完整的露营体验是要带足食物，日落之后、睡觉之前的时间就靠烤肉、喝酒、嗑瓜子、讲鬼故事、唱校园民谣来消磨。同伴里如果有个会弹吉他还能被点歌的，就免了他的份子钱吧。

虽然加利福尼亚州有数不清的露营点，但也别低估了露营爱好者的人数。全国有专门的网站可以预订，但离城市较近的营地周末通常提前几个月就被订满了，如果是长周末，热门营地的预订要提前一年。我前后去过十几个营地，印象最深的是跟Chester一起去的Yosemite 。把它翻译成“约塞米蒂”的人看见“优山美地”四个字之后应该咬舌自尽了吧。

湾区还有一个太后湖，喜欢滑雪的人一定爱死，而我只是那个被小伙伴们抛弃在绿道上孤独的慢滑老人。

第一次滑雪是跟大学死党阎珺岩去他吉林老家，印象中那天缆车还停了，是自己深一脚浅一脚地把滑雪板扛到了山顶。这一路连滚带爬地下来，根本不是《智取威虎山》里解放军战士脚上绑块木板就能飞的帅模样。几乎都是用自己的屁股当滑板，牛仔裤都磨穿了。

可能是那次留下了阴影，我跟滑雪板的关系一直像“小女生遛阿拉斯加狗——不知道谁在控制谁”。有一次我同屋逞能，水平一般还在黑道上嘚瑟，结果摔到山谷里，头盔都砸瘪了。人算是救过来了，但尾椎受伤，大小便失禁一个多月。从此以后，我更加谨小慎微，人稍微一趔趄或速度一旦突破我的舒适区，立马乖乖躺倒，然后用最狼狈的姿势爬着找回不知被扔到哪儿去的滑雪杆。更吸引我的则是滑雪之后的露天温泉：天上飘着雪，鼻孔以下全部浸在热气腾腾的温泉里。

其实夏天的太后湖更好玩，一般能在海里玩的水上运动在这里都能玩儿。习惯了海水的苦涩，第一次在湖里游泳感觉水都是甜的。印象最深的一次是跟旦旦和豆豆去玩摩托艇，我们轮流掌舵，旦旦开得最野，最后撞到一个大浪，我们仨一个抱着一个的腰往后齐齐飞出去，“扑通扑通”掉进水里，感觉“拴在一根绳上的蚂蚱”那句俗语终于被拍成了动画片。惊魂未定，救生艇飞速朝我们驶来，把一边呛水一边笑得停不下来的三个神经病打捞上船。

年纪越大胆子反而越小，敢玩的运动项目也越来越少，最后只好沦落到去Napa[①]喝酒。因为气候南冷北热，差异很大，再加上复杂的土质，让这里得以生产口味丰富的各款美酒。我本来爱喝酒，半岛国际学校的大校长Philippe又是个老酒棍，他手把手教了我怎么品酒，确切地说，是怎么摆出很懂行的品酒姿势：

从服务生手里接过酒杯，用手掌托起杯身，让手的温度传递到杯子。轻轻地顺时针晃动三到五次，像品鉴汝窑一样凑近光源看酒怎样挂杯。把酒杯罩在鼻子上猛吸一口，同时闭上眼睛若有所思，坚持两秒钟。再把服务生倒的那口酒全部灌进嘴里，轻轻地漱口两次，让酒浸润每颗味蕾和每一道牙缝。整口咽下，做陶醉状，微微颔首。把杯子递还给服务生，顺手做个OK的手势。转向桌上的观众宾朋撇撇嘴，做出凑合能喝的默许表情。

这番表演之后，再狡猾的老板也不敢拿勾兑的红酒对付你，你的朋

---

① Nape Valley 及 Sonoma Valley 两区是加利福尼亚州最大的葡萄酒生产地，皆位于旧金山湾的北方，30多千米的纳帕谷地沿着29号公路两侧聚集了200多家酒庄，每年吸引上百万观光客。

友们也从此把你奉为神明。有一次，我亲眼见到Philippe尝完之后，竟然真的把老板叫来。对方在他的建议下也尝了尝，在众目睽睽之下，用“五体投地”的表情恭维了校长，并爽快地让服务生换上他自己的珍藏。整个过程看得我屏息凝神，不知道到底是Philippe bluff[①]成功，还是老板演技更胜一筹。

虽然得了好几位“砖家”的真传，也专门花钱上过品酒课，但我至今仍然不是太懂红酒。总觉得有点太矫情。酒喝到嘴里，喜不喜欢，你的味蕾马上就告诉你了，它不会撒谎，也不会因为酒的价格催眠你。有些Trader Joe’s卖的三美元一瓶的红酒好喝得不得了，现在动辄被炒到连法国人都看不懂的天价拉菲，也只剩下标注客人地位几重尊贵、主人感觉脸上几轮光彩的功能而已，跟喝酒这件事本身已经关系不大。

① 德州扑克里一种技巧性的打法，明明手里拿的是烂牌，但用夸张的表情和不合情理的大筹码震慑对手。

2

多乐徕的羽衣仙子

湾区之所以让人钟情，很大程度上是因为旧金山这座特别的城市，它没有纽约那么大，但几乎拥有纽约有的一切。我喜欢山海间的城市，让你仁智兼修；我也喜欢有坡度的城市，让你更深刻理解人生的跌宕起伏。旧金山最斜的地方可能都有40多度，停车和开车需要很高的技巧。

这个仍然在使用“叮当车”[①]的城市，有一种不愿意跟历史说再见的怀旧和温情，它为来访者提供的不仅仅是切身的体验，更是一种态度，一种清高笃定甚至有点傲娇的态度：无论沧海桑田，我愿意用自己“叮叮当当”的节奏和原始的方法去解读，甚至嘲笑这个正在不知不觉中慢慢被物欲吞噬掉的世界。

旧金山的第一地标无疑是金门大桥，它像个仙女，每天在云雾中若隐若现。如果你只想在桥头照一张“到此一游”的相片，十有八九你会

---

① 旧金山市内的缆索铁路，是最古老的循环式缆索铁路交通系统。由于覆盖范围小，加上票价高（七美元），乘客多为体验怀旧的观光客。

被吹得披头散发。海明威说过：世界上最冷的冬天是旧金山的夏天。其实最酷炫的亲近“仙女”的方法是从她身上全程走过。如果来对时节，每年的七、八月份，“仙女”会派出它的随从——野鲸鱼群在桥底喷水、甩尾，欢迎访客。

旧金山有一个孩子、大人们都会爱的Exploratorium（探索博物馆），和所有博物馆“不可触摸”的规则相反，全部展品都需要动手体验。在迁址之前，探索博物馆挨着艺术宫——一个我第一眼就被惊艳到的地方。艺术宫门前有一个湖，我到的那天傍晚，湖中倒映着晚霞，天鹅成双成对地交颈呢喃，大雁正在完成归巢前的最后一支舞蹈。我心里反复默念着“落霞与孤鹜齐飞，秋水共长天一色”，在湖边的躺椅上一直坐到天空从一匹彩缎变成深蓝色的天鹅绒。

卡斯特罗区可能是世界上最具包容性的地方了，经常可以看见几乎全裸的人走在马路上，没有人指指点点，完全是一副“你开心就好”的态度，只要不影响交通。我最喜欢去的是Market街那家几十年的老咖啡店Café Flore，他们的招牌酒是辣椒绝对管够的血腥玛丽[①]——最适合周日早上Brunch[②]喝的还魂酒。

如果不需要醒周六晚上的宿醉，也可以到Church Street Cafe吃早餐，店里别有洞天的后院、刚出炉的杏仁牛角、异香扑鼻的拿铁印度茶，都会给你别样的惊喜。如果你不小心路过Bi-Rite，即使有再多的人排队，你也要等。吃一个经典的海盐太妃口味冰激凌，你性格中残存的那最后

① 血腥玛丽，是一种可以在上午供应的红色鸡尾酒。基本成分是伏特加、番茄汁和其他各种配料，如辣酱油、塔巴斯科辣椒酱、法式清汤、辣根、芹菜、橄榄、盐、黑胡椒、辣椒、柠檬汁、盐。因此也被称为世界上最复杂的鸡尾酒。

② breakfast（早餐）加上lunch（午餐）的人造词。

一点点愤世嫉俗会在顷刻间消失殆尽。

旧金山的公交车比其他城市都旧一些，也没有自动升降功能。每当有轮椅上车，巴士司机就会站起身从座位后面掏出一块板子，架在门上，让轮椅开上来，连已经坐在老弱病残专座上的老人都要站起来给坐轮椅的更老的人腾地方。对于弱势群体的照顾和不嫌弃，做到了极致，真的让人很感动，一如Union Square（联合广场）四个角上定期更换的“爱心”设计想要传达的博爱精神。

美国最让我怀念的是旧金山的Dolores Park，没有之一。我把它翻译成“多乐徕公园”，一个都市里的桃花源。公园里爸爸和儿子互抛着橄榄球，狗狗凌空争抢主人丢出去的网球，遛鹦鹉的两个人各自站在公园的一角轮流呼唤，鹦鹉来回地飞。喜阳的男青年脱了上衣显摆着健身房里塑就的完美身材，怕晒的中年妇人挽着年事已高的母亲在树荫下互相依偎，缅怀她们曾经度过的美好时光。

草地上还经常有个长相彪悍的大哥卖他自创的“椰朗酒”，你买一颗椰子，他手起刀落，掀开顶盖，丢一根吸管给你，你一口气喝掉多少椰汁，他就用朗姆酒给你补满。加不加酒随你，反正都是一个价——十五美元。风中时不时就飘来一阵奇异草香，让多乐徕的空气更加自由和谐。

至今最让我感动并记忆犹新的画面，是有一位行为舞蹈家，顶着白色的翎，张开无瑕的羽翅，用此生我见过的最优雅的舞姿在人间穿行，用她那无比柔软的动作向每一个陌生人传递着爱，抚慰每一颗受伤的心。我足足等了两个多小时，“羽衣仙子”终于飘到我身边，我忍不住问她可不可以和她一起飞。她是鸟，她不说话，但用她无比温柔的眼神鼓励我。那一刻，我忘掉了一切可能的裁决和世俗的眼光，完全放空自己，感觉身体轻得好像要随风而去。虽然在Chester给我录的视频里我根本不像鸟，更像是一只醉鸡。

旧金山最迷人的地方还是它多元、开放、包容的文化和多姿多彩的都市生活。我毕竟是在千万级人口城市里长大的孩子，草原和岛屿只是我放风的口岸，不是我的家。我不介意都市的喧哗，甚至迷恋那种街头与人摩肩接踵的喜悦，无法在一个餐馆少于三百六十五家或咖啡店少于三十爿的城市居住。虽然不会每天在外面吃饭，也并没有那么爱喝咖啡，但是我希望保留这个选择的权利。

十几年之后，当自以为对同性恋亚文化已经足够了解和包容的我来到旧金山，特意来到卡斯特罗街，印证当年Angela向我描绘的同志天堂的时候，才发现原来自己知道的只是冰山一角。旧金山最吸引眼球也惹人非议的既不是鳞次栉比的同志酒吧和情趣用品商店，也不是每年一度的骄傲游行，而是让人大开眼界的Folsom Street Fair（福尔松街市）。

柴静说没有经历过深夜痛哭的人不足以谈人生，我想说没有亲眼见证过福尔松街市的人不足以谈包容。这是别人的生活和行为方式，是别人的自由和权利，甚至并不一定是自己有意识的选择，这就是他们生来的样子。你没有权力认可或不认可、同意或不同意、允许或不允许。更没有必要祭起道德的大旗去审判这群人畜无害的人。

福尔松街市不是一场为牟利或谋生的街头表演，也不是一场为博眼球的行为艺术，它的根本意义是一堂课，一堂关于平等和尊重的课。参与者貌似出格、哗众的表演，其实正是用莫大的勇气来启迪大众，开阔眼界，拓宽人类包容和爱的边界。

我们还处在公民教育的初级阶段，还有很长的一段路要走。歧视、裁决和偏见比比皆是，即使在少数族群内部都不能幸免：异性恋瞧不起同性恋，觉得他们恶心；同性恋歧视双性恋，觉得他们贪心；双性恋歧视异装癖，觉得他们不认真；异装癖歧视变性人，觉得他们对自己太狠；变性人歧视还没决定做手术的变性人，觉得他们太怂；恋人的歧视恋脚的，觉得他们下贱；恋脚的歧视恋兽的，觉得他们变态……总而言之，多数族群歧视少数族群，少数族群歧视更少数族群。

所以有时候很羡慕动植物，他们虽然谈不上相亲相爱，但至少尊重并学会了共享共生。斑马不会歧视大象五官不端正；猩猩不会歧视柯基身材不匀称；螳螂不会歧视知了声音太尖；青蛙不会歧视蜣螂口味太重；蚂蚁不会歧视蝙蝠睡姿不雅；狸猫不会歧视黄鼠狼体味不佳；蚯蚓不会歧视蝴蝶举止轻浮；蜜蜂不会歧视蜗牛步履蹒跚。

毛竹不会歧视牡丹装腔作势；芦苇不会歧视铁树剑拔弩张；绿萝不会歧视文竹有气无力；棕榈不会歧视葵花招蜂引蝶；百合不会歧视月季浑身带刺；水仙不会歧视栀子娇生惯养；萝卜不会歧视莲藕拖泥带水；香蕉不会歧视榴莲钢盔铁甲；葡萄不会歧视莲雾有口无心；苹果不会歧视荔枝外冷内热；菠萝不会歧视石榴龇牙咧嘴。

众生万象，才让这个世界缤纷，人与人之间的不同才让生活变得趣致而回味无穷。中国曾经有，现在有，将来也一定会有这样或那样的少数族群。我们没见过不代表他们不存在，我们没试过的不代表他们没道理，我们不接受的不代表他们不应该，我们不认可的不代表他们不合法。我希望终有一天，所有人，和所有动植物一样得到平等而不被裁决的生存权利和空间。

3

飞人博士

很多人不理解我是怎样做到一边在北加州做着一份全职的校长工作，一边在南加州读了个博士的，甚至有人认为我一定是像方鸿渐一样买了个假文凭。其实对于到底要不要读博士，我跟自己做了很多年的思想斗争。

父母因为赶上“文革”，都没怎么好好上过学。我读中学时，恰逢“读书无用论”甚嚣尘上，爸爸不希望我读书，担心我会成为书呆子。但我从小就喜欢读书，邻居们常用“钱博士”调侃我，我倒是很受用。老钱家从古至今出了很多了不起的学者，而我是我们家第一个上了高中的孩子，我很想结束这种没有文化的家族史，重建老钱家的书香门第。

但我又一直觉得花五到七年时间去换一张纸有点得不偿失。本来我上学就比别人晚，还留过一级，所以我特别珍惜时间，午觉多睡了十分钟都非常自责。我又一直很喜欢民国这段历史，很多如梁宗岱、华罗庚、陈寅恪等大师级的人物，都不认为有读博士的必要。

我青年时代的偶像董关鹏——北大学生会第一任特聘主席助理，一个同时可以做一百件事的人。他做过央视和BBC的主持人，做过政府官员，做过清华教授和中国传媒大学的学部长。他当时正好在哈佛大学做访问学者，来加利福尼亚州看我时强烈建议我无论如何要啃一个博士学历。他说：哪怕你读十个硕士，别人还是叫你“钱先生”。

后来的事实证明偶像是对的。二十一世纪初的中国还是一个认学历、看背景的时代，要想让别人认真听你讲话，必须得有一个博士头衔。毕竟——

> 18世纪是个通过血统领导世界的时代，
> 19世纪是个通过枪炮领导世界的时代，
> 20世纪初是个通过科技领导世界的时代，
> 20世纪末是个通过信息领导世界的时代，
> 21世纪是个通过影响力领导世界的时代。

我几乎研究了美国所有的教育博士项目，当发现南加州大学有这个Ed.D.[①]项目的时候，眼前一亮。第一，不需要脱产，相反它要求申请人必须是在职管理者或资深教师；第二，它不以培养大学教授或研究人员为目标，而是帮助在职管理者提高理论修养，并通过大量个案研究成就更有视野和领导力的教育专业领袖；第三，也是最让我动心的，是三年就能毕业。

为了配合我们这些校长或准校长们的工作日程，所有的课都安排在

---

① Education Doctor 是和 MD（医学博士）、JD（法学博士）一样，是个更重视能力和实践经验的职业型博士，和更重视发表论文的 Ph.D.（研究型哲学博士）不一样，它更像一个博士水平的 EMBA 项目。

周末。每两个礼拜，周五晚上七点到十点一节课，周六早上九点到下午四点两节课，周日读书、写论文、做功课。我是全年级四十多个学生中唯一一个跨城市的，那也就意味着整整三年每两个星期，我就必须安排如下分秒必争的疯狂日程。

周五

06：30 提前一小时来到办公室，完成必须完成的事，祈祷一天顺利；

14：00 绕开缠人的家长，离开办公室，开车到San Jose（圣何塞）机场停车场；

14：20 存车，办停车手续，等每15分钟一班的机场大巴；

14：30 坐大巴去机场；

14：40 到达机场，用事先打印好的登机牌过安检；

15：00 一边候机，一边赶还没有完成的作业；

15：20 登机；

15：30 起飞，读论文或假寐一会儿；

17：00 降落；

17：20 步行到租车公司的Shuttle（机场摆渡巴士）站；

17：30 坐Shuttle到租车公司；

17：45 到达租车公司，拿到事先定好的车；

18：00 开车到南加大校园；

18：30 到学校，停车；

18：40 如果来得及的话，吃点东西；

18：55 走进教室；

19：00 上课；

22：00 下课，开车到朋友家（去趟警察局买一张临时过夜停车券）；

22：30 跟朋友寒暄，喝一杯；

24：00 上床读论文读到睡着（应该也就是五分钟之内）。

周六

07：50 悄悄起床，洗漱，抓一个香蕉或苹果上路；

08：10 开车到学校；

08：50 走进教室，跟同学抱怨自己有多累；

09：00 上课；

12：00 下课，走去学校餐厅，或一起叫外卖三明治来吃；

12：10 和同学边吃午饭边讨论；

12：45 找个角落眯十五分钟；

13：00 上课；

16：00 下课；

16：10 开车去朋友家；

16：40 和朋友们吃饭，喝一杯，或两杯，或……

周日

09：00 起床，随便干点什么；

11：30 喝还魂酒，和朋友们午餐；

14：00 开车去租车公司；

14：40 到达租车公司，还车；

15：00 坐Shuttle去机场；

15：10 到达洛杉矶机场；

15：40 登上飞机；

16：00 飞机起飞；

17：30 到达圣何塞机场；

17：50 走去Shuttle 站；

18：00 坐Shuttle到停车场；

18：10 取回自己的车，开回家；

18：30 到家，给自己胡乱煮点东西吃。

在签合同时我就跟学校提到过同时读博这件事，学校是支持的，甚至还给了我一些交通补贴。但为了不影响工作，我通常是最后一分钟才离开办公室，也是掐着点儿赶上飞机，这常常让负责帮我订机票、退改签机票的助理替我捏一把汗。

但人生哪有那么多如你所愿？想抄个近道偏偏赶上连环追尾；为了省三秒钟没有掏出眼药水被安检的糟老头拖到一边浑身上下摸个遍多耽误五分钟；费尽工夫找到的十五美元一天的租车折扣，却因为迟还了一个小时多交了十一美元。什么汽车炸胎啦，半路熄火啦，超速被警察拦下来啦，都发生过。英语里说When it rains, it pours.对应着中文就是“屋漏又逢连夜雨”所形容的那种衰神附体。

有一次一边开车，一边看手机追踪航班动态，结果追尾，下车赔礼时发现对方竟是自己学校的老师。为了不惊动保险公司，我假装摆出一副很世故的样子建议私了。没想到美国人完全不讲熟人情面，去4S店估了个七百美元的天价维修费用。碍于情面，我表面上爽快地答应，心里却在滴血。

还有一次等飞机时，那个白人广播员拧着舌头，操着亲妈都已经听不出来的口音，挨个深情呼唤着一飞机上的中国人。她凌乱了，我更凌乱了。广播员喊了半天Mr.Zailang Kuang，我愣是没听出来她是在喊我，结果眼睁睁地目送我的飞机飞上蓝天。

但其实老天也是有分寸的，当觉得跟你玩笑开过头的时候，也会于心不忍。比如明知道已经赶不上飞机了，抱着改签、上课迟到的打算一路哼着歌慢慢开，发现飞机正好晚点半小时。因为飞得太勤了，西南航空公司给了我一张会员卡，从此又多了十分钟的意外缓冲时间，还可以走VIP通道，这样一来我即使是最后一个姗姗来迟，也可以很绅士地走向登机口。老师把车送去4S店的路上被另一个二愣子撞了，而且正好撞在同一个瘪膛里。愣子哥哥车子贵，买的保险也大气，全管了。

在流年不利的时候，我时常这样安慰自己：所有该发生的倒霉事都已经发生了，接下来的每一天都会变得风平浪静。大师预测的地球还未毁灭，报纸热议的战争还没爆发，不间断飞行上百次飞机安全，父母慢慢老去但总体安康。有栖身之所，餐有肉，无大疾患，哪里还敢抱怨。多一点点自嘲的心态不但能帮你顺利渡过风浪，还能让你在逆风中悄悄长出高尔基笔下海燕的翅膀。

4 

心病还需心药医

在《校长日记：我在美国做校长》一书中，我尽可能真实地还原了一个美国学校的教育现场，但在选择题材时我是有所取舍的，因为主要是想以旁观者的视角带大家体悟中美教育的差别，所以其中省略了我遇到的困难和经受的考验。

工作累不可怕，天天早七点半到晚七点半连轴转，有孩子们的笑脸做我的“充电宝”；学习苦也不可怕，反正寒窗三十载早练出来了；法国人的脾气坏不可怕，至少他们表里如一，就当被狗咬了；美国人的虚伪不可怕，反正和同事也没打算深交；最可怕就是有些中国同事当面恭恭敬敬朝你笑，背后藏了把刀子趁你不备的时候捅你要害。

有段时间，可能是因为种种工作上的压力，可能是这奔波两地的疲惫超过肉体极限，也可能是身边缺了个贴心的人，我感觉自己患上了“下班后抑郁症”。我给它取这个名字是因为这个病的症状很特别：上班的时候一点事儿都没有，但一到家就像氦气跑光了只剩半囊子空气的氦气球，瘫软在沙发上一动都不想动，连通常最难拒绝的邮递包裹到了都懒得打开。

所有事情基本都在沙发上完成，文件、食物、垃圾都堆在方圆一米之内。在网上订我最不待见的比萨，或者吃家里最不健康的储备粮。很怕上床，脱光了衣服，开足了暖气，却不钻进被窝。那时候国内开始有了微博，就一直刷到没有更新了倒下去睡，睡醒了继续刷，如此往复一直到天亮，灯都懒得开懒得关。

没过多久，抑郁症就转成了失眠症，因为它与众不同的特质，我也给它取了个小名叫“人脑死机症”。顾名思义，就是脑子像电脑死机一样，屏幕上几十个窗口开着，什么都干不了，但还关不掉，头嗡嗡地响，“机身”发热。

失眠真的很痛苦，当药房里譬如褪黑素之类的非处方助眠药一一失效之后，我只能去医院问西医求一些安眠药。吃了处方药当然会有较好质量的睡眠，但会造出很多梦来。而且梦里都是生活中的真人，因为太真实，有时候还会把梦境带回到现实生活中。白天跟朋友说一些事情，他们一脸茫然地看着我，我却埋怨他们健忘，原来是昨夜的梦。

但是我却有点上瘾，因为梦里的生活一定是比真实生活更精彩、更销魂、更能让自己开心。久而久之，慢慢摸清自己做梦神经的工作方式，临睡觉前都会有意识地输入些剧本素材，希望可以导演出一部惊天地泣鬼神的电影。

有一夜突觉全身一凉，原来屋外正大雨倾盆，风已经把百叶窗都掀得横过来，雨点便直接洒在我的裸体上。我睡觉是不穿衣服的，因为曾听一位日本医学泰斗说过，皮肤也是需要呼吸的。医生反复提醒我，服用安眠药之后要保证至少八小时不间断睡眠。可想而知，在这种情形下被冷雨浇醒是怎样一种生不如死的体验，还要勉力爬起来抢救窗台上的文稿。

失眠最可怕的地方是它的恶性循环，你越担心失眠越睡不着，越不想对药物产生依赖，一停药就不行。后来真的到了心理接近崩溃的程度，不得不再去看医生。我必须得夸一下湾区的Kaiser Permanente（恺撒医疗）医院，不但科室齐全、一尘不染，连打针室里那种令人心悸的消毒酒精的味道都没有。

而且在心理健康方面，美国真的甩出我们好几条街。跟电影里看到的场景一模一样，医生会让你160度地平躺下来，慢慢讲你心中的苦闷。那些生怕朋友没有耐心听你说，又不能轻易跟同事说的事儿，在医生面前会毫无戒备地全抖出来。有时候，语无伦次地讲完的那一刹那，就已经觉得好多了。

除了这种救助服务，医院还提供培训课程，象征性收点费用，连续几天或连续几周的工作坊。其实人家也不是要挣你钱，而是希望利用你花了钱的消费心态坚持下来。自己真金白银掏钱买的效果就不一样，这就跟别人免费送的健身房月卡你肯定不会去，别人送的书你也不一定会看一样的道理。

我受益良多的一个工作坊是关于“assertiveness”的，几乎所有的英汉字典都没有把这个词翻译到位，“过度自信”“固执己见”“武断专行”，都是有失偏颇的。这也是一个在中国文化里缺位的一个概念，甚至在维基百科上都没有中文版。我根据维基百科英文版逐字逐句把它翻译出来，希望可以帮到一些跟我一样水深火热中的“受害者”。

自信表达

自信表达是一种自我确认和自我相信的品质，而不是咄咄逼人。在心理学和心理治疗领域，它是一种可学习的技能和交流方式。Dorland的医学词典这样定义自信表达：

一种以“不需要证据的自信声明或肯定语句”为特征的行为；它肯定了一个人的权利或观点，但既没有威胁到另一个（假设占主导位置）的人的权利，同时它也不会纵容另一个忽视或否认这个人的权利和观点。

自信表达有别于攻击和消极攻击。人们如何处理个人边界、他们自己和他人的界限，有助于区分这三个概念。消极型沟通者从不捍卫自己的个人界限，从而允许攻击型的人通过恐惧来虐待或操控他们。消极沟通者也不太可能冒险试图影响其他人。攻击型沟通者的人不尊重他人的个人界限，因此在试图影响他人的同时也会伤害他人。

一个人通过克服害怕说出自己的想法或试图影响他人的恐惧来表达自己的自信，但这样做的前提是尊重他人的个人界限。自信型沟通者的人也通常愿意在面对攻击型沟通者时为自己辩护。

自信表达的人往往具有以下特点:

他们可以自由地表达自己的情感、想法和欲望。

他们也能够发起并维持与他人的良好关系。

他们知道自己的权利。

他们可以控制自己的愤怒。这并不意味着他们压制这种感觉；这意味着他们控制愤怒并以一种说理的方式谈论它。

自信的人愿意与他人妥协，而不是总是想要自己的方式，并且通常拥有健全的自尊心。

自信的人会通过“我在意我的需求，我也在意你的需求”的方式构建友谊。

在参加了连续几个周三晚上的工作坊之后，我开始意识到自己的问题，而且我认为这是一个以我为代表的普遍问题。中国乃至一些亚洲国家有比美国更严重的这类问题，其形成原因不能简单归咎于传统文化和伦理，但好像可以很大程度上被它解释。

中国儒家文化里长幼尊卑、三纲五常这类伦理标准在民间流传太久，不会在一夜之间土崩瓦解：比如平民儿媳和贵妇婆婆的关系；努力很久得的二胎和意外受孕的老大的关系；扒灰公公和留守儿媳的关系；遗弃女婴和宠溺男童的关系；恋童继父和孝顺养女的关系；“为你好”的老师和“没办法”的学生的关系；霸道总裁和卑微下属的关系；酗酒老公和全职主妇的关系；美国老板和移民员工的关系；终身教授和硕士讲师的关系；等等。

这种潜移默化的规则，这种口耳相传的制度，这种老祖宗留下的传统，一不小心就成为一张无形的封条，堵上了我们的嘴。但它没办法否认我们的情绪和感受，如果我们明明怀着不认同的心情受了委屈，却以为我们应该忍受（因为我们身边的人在同一处境下都选择了默默承受），那这就很容易造成Negative Aggressiveness（消极攻击）的条件。

在以上种种不平等关系中，弱势那方迫于情势和生存压力一再妥协隐忍、以泪洗面。在强权那方面前更加无法自信表达，那只会进一步纵容强权那方的变本加厉、得寸进尺。如此恶性循环，就容易造成鱼死网破的最坏结局。

第二个原因是中国人普遍爱面子，不喜欢正面冲突，伤了和气。但这就会造成当面不说、背后狂说，让误解加重、让矛盾升级的情形。他们的负面情绪一定会寻找另一种方式，在合适的情景下变质、激化，在工作环境中则可能造成阳奉阴违、无效沟通、两面三刀，甚至钩心斗角的同事关系，无论对于机构还是个人，都是有百害而无一利。

如果我早一点接触到这个概念，早一点意识到这个问题，早一点培养自信表达的技能，可能也不至于闹到不可收拾的地步。虽然有种种客观的原因和别人的责任，但我自己并不是完全无辜的，也不是没有更圆润共赢的解决办法。所以我以我的教训为实例，大声呼吁在基础教育中加入有关“自信表达”的内容，让更多人学会这项重要技能，在处理家庭和事业关系中更圆满自如。

5 

万能阿米哥

近几十年，因政策宽松，大量中南美洲人涌入美国，墨西哥人像是又回到了自己的故土[①]。仅就母语使用者而言，西班牙语已跃居为加利福尼亚州的第一大语言，加利福尼亚州已经不能没有墨西哥人，就像北京、上海这样的城市不能没有外地劳工一样。我所接触到的大部分墨西哥人给我留下的印象就是：敦厚、勤劳、知足、能吃苦、家庭观念重、喜欢开派对，并不是很重视所谓的学校教育，很珍惜活在当下的快乐。

有一天在大街上一个墨西哥欧巴突然倒地不起，我是第一个冲上去的。旁边淡定的墨西哥欧巴桑冷冷地告诉我，别管他，肯定是昨晚派对上margarita（玛格丽塔）[②]喝多了。哎，错过了“英雄救熊”的机会。

---

① 一八四六年，美国和墨西哥战争爆发，七月七日，美国海军占领了蒙特雷，并宣布加利福尼亚为美国的领土。一八四八年墨西哥正式将加利福尼亚的领土割让给美国。

② 一九四九年，洛杉矶的酒吧调酒师Jean Durasa以margarita命名的鸡尾酒夺得当年鸡尾酒大赛冠军，以纪念他已故的墨西哥恋人。此酒用墨西哥的国酒tequila（龙舌兰酒）为基酒，用柠檬汁的酸味代表心中的酸楚，用盐霜意喻怀念的泪水。

事后想想，我并不会用西班牙语说“Are you ok”？（“你没事吧？”）想象他醉眼惺忪地睁开眼，只见一个中国人在他耳边不停地问“What's up”？（“最近还好吗?”)似乎那种喜剧效果，应该不会输给在印度演讲时大喊“Are you ok？”的雷军。

在加利福尼亚州的墨西哥人（至少一代移民）大多数都干着最繁重、最没人愿意干的体力活。你看韩国人爱开干洗店，越南人爱开美甲店，中东人爱开shawarma（烤肉店）[①]，中国人爱开餐馆，日本人爱开居酒屋，犹太人爱开银行，印度人爱开出租车，埃塞俄比亚人爱开机场巴士。而墨西哥人可能除了这些，什么都干。

按常理，中餐馆一般很少雇佣外国人，有些地缘政治主义严重的老板，只用同乡人，甚至一个村子的同姓宗人。但后来越来越多的中餐馆都愿意用墨西哥人了，因为他们跟白人相比能吃苦，跟黑人相比不闹事，跟华人相比不八卦。所以他们渐渐地从不见天日的洗碗工做到收桌子的bus boy[②]，甚至聪明伶俐点的还能被调教成厨师，做出地道的鱼香肉丝呢。

在美国生活这九年里，我住过四个州十一个城市，从香槟，到厄巴纳，到檀香山（三个地方），到哈莱姆，到埃尔姆赫斯特，到西好莱

---

① Shawarma，也叫doner kebab，doner在土耳其语里是“旋转”的意思，kebab源自阿拉伯语，但已经和它所代表的烤肉流传到全世界很多语言中去了。旋转烤肉，是一种把切成片的牛肉、羊肉或鸡肉紧实地摞在一个转炉上，然后用锋利的刀一层层地削下最外层烤熟的肉，卷在饼子里配上佐料一起吃。

② 在十九世纪，西方有一种被叫作omnibus的马车，是现代公共巴士的前身。“omnibus”这个词源自拉丁语，有“包括所有”的意思。那个时候的餐馆勤杂工被称为omnibus boys，是因为他们承揽了餐馆中的所有杂务。随着汽车逐步替代了马车，bus替代了omnibus，omnibus boy的称呼也就变成了bus boy。

坞，到蒙特利公园市，到圣马特奥，到库比蒂诺，到森尼韦尔，到山景城，再加上最后打包回国，我总共搬过十四次家。

之前因为一直都是学生，没什么家什，就是些四季的换洗衣服和不舍得丢的书。二手买来的东西三手卖出去就相当于付了个租金，卖不掉就送给学弟妹也不会心疼，实在没人要就捐给thrift store①，还感觉自己挺有爱心。跟最亲密的朋友喝一场饯行酒，拎着两个皮箱就能继续漂泊，非常享受这种说走就走的自由和洒脱。

占有欲这样东西不是毛病，是人的天性。所以需要主观的、积极的努力才能克服和不就范，一不留神它就像后院的杂草一样迅速滋长。随着年龄和工资的增长，再加上美国无孔不入的过度消费文化，不知不觉地，两个皮箱就变成了三个、四个，再搬家时，突然发现多了一堆可要可不要、想扔又舍不得扔的东西。

虽然墨西哥人繁殖能力超强，加利福尼亚州有那么多阿米哥②，但美国的劳动力还是比中国贵不少。所以大多数中国人，一般不舍得请搬家公司，都找自己师兄弟和朋友来帮忙。搬完东西大家一起坐下来喝个酒，吃个火锅，兴致好了再打几圈麻将。你别小看这一圈麻将，在中国打麻将是赌博、是堕落、是安逸，但在国外，这就是乡愁。

直到有一天，我的想法发生了重大转变。那天，我又去师姐黄梅宽家里蹭饭，梅宽幸福地嫁了东翔哥，小两口终于攒够了钱买了宽敞的大

① Thrift Store（旧货店），出售价廉物美、可重复利用的商品。这原本在许多人心中被贴上穷人标签的省钱方式，在廉购女士等人的高调倡导下，在经济危机和环境危机的当下，已逐渐改变人们对它的成见。

② Amigo在西班牙语里是“朋友”的意思，用它来代指墨西哥哥们儿，并没有歧视的意思，这个我跟墨西哥朋友确认过。

房子，还克服万难生下了宝宝，把“美国梦”诠释得淋漓尽致。他们两个天生就痴迷植物，每次出去旅行都会拍回来一堆奇花异草，还把本来杂草丛生的院子改造成了有机种植园，前庭栽花，后院种瓜，都不需要去Whole food[1]了。

我刚提起要搬家，师姐抢过话头，给我讲了个可怕的故事：

小王和小李是同乡，小李刚来美国的时候小王多有照顾。小王搬家时吆喝一声，小李义不容辞地去帮忙。但在搬家过程中，小李不小心把一个对小王来说意义非凡的纪念品打碎了。小李一个劲儿地道歉，小王还是心疼得滴血，但也不好发作，忍到肝儿痛。

这事儿到这里结束还算好，毕竟都是身外之物，但噩梦才刚刚开始。很有可能是因为双方都憋着，没有顺畅有效地沟通，结果在合力抬一个柜子下楼梯的时候，走在前面的小李失足从楼梯上滚下去，柜子紧跟着滚下来，砸在他身上，造成肋骨骨折，校草级的花样美男还破了相。

小王把小李送到医院，可万万没想到，小李那时候刚毕业，还没找到工作，但学校买的医疗保险已经过期。美国医疗是建立在医保机制上的，有保险的话，病人就付一个十几二十几美元的copayment（分摊付款额），但如果没有保险的话，哪怕只是门诊手术都是天文数字。这笔钱不知道从法律上怎么讲，但从道义上就落到了小王头上。新仇旧恨，你说到底谁欠了谁？如何了断？这朋友怎么继续做下去？

就像《奇葩说》里辩论的台词一样，中国人很多时候就活在这爱恨

① 美国专门销售无公害和有机食品的连锁超市，价格也相对要贵一些。

交加的人情怪圈里，欲罢不能。有人说这就是中国文化，人们就是在这种你给我找点麻烦，我给你找点麻烦的过程中加深感情的。我不想反驳，但我总觉得这还来还去，还多还少，是很大的心理负担。一不小心生了埋怨之心、嫉妒之心就得不偿失了。

记得刚到北京读书时，都不敢说自己是上海人，因为那时候全国人民对上海人印象都很差，包括我自己，觉得上海人太计较、太冷漠、太不重哥们义气。所以还刻意地往这个标准的反面去塑造自己。我会跟东北的哥们儿逗贫，跟山东的爷们儿拼酒，跟北京的姐们儿一起数落上海人。北方人跟我交往久了，会不失时机地赏我一句“你真不像个上海人”。我当时还贱巴嗖嗖的，感觉像被提拔了大内总管似的，当成莫大的荣耀。

但成年之后，没了那种“合群儿”的同侪压力之后，我反倒越来越认同上海人的一些做法：比如，不想当然去麻烦别人；如果真有信心还钱的话就去问银行借，别问朋友借钱，除非你想拿朋友换钱；也不要借钱给别人，万不得已借出去救急的，不影响自己生活品质的钱，出手的时候就当成是捐赠，万一还回来了就当是中了彩票；无论多铁的关系，要量力而为地回应别人的求助。“不轻诺”比“没问题”更真诚。“口惠而实不至，怨灾及其身”。[①]

正当我听得脊背发凉的时候，师姐优雅地递过来一个红包，祝福我乔迁之喜。至于我是愿意用它去找个搬家公司，还是去找个有保险的朋友帮忙，随我。我推辞不过，大家继续吃饭喝酒。

① “口惠而实不至，怨灾及其身”，出自《礼记·表记》，指空口答应给人好处而实际做不到，就会招致被怨恨的灾祸。

因为我一直找的是furnished（配有家具的）公寓，没有太多笨重的家具。找搬家公司实在划不来，所以决定尝试请阿米哥帮忙。半夜三点打好包，早上九点在Home Depot[①]挑上两个敦实的阿米哥（其实他们每个都很敦实）。但因为没这么干过，脑子里就闪过一连串的疑问：给多少钱合适呢？要我负责接送吗？怎么开口呢？走进人堆喊一嗓子吗？还是把车停在他们身边，摇下车窗？如果全围上来怎么办呢？挑谁好呢？找年轻稚嫩、单纯点的不会耍滑头，还是找满脸风霜、皮实点的擦破点皮不会哭？天秤男要做成一点事情真心不容易。

载上他们去Uhaul取车，我们三个人手脚都很麻利，两个半小时全部搞定。说好八十美元，我看他们不容易，又多加了十美元小费，还送了他们一盒巧克力。本想把一些旧衣服给他们，又怕唐突了别人。还车的时候突然想起来两年前用U-Haul[②]搬家，车开到半路熄火，横在高速公路上几个小时等待拖车。投诉后，客服承诺给我五十美元的代金券作为赔偿，后来一直没收到也就忘了。今天随口一问，他们竟然把这笔老账翻出来了，并兑现了承诺。算完油费最后只花了四美元，创下了史上最便宜搬家纪录。

往返南北加州之间，我通常坐飞机，但其实也可以开车。有两条路可以选择，一条是沿海的一号公路，有世界闻名的“十七英里”，其海岸线是名副其实的步步是景。如果不着急赶路，走走停停十几个小时，拍

---

① Home Depot，发音为“后姆滴抔”，为全球领先的家居建材用品零售商，遍布美国、加拿大、墨西哥和中国等地区，连锁商店数量达2234家。它的理念：You can do it. We can help（你可以做到，我们可以帮忙）。与美国的国家文化一样，非常鼓励DIY，鼓励大家自己动手去建设、装饰自己的家。

② 美国著名的搬家公司，业务以租赁货运卡车为主。

拍照、喝喝咖啡，是最好的选择。也应了我在演讲中常提到的那句话：

走的弯路越多，看到的风景也越多。

人生如此，旅途如此，种瓜养猪如此，教育也是如此，注定该慢的事情，就不能着急。千万不要相信任何“速成班”“直通车”之类的鬼话。太快做成并吃完的东西，一定品质一般，就像肯德基；太轻松到达的目的，也一定没什么意义，就像坐缆车登长城；有人平白无故地给你一碗面，你都不敢吃，不看任何成绩就保证录取你的学校，你就敢去？

另一条捷径是穿山的五号公路，平时如果可以开到时速一百二十英里，六个小时就可以到。一旦赶上周末堵车，十个小时也不一定能到。南北加州之间大多是平原，也有些小山丘，旱季的时候，这里铺天盖地是满眼气势恢宏的枯黄，梵高一定会喜欢的颜色。

摄氏四十度高温旱暑的时候，前方的柏油路看上去扭曲变形，感觉随时会出现海市蜃楼，难怪加利福尼亚州山火频繁。沿路有几个大型风车发电厂，没风的时候，就是那么一两台风车无精打采地转两下，好像犀牛群午睡时放哨的成年犀牛懒散地扇动耳朵驱赶苍蝇。真正刮风的季节，乌泱泱几百架大风车一齐挥舞起巨大的翅膀，犹如科幻电影里的铁甲战队。

就有那么一个酷暑天，因为有些大件东西要从南加州运到北加州，坐飞机太不方便，邮寄又太贵，只好选择开车。半路没油了，车子很绝望地呜咽了几声，停在一个前不着村、后不着店的地方。我顶着烈日站在路边无助地挥手，二十分钟后，终于有一辆敞篷卡车停了下来，开车的阿米哥问清原委，就招呼我上了他的车，后排坐着他中年发福的妻子和睫毛比眉毛还长的一双儿女。

他说这里离最近的加油站还有二十几英里，于是就把我载回家——一个苹果农场的一间小木屋，并不无得意地告诉我，方圆几十里的苹果树都是他在经营。他从屋里拿了一个小油桶，用一根皮管子插进他车子的油箱，用嘴猛吸了一口，几秒钟后，就看见黄澄澄的汽油倒灌到桶里，瞬间装了大半桶。

我千恩万谢地递给他二十美元，他死活不肯要，说既然是帮忙，就不能收钱，他不是卖油的。我回到车里，翻箱倒柜地找出几包中国小零食，塞给了他的孩子，他们用无比甜美的声音说“Gracias（谢谢）”。从此对墨西哥人的印象好到无以复加，连续两个寒假我都去墨西哥旅行，每一次都被当地人的热情好客、乐观知足的生活态度深深感动。

有人曾做过这样的评价，大多数中国人重私德，也就是对自己的家人、亲眷、朋友都有很强烈的责任感，即使明知他们有错也会公然袒护。但是却普遍漠视公德，尤其是对跟自己不相干的人和事相对冷漠，比如环境保护，比如流浪猫狗，比如乳腺癌患者。所以在媒体上常常看见“小孩子被车反复碾压，无人相救”“女子当街被打，路人冷漠围观”等让人脊背发冷的新闻。

而我在美国生活的这些年，深深体会到，以美国人为代表的西方人，虽没有中国人那么孝顺父母，也不会不讲原则地为朋友两肋插刀，也不认为成就子女一定要牺牲自己的幸福。但他们普遍更尊重他人的权利，更在意陌生人的境遇，以及维护社会正义公平的义务。我看过两部设计好的社会调查短片，一部是成年男子当街诱拐儿童，另一部是餐厅服务生歧视同性恋，超过90%的旁观者都挺身而出，伸张正义，让观众心中暖流涌动。

6 

黑娘子传奇

北加州的公寓，稍微有点档次的，院子里就配一个游泳池和jacuzzi，我翻译成“洁窟汲”。这种在中国只有顶级土豪才能享受的待遇，在美国是小老百姓的福利。只要躲开妈妈们带娃娃们泡汤的高峰时段，那就是你家的私人泳池。搞个无线蓝牙小音箱，放点小野丽莎的轻曼歌曲，拎个冰桶冰镇点威士忌，点上根大卫杜夫的薄荷烟，也没办法更逍遥了。喝到微醺时，就能脱口吟出“泳池清浅，棕榈参天，无人共饮，与谁同眠？”的闷骚句子。

那段时间是我经历最久的空窗期，实在忙得没时间谈情说爱。经常有热心的家长，尤其是华裔的妈妈，用一种闪着母性光辉的眼神充满怜悯地看着我。于公，她们希望我有人照顾、陪伴；于私，希望我稳定，有家庭的羁绊，不会轻易离开学校。实在被说烦了，我就吓唬她们，如果我忙着谈恋爱，忙着结婚生孩子，忙着做奶爸换尿布，就没时间顾及工作。这才把她们“调成静音”。

在美国，对单身狗来说，最不愿意参加的活动就是家庭派对。一屋子已经不在意自己长相的家庭主妇们，和因为怀孕不能使用任何化妆品的准家庭主妇们，和比她们更不在意穿着、长相的准爹们，一群尖叫着从你腿旁裆间豕突狼奔的熊孩子们。我白天的工作是对付几百个熊孩子，下班后再看到一个都嫌多，尤其是那些没有管教好又轮不到我管教的。往往是迫于面子违心出席，躲到院子里和其他不认识的单身狗抽根心有戚戚的烟，再继续回到屋里凉拌笑脸。

那时候，出于自卫，出于自怜，我还写了一篇博客：

到底什么是爱?

爱的对象——

可以爱上男人，爱上女人，爱上异性，爱上同性，爱上教授，爱上学生，爱上哥哥的遗孀，爱上仇人的后代，也可以爱上畜生，爱上狗……

爱的形式——

可以用婚姻捆绑，用繁殖维系，用网络联结，用云雨宣泄，用旅行考验，用歌词表达，用文字记录，用陪伴诠释，也可以用豢养替代；

爱的时限——

可以一生一世，或三年五载，或一个浪漫季节，即使是朝发暮陨，只要当时此地，能感觉到彼此的真实存在和温度，那就是爱。

有了这几条对爱的新时代定义，为了让我自己，也让别人能感受到我有更高的爱情标准和生活质量，为了让自己不孤单，我决定养一只宠物。

养宠物和养小孩一样，需要投入大量时间和精力，所以在选宠物的时候，我非常慎重。做足功课之后，我决定养一条蛇。虽然从没养过蛇，但我从小就没像别人那样闻蛇丧胆，谈蛇色变。好几次在爬山的时候看见蛇，别的同伴都尖叫着撇下情侣手刀[①]逃窜，我反而追着蛇跑，希望能近距离地端详端详。

偏见比无知更可怕。就像有些外国人挥舞着双臂唾沫横飞地大声批评中国这个那个的时候，只要你心平气和地问他一句“你怎么知道？”或者“你上一次去中国是什么时候？”，他就会像泄了气的皮球一样，不自觉地把声音降低了几十个分贝。虽然不指望他马上改变成见，但也可以告诉他一个道理：没有第一手资料，不要信口开河。即使我誓死捍卫你说话的权利，但你说的话其实并没有什么价值。

别说是蛇，就算是狗，在小区那些奶奶、妈妈、奶妈眼里也是洪水猛兽。她们会像人猿泰山的义母一样，把刚想要接近狗狗的孩子一把捞起，藏到身后。神情悲壮，好像刚从狼窝里救出了前朝皇帝的遗孤。甚至还要抡起脚作猛踢状，用见到僵尸的分贝大叫大嚷，满脸仇恨嫌弃，让我想起“文革”时批斗自己恩师或亲爹的红卫兵们那副大义凛然的愚昧表情。

最客气的也得弱弱地问一声：这狗会咬人吗？狗又不是狼，你不咬它，它为什么会咬你呢？偏偏我领养的这只流浪狗又是那种见谁都当成走失的亲人般的热情狗，我只能唱一句“法海他不懂爱”来安慰它。

对狗如此，对蛇就更变本加厉。其实大多数人并没有被蛇咬过，甚至都没有摸过蛇，就对它充满了恐惧和偏见。养蛇宠其实有很多不为人知的好处：

吃得少：一个月一碗清水、两只老鼠或青蛙就能生存；

好打理：几乎不嘘嘘，几周才拉一小砣干干的便便，也没太大

① 手刀，就是两只手伸展成刀的形状，在这里形容开足马力逃离现场。

味道；

爱干净：会定时洗澡，浑身光滑细腻，绝对一尘不染；

独立自爱：会自己蜕皮脱衣服，你不用费很多心思，花很多时间去伺候它；

安静：无论白天黑夜，一点声音都没有；

温存：可以一动不动地缠在脖子上陪伴你，还冬暖夏凉。

当然，因为蛇和人一样天生是肉食动物，所以为了生存，它还是有攻击性的。但多数情况下，它们的攻击是因为你先让它感受到了威胁和紧张、嫌恶或叶公好龙般的虚情假意。

我养的是一条ball python（球蟒），属于蟒蛇家族中体型娇小的一种。主要栖息在中非和西非，从塞内加尔到乌干达，从草原到树林。它们在树上和地上同样感到舒适，喜欢光线弱的环境，黎明和黄昏时会变得活跃。当它们感到紧张时，会把身体蜷缩成一个很紧的球，并把头稳固地藏在中心，于是便得了“球蟒”这个名字。像很多其他蟒类一样，球蟒是一种温和的蛇类，黑色的皮肤配上金色的圆形花纹，是很多蛇宠爱好者的首选。

有一年学校里的万圣节，我扮演《哈利·波特》里的Snape（斯内普）教授，决定把“黑娘子”带出来吹吹风，顺便充当我的活道具。它好像也很乐意，静静盘在我的手臂和肩上，探着头吐着深红的信子四处张望。一开始大人们都以为我带了条玩具蛇，直到看见它吐出的信子，才缓过神儿来，尖叫着四散逃去。我好想笑，但死死忍着，因为Snape（斯内普）是从来不笑的。

跟大人比起来，孩子们反倒更加镇定，看见它在我身上乖乖的、毫无攻击性，都一小步一小步地聚拢上来，睁大眼睛听我介绍，胆大一点的还要摸它。孩子天生没什么成见，也没那么多恐惧，大都是受了大人们的影响，而慢慢变得跟他们一样刻薄而怯懦。

从那天起，我毫无悬念地成了最受孩子们爱戴的校长，还带着点另眼相待的仰视。我还一个班一个班不厌其烦地把黑娘子带给孩子们参观，很多孩子因此改变了对蛇的成见，甚至央求妈妈在家里养一条，但大多都被狠心拒绝。甚至让孩子在妈妈和蛇之间选择：“有蛇没妈，有我没它！”还有妈妈到学校来求我做孩子工作。至于嘛？！

7

谁要读我的论文

都说读个博士会掉一层皮，但我觉得上课还好，最难的是写论文。很多人没坚持下来，只能悻悻地拿个ABD[①]走人，就是因为论文死活完不成。我工作的学校就在斯坦福大学对面不远的地方，每天下班后我会坚持去斯坦福大学找个教室，写几小时论文，节假日也不例外。因为有斯坦福的密友敬贤在，不用缴昂贵的学费就能享用高级的学习环境，还能去他们的食堂蹭饭。

做学问有两种基本的研究方法，一种是量化数据分析，另一种是质化数据评量。我的博士论文选择了质化系统里的个案研究，并毫不犹豫地选择了Chinese American International School（中美国际学校）作为研究对象，它不但最符合我研究对象的要求，也一直是我仰慕的一所学校，终于有了冠冕堂皇的理由去深度学习。

中美国际学校的小学部校长兼中文部主任张国荣先生来自中国台

① All But Dissertation，除了论文，其他都完成了，相当于中国的“肄业”。

湾，多年前在夏威夷我们就认识。彼此有相似的留学和工作背景，现在又在相似的学校做着相似的工作，所以每次见面总有聊不完的话题，哪怕说说八卦、发发牢骚也是志趣相投、心有戚戚。

经他引荐，我认识了中美国际学校的大校长毕杰夫先生，一个传奇的教育家。他在中国生活了十几年，以前也是做美国学生来华留学项目的，所以聊起来也有很多共同的熟人朋友，包括安东神父。经过几次深入互动，后来也成了无话不谈的朋友。

有了校长钦赐的"虎符"，我名正言顺地拜访了学校近十次，采访了十位校长、老师、员工和家长，听了十节课，参加了两次教职工大会，收了三十五份问卷，还浏览了学校几乎所有的文档资料。在他俩的帮助下，我用了最短的时间搜集够了我做论文需要的原始数据，接下来就是浩大的整理和编辑工程了。

在学术圈，尤其是那些只相信数字的量化研究者，对个案研究是有偏见的。他们会质疑把一个案例描述、分析得那么透彻有多少意义、有多少代表性和可复制性。

我对量化研究满怀尊敬，尤其在理工科领域，也绝对只相信数据。但教育有它的特质，说到底它本来就是个case by case（具体问题具体分析）的事，别说学校与学校之间有千般不同，孩子与孩子之间更有万种差别。大数据时代，很多人认为可以从千万个孩子的数据中分析出一个趋势，再细化到为每个孩子的每一项技能精确打分，并告诉我们他所处的水平。

我觉得这是一个极大的误区，教育不是这样也不该是这样的。无论你的数据有多权威，也不足以给我眼前这个孩子做任何结论。所以，如果一定要数据，我情愿用成千上万的个案研究去更好地理解教育这件事。

传统教育很像工业生产，学校是流水线加工厂，让所有学生在同一时间装上同一个零件，做成同一款产品，然后用同一把尺子去衡量所有人。而教育原本更像农业生产，每个学生都是一粒与众不同的种子，蕴含着专属于他的天赋密码和生长能量。学校本该是一片沃土，允许并欣赏多元，让每位学生都能在其中了解自我，发现自己的使命，相信自己有能力为这个世界做些什么。

历时整整六个月，终于完成了二十三万字的博士论文，打印出来校对的时候，把自己都吓到了。其实导师并没有对我们有硬性的字数规定，但三年被折磨下来，好像得了斯德哥尔摩综合征，多少有点自虐的倾向，好像不写个几十万字对不起这博士头衔似的。

但事后再想想，其实挺冤的，有谁会去读呢？你的好朋友？算了，如果你还想跟他做好朋友的话；自己曾经推敲、修改了几十遍的文字，多瞄一眼就会吐。唯一的读者就是你的导师，但他同时要读好几个人几十万字的东西，估计也不能太认真吧？

但博士论文注定不会成为大众阅读的东西，即使在学术圈，学者教授们也只读一些期刊上发表的几千字的文章。而普通民众受报纸花边消息的影响远远超过学术论文。更让我开始质疑：我们承袭了上百年的学术传统是否也到了革命的时代了？这种论文八股风是否也该更新一下了？

那么多青年把最宝贵的青春投进去，为读论文而读论文，为了写论文而写论文，为了发表论文而发表论文，可这些到底对这个世界的可持续发展能起到多大作用呢？即使有，能不能采用更人性化、更有效的方法？

或者我们能不能再犀利一点，问一句“学历教育”的时代是否已经快要终结了？尤其是当我们发现因为大学盲目扩招而造成本科生泛滥、生源品质大幅下降的时候；当本科文凭已经不能保证一份体面的工作，本科生仅仅因为不敢面对就业压力而选择读研的时候；当硕士生发现自己的薪水并不如已经有了几年工作经验的本科生而选择继续读博的时候；当博士生发现自己高不成低不就只能当博士后的时候……

很多人听了乔布斯的故事，认为这只是一个天才个案，不具备参考意义。但我很欣慰地看到越来越多的年轻人，当所有人都在告诉他们说“没有大学文凭找不到工作”的时候，他们选择不被裁决，不被挑选，而是创造新的岗位，用创业而不是就业来展示他们的天分和努力。

包括我爱人在内的很多年轻匠人，他们没上过大学，或不屑于上大学，也没受过那些伪艺术院校的污染。他们不认为大学的课堂和教授能给到他们想要的东西。而是自己去找师父学手艺。他们的心灵和他们的身体一样自由，用自己钟情并擅长的手艺，宠辱不惊地一步步接近自己的梦想。在我看来，比起大学里开设的大部分专业，他们是最不容易被机器人淘汰的。

8 

“镀金”仪式

三年多以来，只要时间来得及，我都会在上课前去学校旁边的美食广场吃点东西，大部分时间会去那位慈祥的泰国嬷嬷开的Taste of Bangkok泰餐厅，而且每次都忍不住点性价比很高的炸全鱼。

总是化着得体的淡妆，把头发梳得一丝不苟的泰国嬷嬷，每次看到我狼吞虎咽的样子，都会在收拾桌子的时候特意绕到我身边，用无比温柔的泰式英语关切地问一声：“You nee(d) more ri(ce)? It free.”（“你还需要添饭吗？是免费的。”）想想今天可能是最后一次吃她炸的金灿灿、酥脆脆的非洲鲫鱼了，心中难免升起一丝不舍，希望它给我带来好运气，顺利通过答辩。

按规矩，每位博士候选人在论文答辩环节必须邀请三位评审。除了自己的导师之外，必须一位是教育学院的，另一位可以不是，只要他有博士学历，从事教育相关工作即可。三位老师坐成一排，他们都知道这三年中我克服常人不能想象的困难完成学业，眉眼里都是满满的慈爱和鼓励，提出的问题也都是建设性的。

握手谢别每一位教授，从教室走出来，暮色已深，天空是中学时用的蓝黑墨水的颜色。整整三年，每两周飞越一次南北加州，完全没有周末的日子终于熬到头了。本以为自己会激动，结果却发现自己的心情平静得如未名湖的一池春水，无皱无痕，只想快点回家，呷一口小酒，睡个饱觉——我已经爱上这个宠辱不惊的年纪。

论文答辩完没多久，就是隆重的毕业典礼暨“刑满释放”仪式了。按规矩，每位学生只能领到六张观礼券，我把同学用不完的七拼八凑都要来了，因为我的父母以及山鸡村十七位父老乡亲组成的豪华阵容亲友团要来给我捧场。

村上春树曾在一次采访中说：“你要记住大雨中为你撑伞的人，帮你挡住外来之物的人，黑暗中默默抱紧你的人，逗你笑的人，陪你彻夜聊天的人，坐车来看望你的人，陪你哭过的人，在医院陪你的人，总是以你为重的人。是这些人组成你生命中一点一滴的温暖，是这些温暖使你远离阴霾，是这些温暖使你成为善良的人。是他们的善意和爱，驱走了我们内心的寒冷。让我们撑过无数个难熬的日子，给我们前行的力量。”

虽然我还不够优秀，没有机会在毕业典礼上代表学生致辞，但如果有的话，我会对山鸡村的父老乡亲说以上这段话。同时我还会对我的爸妈说：

“感谢你们给了我你们能给我的一切，也给了我你们自己不曾有的一切。正因为你们的有所不能，才给了我一生奋斗的目标，和在困苦面前源源不断的前进动力。”

有人说农民用这三句话培养孩子：

（1）孩子，爸妈没本事，你要靠自己；

（2）孩子，做事先做人，一定不能做伤害别人的事；

（3）孩子，撒开手闯吧，实在不行，回家还有饭吃。

而城里人用另三句话培养孩子：

（1）宝贝，好好学习就行，其他爸爸妈妈来办；

（2）宝贝，记住不能吃亏；

（3）我告诉你，再不好好学习，长大没饭吃。

我很欣慰也很庆幸，因为虽然我在上海长大，但老实巴交的父母和目不识丁的亲婆恰恰用农民的方式养育了我，让我没有在这个物欲横流的社会迷失自己，也没有让急功近利的应试教育毁掉了我的好奇心和求知欲。

在我离家的十几年里，妈妈把我书架上的藏书几乎读了一遍。我本来不知道，直到有一次她给我写信时引用了泰戈尔。这对于没机会好好读书的她是不容易的，我在北京读书的时候，妈妈每隔几个月就会写信给我，不舍得买信纸，经常会写在一些乱七八糟的纸片上。每次都拉拉杂杂写到纸的最尽头，好像监狱里的政治犯一样生怕浪费了一点点空白。

去了美国后，妈妈没办法再寄信给我了，但每次从中国回来，我都会在行李箱的某一个角落或一个我坚持说不要的枕套里，翻出一张字迹熟悉的字条，翻来覆去还是那几句吃饱穿暖的话，就像萧红当年反复提醒萧军买个软一点的枕头。妈妈是有一级残疾证的高度近视，随年纪渐长，字迹越来越不易辨识，只有那份拳拳母爱随岁月流逝而日益深厚。

虽然日子越来越好了，但每次回国，父母还是几十年如一日的节俭，让我觉得又心疼、又好笑，又生气、又毫无办法。爸爸会花几毛钱买回一大捆极老的芹菜，让妈妈花足足两个小时掐出嫩的可食部分；马桶坏了故意不修，然后名正言顺地用洗脸水、洗菜水冲；老爸自作聪明地认为如果水龙头一滴滴地渗水，水表就不会转，于是又听到了那伴随我长大的彻夜的滴水声……

来美国参加我的毕业典礼，是他们这辈子出门最远的一次。我提心吊胆地遥控他们申请签证、办登机手续、过海关，终于在机场看见他们互相搀扶着东张西望地在人群中寻找我的时候，我哽咽了。他俩在美国待了一个月，去了很多地方，用光了他们这辈子攒的下馆子的配额，吃了各种他们绝对不可能去买来吃的奇怪食物。

父母在的时候，我经常因为他们把过度节俭的生活方式带到美国来而生气甚至光火。反过来，他们也没多认可我的生活方式，一刻不停地唠叨：我的房间家具太少，喝冰水对胃不好，开车不能打手机，抽烟有害健康，睡觉不穿衣服会得风湿，烘干机太浪费电应该晾晒……

为了避免争执，我给他们报了东海岸的华人旅行团。这个季节，好像有很多同龄老人来美国见证子女的毕业仪式，想必也有很多家庭两代人之间也正在跟我一样承受着这些“不可承受之轻”。同龄老人在一起，应该有更多的共同语言吧，互相倾诉一下也好。

一个月，说短也长，说长也短，直到把他们带到“送客止步”的安检门前，我才真正仔细地看了看父母，他们确实真的一发不可收拾地衰老了。平常总是埋怨他们翻来覆去唠叨那几句“吃多点，穿暖点”完全没有时代感的话，直到分手的刹那，才发现自己也是词穷。哽咽中挤出也已说了千百遍的毫无创意的那几个字：“你们覅再省了。”等他们的身影在安检的人流中越变越小最终消失后，我的泪水才终于一发不可收拾。后悔自己做得太少，跟他们说话太少，陪他们时间太少，对他们耐心太少。

为了补偿自己这三年的非人生活，我约了两个密友，参加了一个加勒比海的嘉年华邮轮旅行。船上的工人每天都会把浴巾折成可爱的海洋动物形状，费尽心思来讨好游客。在海上整整八天，每天睁开眼就吃，吃饱了躺在甲板上晒太阳，晒饿了再吃，吃累了打个盹，醒过来去看表演、听笑话，听困了就睡，睡醒了再吃。我没有更好的词去形容，就是猪一样的生活。船上的晚餐很有档次，除了有高品质的餐巾桌布、每天都更换的整套菜单，还有侍者脸上永远挂着的职业微笑。不过船上的酒超级贵，后悔自己没带点。

八天的邮轮生活，让我思考出几个关于游轮文化的结论，发现与我的世界观有严重的冲突：

第一：贪欲无限。

在游轮上，人性中的贪婪暴露无遗。当一切资源变得无限量的时候，人很难克制自己的欲望。而且，为了进一步刺激这种无节制的贪欲，船上还时常组织没天理的吃冰激凌和吃热狗比赛，而且多是老人和小孩参加。谁也没想到，最后的冠军竟是一个蒙面的穆斯林妇女。

第二：奢靡浪费。

因东西不需要额外付费，于是人性中另一种破坏性——浪费也展露出来。就像自己年轻时吃自助餐，非要饿到头晕进去，撑到难受才出来，想想这种损人不利己的事情实在愚蠢而罪恶。

第三：重量轻质。

从商家角度出发，从运营成本考量，还有一套邪恶的逻辑：首先，船票不能标价太高，至少不能比竞争对手高，以保证全部卖光。不满舱运营会造成人均成本提升；其次，为让顾客满意，又节省成本，商家二十四小时提供大量廉价的碳酸饮料和垃圾食品。

第四：有损健康。

除了这些图一时口腹之快而增加肝、肾负担的食物，安逸的环境也会让人变懒。虽然船上也有泳池、健身房，但据我观察，如果没有从小养成的运动习惯，在脚边的躺椅和远处的健身房之间，你的大脑会成功贿赂你的腿，并会帮你毫不犹豫地舍远求近。

第五：影响心态。

偶尔吃几顿霸道美食，睡几个顺心懒觉，犒劳一下自己的胃和疲乏的身体，其实无可厚非，但很容易滋生拜金主义，尤其是过早地让孩子接触这样的环境和它所代表的文化，会不懂珍惜和感恩。

所以，如果你也跟我一样，并没有缺吃少穿、营养不良；如果你也跟我一样，希望给下一代，给那些没有我们那么幸运的人留点资源——那就和我一起抵制这种游轮文化，开始珍惜别人的劳动成果以及一切地球馈赠的资源吧！

鲑来

在美国做校长的三年里，我最大的欣喜是去参加 NAIS 的年会——迄今为止我认为最值得推荐的校长培训和自我成长的机会。每次去都感觉干湿货满满，正能量足足，印象最深的是二〇一二年西雅图的那一次。

西雅图是个很特别的城市，一年到头都会下雨，但是只在晚上下，根本不影响白天的生活。感觉就像田螺姑娘化身成了观音姐姐，趁你沉睡时用杨枝把甘露洒向了人间。每天早上起来，空气清新、一尘不染，难怪西雅图被列为世界十大宜居城市之一。

西雅图的派克市场是绝对不能错过的。同样是靠海吃海的营生，但没有渔人码头那些喧嚣的游客，很多客人都是当地居民。海产店的年轻伙计一边用轻松诙谐的音调唱着歌，一边把新捕捞上来的大鱼抛来抛去，路人无不侧目，很容易被感染，收获一整天的好心情。

勤劳的个体业主本分而自豪地经营着属于自己的一片天空。他们的价格不会比超市便宜，但绝不会宰客，更不会以次充好。虽然大多数摊位没有像“全聚德”那样华丽或像“狗不理”这样俏皮的店名，通常只简简单单挂一块以自己的姓命名的招牌，就像“爆肚张”“卤煮王”一样。但他们会像中国人敬重自家的祖宗牌坊一样珍惜店铺的名声，绝不会为了一点蝇头小利辱没了先人。

派克市场里除了有新鲜瓜果、火腿海鲜，也有比肩接踵的手工艺人。我对这些匠人一直心存钦敬，不光因为他们有一双巧手，更是因为他们身上有一种几十年如一日的淡定和执着。有爱好本来十分可贵，能把爱好变成事业就更幸运。我注意到一位把普通木盒子改装成吉他并装点得很有趣致的老爷爷，不管有没有人驻足购买，他都眯缝着那双饱经沧桑的眼睛，全神贯注在他的作品上。

和他同样拥有一双充满了仁爱、智慧的眼睛的，还有一位在全国独立学校协会上发言的老校长。他对独立学校的定义让我终生难忘，并对我的办学思想产生了非常深远影响。他是这么说的：

“从产权上讲，我们是私立学校，但从本质上看，我们必须自称为‘独立学校’。‘独立’二字其根本意义就在于，我们独立于政府英明或不英明的政策法规；独立于社会正确或不正确的普世价值观；独立于家长的合理或不合理的诉求。独立学校能生存下来并有可持续的发展空间，最可贵的地方就在于我们敢于坚持我们认为对学生有益的东西。”

教育变革往往滞后于社会进步，这是一个可悲而可怕的现实。造成这种现象的原因有很多，其中有一条是，当老师们找不到更新更好的教学方法时，很容易回到当年自己接受教育时的模式。有一个词叫“代际差”，师生间本来从年龄上讲就隔着二十到四十岁，现在每五年就是一代人。如此周而复始，恶性循环，要在体制内实现突破性的教育变革会变得越来越难，因为我们是在跟时间作对。

对于任何一个国家来说，服务于全体公民的公立教育体系都非常庞大、臃肿，并充斥着不同程度的官僚主义和低效。所以，教育改革，肯定要先由一小部分勇敢的人去尝试，不惜代价、不怕牺牲地试错、纠错，在困境、逆境中冒险，才有可能摸索出一条新的路。

这位老校长还说："对于这些正在尝试教育变革的独立学校来说，敢于对家长说'不'，吸纳且只吸纳完全认同学校办学目标和教育哲学的家长是关键。"

在中国，一些不能摆脱消费者心态的家长经常用"丛林法则"影响甚至绑架学校的办学方针，希望自己的孩子打败所有竞争对手获得所谓的最稀缺教育资源。但我们别忘了"弱肉强食"的丛林法则归根结底是生物的演变和进化规律，如果用它来指导人类社会的处世原则和办学态度，那我们将承担"培养出一批禽兽般的人种"的严重后果。

在会议间隙，我一边像小豹子一样用力撕扯着手里的ciabatta（夏巴塔面包，即意式面包）三明治，一边留意着身边这几千名素不相识的校长同僚们。惊喜地发现这些私立学校的领袖们其实是有一些共同特质的，原来校长也可以这么有型：胡椒盐的发色，但不会显得苍老；眼角已经有了皱纹，但不会显得憔悴，眼神里有很多智慧、很多关怀，一种坚定而温和的气质；卡其色西裤，藏青色西服，墨绿色领结，和领结颜色呼应的方巾随手折了塞在左胸前的口袋里；棕色复古款的手工超薄款电脑包，和同色系的尖头皮鞋。回来马上得置办这身行头。突然有点迫不及待地希望快点老成他们那个优雅的样子。

在NAIS大会展厅意外发现一个我从未听说过的中国学校——孔裔国际学校。学校的创始人是孔子第七十六代孙孔令涛先生，我们一见如故，相见恨晚，聊天聊到忘记去听报告。他希望把孔子的治学方法应用到当代国际教育中，这个消息让我倍感振奋。因为有人看到了中国古人的教育智慧和东方哲思在当代中国国际化教育中的现实意义。

这些年在美国，以学生和教育者的双重身份亲历了美国的基础教育和高等教育，感慨良多。当年我出国的目的，除了出来看看中国以外的世界，更希望能把美国人的智慧和西方教育的精华带回中国，帮助改良和推动中国教育的沿革。也希望能尽我一己之力，为万般焦虑的中国学生、家长、老师们带去一缕清风，燃起一点希望。

和孔校长的谈话，就像在我内心平静的湖面中扔下一块石子，让我第一次萌发了提前回国的想法。几个月后，我又接到了我的中学恩师也是在上海口碑最好的民办学校——世界外国语中学任总校长的徐俭老师的电话。他希望我尽快回国，助力他世外教育集团的进一步变革和发展。徐老师一直是我的导师和偶像，他在中国民办基础教育领域的不懈努力和傲人成果有目共睹。在他的召唤下，我提前回到我魂牵梦系的祖国，义无反顾地投身到了中国民办教育充满机遇又遍布陷阱的浪潮中。

跋

有位朋友看了我的简历，不无调侃地说："你是学历收割机啊？！"我被她逗笑了，好像一不小心被误认为是不愿离开象牙塔的书呆子了。殊不知上学读书是让我在美国合法驻留最长久又最经济的途径。

我们那个时代，留学跟现在有很大不同，学费加生活费一年能拿得出几万美元的家庭毕竟是少数。所以留学通常不是家长的决定，也不是家长在操办，而是学生自己痛下决心，付出常人难以想象的努力，并承担一切后果。除了要拿到美国知名大学的录取通知书之外，你还必须拿到全额奖学金。因为如果你不能说服美国大使馆，证明你有稳定而充足的经济来源，他们会以"有非法劳工和移民倾向"为由拒绝给你学生签证。

当时赴美的留学生每年还有一个总数限制，即使拿到全额奖学金，据说也有百分之四十左右的人无法成行。美国大使馆门口每天都有意气风发地进去、灰头土脸地出来的学生。首次被拒签的人第二次就更难了，我有个朋友被拒了五次后终于放弃。

美国人帮我出了对我来说是天文数字的学费，而且怕我打工耽误学业，还给我足够的生活费，颠覆了我小时候从课本里了解到的美国人形象。我的批判性思维大概就是从那一刻被唤醒的，我开始意识到我小时候了解到的东西，不一定是对的。

十四年后回溯自己九年的美国生活，经过岁月的淘洗，该流走的流走了，该沉淀的沉淀了下来。我不无遗憾地发现，这些回忆里最深刻的竟不是学到的知识，而是那些发生在教室四墙之外、校园四墙之外的故事。而偏偏也是这些故事，才成就了今天的我，也再次印证了教育的真谛：成长在自己，学校在“墙”外。

最近十几年，看到数量越来越多、年纪越来越小的孩子离开故土，远赴重洋。我既为他们高兴，又忍不住有点担心。因为留学这件事已经发生了变化，我用以下简表列出过去和现在的差别，难免以偏概全，只为说明问题。

	以前	现在
谁决定	学生自己	家长
什么时候去	研究生为主	本科、高中，甚至更早
什么时候开始准备	大三、大四	中学、小学，甚至更早
如何做准备	GRE考试	国际学校、国际课程
去哪里	美、加、英、澳	哪个国家都行
去干什么	学洋人本事、报效国家	“镀金”、体验、逃避高考
谁出学费、生活费	美国政府、大学奖学金	家长
零花钱从哪儿来	自己挣	家长
为什么留学	自己想出去看看世界	父母以为可以解救孩子
怎么申请	自己摸索、互相帮助	留学中介全权包办
拿到学历之后	努力争取获得工作经验	镀完金就回来继续“啃老”
留学的成果	带回一点中国缺的东西	一张可能是买的毕业证

如今的留学之途就像新修的高速公路，只要你有车，一脚油门就能过去。但我反倒更怀念当年那些磕磕绊绊的羊肠小径，虽然崎岖泥泞，有时候还会走不通，但正是这些不可预料之殃，不可承受之轻，这些弯路，让我看到更多不寻常的风景。

鸣　谢

此文稿得以最后成书，除了书里提到的每一个人用不同的姿势进入了我的生命、丰富了我的人生，也要感谢赵艳老师给予我很多提点、暗示，希望我“用美国九年的留学经历，勾勒出一个时代的剪影——既不同于‘60后’的‘海外淘金’，也不同于‘80后’‘90后’的‘海外镀金’，而描绘出一个‘70后’‘海外炼金’的生活场景。”这句话对我鼓舞很大。

我还要感谢我多年的好友、中小学新经典汉字课程“大美汉字”的创始人廖蓉姐的撮合，让我在最合适的时间认识她的表弟——旅荷归来的成名艺术家李晓峰。晓峰哥旅居海外的经历和感悟和我有很多相似、相通的地方，有很多不需要说出来的心有戚戚，第一次见面，却感觉已经认识了很久。

我第一眼就喜欢上他水墨像油画、油画像国画那种中西贯通的不羁风格，如果你也像我一样问出了“你画的到底是什么？”这种幼稚的问题，晓峰哥是这么说的：

“你看见的就是你所得到的，就是你当下的知识架构为你呈现的全部，并不需要我去告诉你是什么。我都不一定一开始就知道自己画的是什么，创作的时候，我的心是自由的，我的笔也是自由的，不遵守任何规则，让它长成它该有的样子。”

教育的原理也是如此，我不能赞同更多。

我第一眼看到这幅画就觉得那是一条鱼，一条伤痕累累的鱼，一条长途跋涉、归去来兮的鲑鱼。所以当我提出想要用他的作品做封面和插画，让读者通过文字和画获得一种更完整的、多维度的审美体验的时候，他毫不犹豫地答应了，而且没有介意我把我这手自学的蹩脚毛笔字放在他的画旁边。

晓峰哥刚结束的大型个展《拥抱》里有这样一句话：

“拥抱，这样一种不设防的状态，是画家丢下一切假面，剖出自己，给你看。”

我的书也是一样，你怎样解读，能收获多少，由你决定。

我知道时光不能倒流，艰苦的条件很难人为地去创造。这本书里记录的点滴，或许只是属于那个时代的故事。能让多少留学生和他们急功的家长受益，我并没有太大的把握。但有些话，我不说出来，憋得难受。搁笔时，耳边飘响Don Mclean（唐·麦克莱恩）为致敬梵高写的歌：

They would not listen, they did not know how, perhaps they will listen now.

刚到北大在西门

刚到北京的土鳖逛北海公园

①

②

③

①和 TBC 师生在夏河

②和北大土家族

③和 Peg 在拉卜楞寺门口

① ②

③

①被辩经的喇嘛们吵醒一脸惺忪

②和爸爸安东在夏河

③后来变成企鹅的那个熊孩子

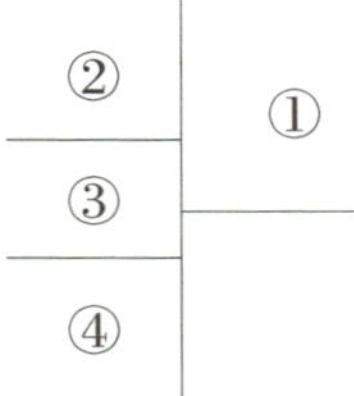

①就是爱骑马
②在新疆天池凹造型
③我在 TBC 光荣退休
④北京的朋友欢送我赴美

①在美国给自己的第一个生日礼物

② UIUC 研究生们的地下办公室

③第一个硕士毕业照

④路边捡来的床垫子——我美国的第一个窝

①

②

③

④

①和已故的 Dale Brasher 教授

② UIUC 现任总校长 Barbara Wilson

③ UIUC 大师兄粟春科

④穿唐装的我走在校园里

①

②

③

① ② ④
③ ⑤

① APLP 在 Kahuku 学校做义工刷墙

② APLP 航海领导力课程

③火山熔岩涌进大海造大量蒸汽

④中学死党陈晓峰来夏威夷看我

⑤跟台湾师妹们去大岛 Kayak

④

⑤

①和 APLP 的草裙舞团
②和 Mary 一起知法犯法
③ Mana 小组成员穿着我设计的 T 恤

①

②

①在钻石头山顶凹造型

②晒成太妃色吊在榕树上

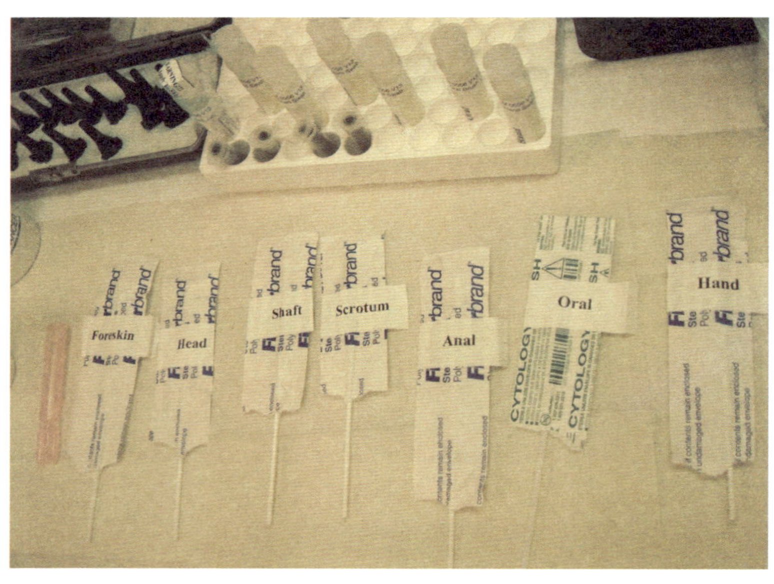

①我参与夏大医院 HPV 研究取样现场

②我送给佩醇的沙画礼物

①

②

①组织 APLP 同学去越南孤儿院

②我第一辆爱驹被撞毁

①

②

③

④

① ②

③ ④

①在 China Institute 教孩子学中文

② Sinovision 新闻主播镜头

③ New York 街头

④在 United Nation 门口雕塑

①
②

①作为民间艺人在生日派对上卖字

②纽约同志游行

① White Water 漂流被抛下水之前
②北大师兄姐盛磊、马龙、旦旦在 Princeton
③ New England Foliage 学摄影

LMU 校刊专访照片

①在 Wittier 湖边喂野鸭
②在 LMU 的教授办公室
③为中文双语教师培训项目摆摊招生
④ LMU 我的第一期硕士学生

①在家康复中的 Sara

②我和“羽衣仙子”共舞

①导师 Gothold 教授 Hood 我

②山鸡村民出席我的毕业典礼

①爸妈在我博士毕业典礼上

②和山鸡村民在羚羊谷

①和北加州的朋友们露营

②与张国荣校长、Chester、Kai 和 ALex 合影

ISTP 学生们在杭州街头吃小吃

ISTP 全体中文老师

①带 ISTP 学生爬长城

② ISTP 的家长舞团

①

②

①土豆和土蛋在 Lake Tahoe 落水前
② 去 Alaska 看 Alvin 和 Deepak

① | ②

③

①半岛学校 PTA 主席 Mimi Park

②多年后安东来北加州看我，我为他和室友李智做的家宴

③和我不爱拍照的弟栋梁